Das Mittelalter

Ein Lesebuch zur deutschen Geschichte
800-1500

Herausgegeben von
Rainer Beck

VERLAG C.H.BECK

Mit 3 Abbildungen

Die Deutsche Bibliothek – CIP-Einheitsaufnahme

Das Mittelalter: ein Lesebuch zur deutschen Geschichte;
800–1500/hrsg. von Rainer Beck. – Orig.-Ausg. –
München: Beck, 1997
  (Beck'sche Reihe; 4009)
  ISBN 3 406 41232 7
NE: Beck, Rainer [Hrsg.]; GT

Originalausgabe
ISBN 3 406 41232 7

Limitierte Sonderauflage
Umschlagentwurf: Uwe Göbel, München,
Umschlagabbildung: Hans Multscher, Heilige Drei Könige
Ausschnitt eines Flügels des Wurzacher Altars, 1437
Bildarchiv Preußischer Kulturbesitz
© C. H. Beck'sche Verlagsbuchhandlung (Oscar Beck), München 1997
Gesamtherstellung: C. H. Beck'sche Buchdruckerei, Nördlingen
Gedruckt auf säurefreiem, alterungsbeständigem Papier
(hergestellt aus chlorfrei gebleichtem Zellstoff)
Printed in Germany

Beck'scheReihe

BsR 4009

Wann beginnt eine „deutsche Geschichte"? Und um welches Deutschland geht es? Geht es um das, das wir heute zu kennen scheinen oder um jenes „Reich", das sich als Schutzmacht des Papstes verstand und das neben „Deutschland" Burgund und Italien umfaßte?

Die hier versammelten Texte zielen auf beides: auf Canossa und die imperialen Allüren der Deutschen – die manchen Nachbarn lästig fielen –, wie auf die „innere" Geschichte der Deutschen, eine Geschichte gesellschaftlichen Wandels, in deren Verlauf sich vieles erst entwickelte, was uns heute so vertraut erscheint.

Rainer Beck, geb. 1950, Historiker, beschäftigt sich vorwiegend mit sozial- und kulturhistorischen Themen der Frühen Neuzeit. Im Verlag C. H. Beck hat er bisher vier historische Lesebücher herausgegeben sowie die Studie „Unterfinning. Ländliche Welt vor Anbruch der Moderne" (1993) veröffentlicht.

Inhalt

I. Frühmittelalter

II. Hochmittelalter

III. Spätmittelalter

Editorischer Hinweis: Die Überschriften der einzelnen Beiträge wurden vom Herausgeber gewählt, die Texte teilweise gekürzt, Anmerkungen und Quellenhinweise gestrichen. Textkürzungen und Erklärungen des Herausgebers sind durch eckige Klammern kenntlich gemacht.

Vorwort

Normalerweise versteht man unter „Mittelalter" rund 1000 Jahre europäische Geschichte: Jene langen Jahrhunderte, die vom Ende der Antike und der Auflösung des römischen Imperiums rund 500 nach Christus bis um 1500 dauerten, als mit der Entdeckung Amerikas, der Erfindung des Buchdrucks, mit Humanismus und Reformation die – mittlerweile nicht mehr ganz junge – „Neuzeit" begann.

Daß dieser Band geraume Zeit nach der Antike, nämlich im 9. Jahrhundert, einsetzt, hat damit zu tun, daß es vorher zwar eine „fränkische", aber keine „deutsche" Geschichte gab. Erst mit dem Zerfall des Frankenreiches kam eine Entwicklung in Gang, die dem Ostteil dieses Reichs langsam zu eigener Identität verhalf: 843 nahmen die Enkel Karls des Großen eine erste Aufteilung des karolingischen Imperiums vor; 911 wurde mit Konrad I. der erste Nichtkarolinger zum König gewählt. Spätestens mit Otto I. – 936 in Aachen zum König, 962 in Rom zum Kaiser gekrönt – läßt man dann endgültig eine „deutsche" Geschichte beginnen. Otto verband ein erstarktes König- mit dem „römischen" Kaisertum, das – auf der Ebene von Herrschaft und Politik – der deutschen Mittelalter-Geschichte ihren prestigeträchtigen, freilich auch fragilen Glanz verlieh. Nicht zuletzt Aspekte der Macht und Politik sind somit für diese zur Konvention gewordene Zeitrechnung, für die Datierung des Beginns einer „deutschen Geschichte" verantwortlich.

Freilich bleibt der Ausdruck „deutsche" Geschichte mehrdeutig und unscharf: Geht es um das spätere Deutschland? Oder geht es um die hegemonialen Ansprüche der deutschen Kaiser, also um jenes „Reich", das sich als

Schutzmacht des Papstes verstand und das neben Deutschland Burgund und Italien umfaßte? In diesem Band wird es um beides gehen: um Canossa und die imperialen Allüren der Deutschen – die manchen Nachbarn lästig fielen –, wie auch um die „innere" Geschichte der Deutschen. Wobei natürlich „Deutsche" oder „Deutschland" wiederum schwierige Bezeichnungen sind. Denn weder kannte das Mittelalter einen Territorialstaat moderner Prägung, weder huldigte es dem Gedanken „nationaler" Identität, noch deckte sich der Herrschaftsbereich der deutschen Könige des Mittelalters mit dem, was das heutige Deutschland ist.

Wenn man von „deutscher Geschichte" spricht, sollte man sich diese Differenzen bewußt machen. Und ebenso, daß das deutsche Mittelalter ein Teil des europäischen Mittelalters war – und in dieser Perspektive wahrgenommen werden sollte. Bereits damals ähnelten sich Lebensbedingungen, Mentalität und soziale Organisation der europäischen Gesellschaften in vieler Hinsicht – ob man an das Institut der Kirche oder der Grundherrschaft denkt, an das verschwenderische Gehabe einer adeligen Kriegerkaste oder das Unabhängigkeitsstreben des städtischen Bürgertums. Sicher: Immer gab es Unterschiede, Konkurrenzen und Ungleichzeitigkeiten in der Entwicklung der europäischen Regionen und Länder – wie etwa Deutschlands Zurückbleiben hinter Frankreich und England, was die Ausbildung zentralstaatlicher Gewalten betrifft. Doch solche Unterschiede heben sich gerade vor dem Hintergrund der Gemeinsamkeiten in aller Deutlichkeit ab.

Die vorliegende Textauswahl behandelt die Eigenheiten deutscher Geschichte wie die allgemeinen Züge gesellschaftlichen Wandels, die Teil dieser Geschichte waren. Es ist eine Geschichte, in deren Verlauf sich vieles erst entwickkelte, das uns heute so vertraut erscheint. Und so handelt der Band neben Barbarossa, der konservativen Frömmigkeit Hildegards von Bingen oder den Besuchsbräuchen an Karneval, von der Verbreitung stadtbürgerlicher Schriftkultur, der Entstehung der unauflöslichen Ehe oder der Ausbreitung der Familie – dieser scheinbar so zeitlosen Institution – im Laufe des Spätmittelalters.

München, Juli 1996   *Rainer Beck*

I. Frühmittelalter

Karl Bertau

Das Blut der Franken

Am 25. Juni 841 besiegten *Karl* und *Ludwig* Kaiser *Lothar* in der Schlacht von Fontenoy (b. Auxerre). Ein lateinisches Reimgedicht sagt:

„Die frühe Morgenröte zerriß das Finstere der Nacht. Aber kein Sabbat tagte, sondern das Grausen Saturns. Die Brüder haben den Frieden zerbrochen, und es jauchzt der böse Dämon [. . .] Es war in heidnischer Vorzeit keine bösere Schlacht als jetzt, wo Christen vergossen haben das Blut von Christen. Die finstren Geister frohlocken im höllischen Schlund. – Des allmächtigen Gottes Rechte, die hat *Hlothar* beschützt. Tapfer hat er gekämpft mit eigener Hand. Er wäre der Sieger gewesen, hätten die andern getan wie er. Dann hätten bald Friede geherrscht und Eintracht. – Aber wie einst Judas den Heiland auslieferte, so haben sie dich, o König, und deine Heerführer ans Schwert geliefert. Hüte Dich, unschuldiges Lamm, daß dich der Wolf nicht überlistet. – Fontaneto nennen die Bauern jenen Quell und jenen Königshof, wo die Leichen der Franken in ihrem Blute lagen. Es erschaudern die Felder, erschaudern die Wälder, erschaudern selbst die Sümpfe [. . .] Doch ich, der ich dieses Verbrechen in Versen beschrieben habe, ich heiße *Angilbert* und habe es mit angesehen und habe dort mitgekämpft wie andre und bin aus der vordersten Reihe mit dem Leben davon gekommen als einziger [. . .] Nie sollen von dieser Schlacht Ruhmeslieder gesungen werden. Aus Morgen, Mittag, Abend, Mitternacht soll Klage erschallen über die, die der Tod hier verschlang."

Nach dem Sieg über den Bruder bekräftigten *Karl der Kahle* und *Ludwig der Deutsche* ihr Bündnis durch Eide, die sie am 14. Februar 842 in Straßburg schworen. Sie sind das erste französische Sprachdenkmal und eines der frühesten deutschen – ein trauriges Zeugnis. *Nithart*, ein illegitimer Enkel *Karls des Großen,* überliefert sie in seiner lateinischen ‚Geschichte der Söhne *Ludwigs* des Frommen' und schreibt:

„Am 16. Tag des Kalenden des März trafen *Ludwig* und *Karl* in der Stadt zusammen, die einst Argentaria hieß, heute aber allgemein ‚Strazburg' genannt wird, und schworen, *Ludwig* in romana und *Karl* in teudisca Sprache, die Eide, deren Wortlaut wir unten bringen. Ehe sie aber den Eid ablegten, redeten sie folgendermaßen zu ihren versammelten Gefolgsleuten, der eine auf deutsch, der andere auf romanisch. Ludwig als der ältere begann mit folgenden Worten: Ihr alle wißt, wie oft *Lothar* mich und diesen meinen Bruder seit dem Ableben unseres Vaters zu vernichten versucht hat, durch Verfolgung bis auf den Tod. Da weder Blutsverwandtschaft noch Religion noch irgend etwas anderes unter Wahrung der Legalität dazu verhelfen könnte, daß Friede zwischen uns herrsche, sahen wir uns gezwungen, die Angelegenheit dem Gerichte Gottes des Allmächtigen zu unterbreiten, bereit, seine Entscheidung über das, was einem jeden gebühre, zu respektieren. Hieraus sind wir, wie ihr wißt, durch die Barmherzigkeit Gottes als Sieger hervorgegangen, jener aber, besiegt, hat sich samt seinen Anhängern dahin verkrochen, wohin er konnte. Dann aber, von brüderlicher Liebe ergriffen, auch bewegt von dem Leiden des Christenvolks, haben wir darauf verzichtet, jene zu verfolgen und zu vernichten und nur verlangt, daß wenigstens in Zukunft einem wie einst sein Recht werde. Trotz alledem, und murrend über das Gottesurteil, läßt jener nicht ab, mit bewaffneter Macht nachzustellen mir selbst und meinem Bruder. Obendrein dezimiert er unser Volk, sengend, raubend, mordend. Aus diesem Grunde, und von der Notwendigkeit dazu getrieben, haben wir uns hier vereinigt und, da wir mutmaßen (könnten), daß ihr über die Unwandelbarkeit unserer Treue und Brüderlichkeit Zweifel hegt, haben wir beschlossen, uns in euerer Gegenwart wechselseitig diesen Eid zu schwören.

Wir tun dies nicht aus irgendeiner Begehrlichkeit heraus, sondern einzig und allein – sofern Gott uns dank eurer Hilfe Frieden gewährt –, um des gemeinsamen Nutzens sicher zu sein. Für den Fall aber, was Gott verhüte, daß ich diesen Schwur gegenüber meinem Bruder verletzen sollte, entbinde ich ausdrücklich jeden von euch vom Gehorsam mir gegenüber wie auch vom Gehorsam gegenüber dem Eide, den ihr mir geleistet habt.

Und nachdem *Karl* die gleiche Erklärung in romanischer Sprache wiederholt hatte, schwur *Ludwig*, als der Ältere zuerst, danach zu handeln (auf romanisch): Um der Liebe Gottes willen, zu unser aller und der Christenheit Wohl, vom heutigen Tage an, solange Gott mir Vernunft und Macht gewährt, werde ich diesen meinen Bruder *Karl* (*Ludwig*) mit meiner Waffenhilfe in allem unterstützen, gerade so wie man rechtens seinem Bruder helfen sollte, damit er sich mir gegenüber ebenso verhalte. Und mit *Lothar* werde ich keinen Vertrag je eingehen, der durch meine Absicht diesem meinem Bruder schaden könnte.

Als *Ludwig* geendet hatte, wiederholte *Karl* dasselbe auf deutsch: [...] Und der Eid, den jede Nation in ihrer eigenen Sprache schwur, lautete auf romanisch so: [...] und auf deutsch so:

Wenn *Karl* (*Ludwig*) den Eid, den er seinem Bruder *Ludwig* (*Karl*) geschworen hat, hält, und *Ludwig* (*Karl*), mein Herr, seinerseits den ihm geschworenen Eid nicht hält und ich ihn davon nicht abbringen kann, weder ich, noch irgend ein anderer, den ich (von diesem Eidbruch) abbringen kann, dann werde ich ihm gegen *Karl* (*Ludwig*) jede Hilfe verweigern.

Nachdem dies geschehen war, zog *Ludwig* längs der Vogesen über Weißenburg nach Worms."

Hier ist der ‚allmächtige Gott‘ genau so Instrument eines partikulären Herrschaftswillens wie die ‚brüderliche Liebe‘, die sicherheitshalber durch Eide befestigt wird. Es geschieht dies in einem Augenblick, da im äußersten Süden des Imperiums, in Bari, die Aghlabiden bereits ein Sultanat errichtet haben (841), da die Sarazenen in Arles sind (842) und die Wikinger fast alle Flußmündungen des Frankenreiches beherrschen. 843 kommt es zum Frieden mit Kaiser *Lothar,* und das Imperium wird geteilt. *Karl der Kahle* erhält den Westen, *Lothar* die Mitte und Italien, *Ludwig der Deutsche* erhält den Osten. Nach *Lothars* Tod wird das Mittelreich nochmals zerstückelt: Den Nachkommen *Lothars* fällt Italien zu, *Karl* und *Ludwig* bekommen jeder Teile des nördlichen Lotharingien (Mersen 870). Doch erst der Vertrag von Ribemont (880) zieht die Grenzen, die die späteren Teilstaaten Frankreich, Deutschland, Burgund und Italien bestimmen. Gleichzeitig bilden sich im Innern partikuläre soziale Gruppierungen deutlicher aus. Als gesellschaftliche Umgangsformen bezeugen literarische und ästhetische Gebilde diesen Prozeß.

Ludwig der Deutsche, Verräter bei *Angilbert,* politischer Agitator bei *Nithart,* wird im althochdeutschen Widmungsgedicht, das der Mönch *Otfrid von Weißenburg* seinem Evangelienepos voranschickt, anders stilisiert:

„Ludwig, der Kühne, der voller Weisheit, der regiert nun das ganze Ostreich wie ein rechter König der Franken. Seine ungeteilte Herrschaft erstreckt sich über das ganze Land [. . .] Glück und Heil sei mit ihm alle Zeit. Und der Herr des Himmels lasse wachsen seinen Besitz und erfreue ihm die Seele immerdar! [. . .] Schicke ich mich an, sein Lob zu verkünden, und mühe ich mich ohn' Unterlaß seine großen Taten aufzuzeichnen, so ist all solches Trachten nur eitel und über meine Kraft. Denn erhaben ist alles, was den König betrifft. Das sei gesagt! [. . .] Meinem Gedanken wird leuchtend sichtbar in ihm das Wirken König Davids selbst [. . .] Hat doch David, der König, auch einst erduldet sehr viel Gefahr. Denn strenge war David, die Gebote des Herrn zu befolgen, und was er zu schaffen hatte, das nahm er fest in die Hand, bestellte rings umher das ganze Reich [. . .] Da zeigt sich denn klar, wie beständig er Gott dient in der Not, wo immer seine Kraft das vermag. Gerecht richtet er ringsum sein ganzes Reich, wie ihm ward aufgetragen, und ist voll guter Kraft und nimmermüden Herzens [...] All seinen Kindern werde die Fülle der Herrschaft und Liebe dazu, die Gottesliebe aber der Königin! Ewige Geborgenheit – das ist mein Wunsch – mögen sie alle genießen, dort im Himmel, gemeinsam mit Ludwig, dem König! Dem dichte ich dies Werk. Ob er nun selbst diese Bücher aufmerksam liest, oder ob er gebietet, daß man sie ihm vortrage, so wird er in dieser Darstellung die frohe Botschaft hören, wird vernehmen, was Christus dem Volke der Franken befiehlt. Und das Gesetz dieser Bücher weist uns zum Himmel den Weg."

Dieser Herrscher eines Teilreiches gilt als neue welthistorische Verkörperung des Königs David. Die Geschichte des Heils ist bei den Franken angekommen; und wie Griechen und Römer die großen Taten Gottes in ihrer Sprache verkündet haben, warum sollten es nicht auch die Franken ebenso tun? – so räsoniert *Otfrid*.

Friedrich Prinz
Konsolidierung des Ostfrankenreiches

Der Zerfall der Einheit

Der Vertrag von Verdun, der im August 843 nach langwierigen Vorverhandlungen geschlossen wurde, beabsichtigte keine Auflösung des Frankenreiches. Dennoch war er ein wichtiger Schritt von der Reichsteilung zu den spätkarolingischen Teilreichen. Eine umfassende, leider nicht erhaltene Reichsbeschreibung (descriptio regni) der verfügbaren Güter und Rechte, die dem Vertragswerk voranging, sollte nach Möglichkeit die Gleichwertigkeit der Anteile sichern.

Ethnische Gesichtspunkte spielten dabei keine Rolle, eher ging es wohl um eine Inventarisierung und gleichmäßige Verteilung des Königsgutes, wobei der fränkische Kernraum zwischen Loire und Rhein zwangsläufig aufgesplittert wurde. Dies blieb noch ohne weittragende Folgen, da es sich in Verdun vorläufig nur um eine dynastische Aufgliederung des Großreiches in „Zuständigkeitsbereiche" der Brüder Lothar, Ludwig und Karl handelte. Das Regnum Francorum als ideelle Einheit sollte durchaus erhalten bleiben und zwar als eine „Samtherrschaft der Brüdergemeine", deren einzelne dynastische Zweige sich beerben konnten aber nicht mußten. Darin lag aber allein schon genügend Konfliktstoff für die Zukunft, da jeder Teilherrscher sein Reich in erster Linie an die eigenen Söhne weitergeben oder sich im Bunde mit einem Bruder aus dem eventuell anfallenden Erbe des dritten zu arrondieren trachtete. [. . .] Der Kaisertitel Lothars I. bedeutete kaum mehr als einen Ehrenvorrang. In der späteren Beschränkung des Kaisertums auf den italienischen Reichsteil zeigte sich deutlich genug das weitere Auseinanderdriften von regnum und imperium.

Lothar I. (817–855) erhielt mit dem Kaisertitel ein langes, schmales Mittelreich mit den Kaiserresidenzen Aachen und Rom. Es erstreckte sich von Friesland über die Provence bis nach Italien und grenzte sich im Westen entlang von Schelde, Maas, Saône und Rhône gegen das Westreich Karls des Kahlen ab. Im Osten verlief die Grenze zum Ostreich Ludwigs des Deutschen (817–876) von der Ruhrmündung bis zu den Alpen entlang der Linie Rhein – Aare. Doch war es für das Gewicht der Herrschaft Ludwigs wichtig, daß dieser sich außer dem rechtsrheinischen Germanien die Diözesen Mainz, Worms und Speyer im linksrheinischen und damit eine alte fränkische Kernlandschaft gesichert hatte, die wirtschaftlich und kulturell eher zu den entwickelteren Gebieten des Westens gehörte. Ludwigs des Deutschen Hauptresidenz war die alte bayerische Herzogsmetropole

Regensburg, daneben spielte Frankfurt a. M. eine wichtige Rolle. Wie später in salisch-staufischer Zeit waren die Gebiete nördlich des Harzes vom Königstum nicht so intensiv herrschaftlich erfaßt wie Süddeutschland und die Mittelrheinlande, wo Ludwig dank der Verfügungsgewalt über die Reichskirche und das Reichsgut eine starke Königsherrschaft aufbauen konnte. Die archaischen Verhältnisse im östlichen Reichsteil waren hierfür zweifellos günstiger als die Vielfalt von Adelsherrschaften im Reichsteil Karls des Kahlen.

Man hat immer wieder und sicherlich zu Recht auf die künstliche Konstruktion des langgestreckten Lotharreiches verwiesen, dessen lange Flanken geradezu die Besitzgier der beiden anderen Brüder herausfordern mußten. Dennoch wäre es verfehlt, aus dem tatsächlichen Auflösungsprozeß des Mittelreiches im nachhinein eine Zwangsläufigkeit dieses Vorgangs zu folgern, da es ja auch umgekehrt die Möglichkeit der Wiedereinfügung der Teilreiche an den Flügeln gegeben hätte. Doch wird man andererseits sagen dürfen, daß auf die Dauer die Tatsache eine Rolle spielte, daß sich im Westen, trotz starker innerer Differenzierung, ein im großen und ganzen geschlossenes Reich mit durchwegs romanischer Bevölkerung entwickelte, während das Ostfränkische Reich einen im wesentlichen germanischen Charakter hatte, der sich unter dem jahrzehntelangen Druck des Großmährischen Reiches, der ersten stabilen Herrschaftsbildung der Westslawen unter Swatopluk, noch entschiedener entfaltete. Zwar begründete die relative ethnische Geschlossenheit von West- und Ostreich keineswegs allein die späteren Einheiten Frankreich und Deutschland, gefördert aber hat sie diese zweifellos. Wie vorsichtig man mit der gefährlichen, weil verführerischen Gedankenfigur des „post – ergo propter" (danach, also deshalb) sein muß, zeigt allein schon die Tatsache, daß die ethnische Einheit des italienischen Reichsteils keineswegs zur politischen Einheit führte.

Die Aufteilung des Mittelreiches. Der Desintegrationsprozeß des karolingischen Großreiches wurde durch die Invasionen der Normannen und Sarazenen im 9. Jahrhundert wesentlich beschleunigt, wohingegen die Ungarneinfälle des frühen 10. Jahrhunderts mittelbar zur Konsolidierung des Ostfränkischen Reiches beitrugen. Die einzelnen Phasen der Auflösung des Gesamtreiches sowie der oft überraschende Wechsel der politisch-militärischen Konfrontationen und Bündnisse können hier nicht im einzelnen nachgezeichnet werden, doch bleibt festzuhalten, daß das lotharingische Mittelreich zuerst von den Flügelmächten bedrängt und Schritt für Schritt aufgeteilt wurde. Nach Lothars I. Tod 855, dessen kaiserliche Autorität immerhin noch etwas von der „unitas imperii", der Reichseinheit, repräsentiert hatte, brachte die von ihm eingeleitete Teilung die Dinge rasch ins Rollen. Der jüngere Sohn Lothars, Karl (855–863), erhielt die Provence mit Teilen Burgunds, der mittlere, Lothar II. (855–869), die nördlich anschließenden Gebiete mit Aachen als Zentrum; sein Name blieb im Landschaftsnamen Lothringen erhalten. Der älteste Sohn des Kaisers, Ludwig II. (850–876), erbte Italien. Den Kaisertitel, der jetzt ganz auf Italien beschränkt blieb, hatte ihm der Vater schon 850 kraft Designation übertragen.

Nach dem frühen Tode des jüngsten Bruders Karl (863) teilten Ludwig II. und Lothar II. dessen Reichsteil. Doch geriet das nunmehr im Süden wieder vergrößerte Mittelreich in eine schwere Krise, als Lothars legitime Gattin Theutberga kinderlos blieb und der König mit allen Mitteln versuchte, diese Ehe wieder zu lösen, um die Kinder aus seiner Friedelehe mit Waltrada als Erben des Reiches einsetzen zu können. Um diesen spektakulären Ehehandel entspann sich ein jahrelanger Konflikt, weil sich weder Karl der Kahle noch Ludwig der Deutsche das Anrecht auf das Mittelreich entziehen lassen wollten. Unter teilweise grotesken Umständen suchte Lothar II. nunmehr Nikolaus I. (858–867), eine herausragende Gestalt unter den Päpsten des

9. Jahrhunderts, für seine Pläne zu gewinnen, jedoch vergeblich; die Ehe mit Theutberga wurde nicht annulliert. Die Chance, nach Nikolaus' Tod 867 sich mit dessen nachgiebigerem Nachfolger Hadrian II. (867–872) zu arrangieren, konnte Lothar nicht mehr wahrnehmen, da er selbst 869 überraschend starb. Ohne Rücksicht auf vorherige Absprachen bemächtigte sich Karl der Kahle Lotharingiens, wobei er bei Episkopat und Adel Anhänger fand und sich in Metz zum König krönen lassen konnte. [. . .] Von langer Dauer war allerdings Karls Herrschaft nicht, da ihm Ludwig der Deutsche, den bislang eine Krankheit behindert hatte, mit Krieg drohte. Daraufhin einigte sich Karl im August 870 in Meersen mit dem Bruder auf eine Teilung von Lothars Erbe. Die Grenzlinie folgte ungefähr der Maas und Saône. Zehn Jahre danach wurde diese in den Verträgen von Verdun und Ribémont 879/80 neuerdings revidiert, wobei die westlichen Teile Lothringens wieder an das Ostfränkische Reich fielen. Damit endete die kurze Geschichte des Mittelreiches als eines selbständigen und gleichberechtigten Teilreiches. Die weitere Geschichte Lotharingiens spielte sich bis zur Eingliederung in den ottonischen Königsstaat entweder innerhalb des westlichen oder des östlichen Frankenreiches ab.

Das Westfrankenreich

Im Vertrag von Verdun war Karl dem Kahlen das Reichsgebiet westlich der Linie Schelde – Maas – Saône – Rhône zugesprochen worden. Karl, unter dessen Herrschaft das Westfrankenreich trotz der normannischen Invasionen eine bedeutende kulturelle Blüte erlebte, verstand es, diesen 843 festgeschriebenen Herrschaftsanspruch in langen Kämpfen mit Aquitaniern und Bretonen durchzusetzen; er konnte schließlich auch Teile Lothringens, die Provence und 875 Italien mit der Kaiserwürde hinzugewinnen. Im Vertrag von Coulaines (843), den man die erste „Charte" der französischen Geschichte genannt hat, gelang es Karl, durch ein Übereinkommen mit dem Adel und der Geistlichkeit, seine Herrschaft auch nach innen zu konsolidieren; Klerus und Adel traten dem König hier korporativ in einem „Bündnis heilsamer Eintracht" (foedus concordiae salubris) gegenüber, wodurch fortan das Westfrankenreich nicht allein auf dem Königtum, sondern auch auf der Gesamtheit seiner Lehnsträger (fideles), die ihm als Partner gegenüberstanden, beruhte. Auf diese Weise bildete sich ein „Verbundsystem", das sich wegen der divergierenden Interessen von König, Adel und Klerus gleichsam nur auf den kleinsten gemeinsamen Nenner stützen konnte. Es erwies sich aber in den schweren Belastungen der Folgezeit durch die Normanneneinfälle, durch die Kriege der Teilreiche untereinander und trotz des Übergangs von Lehen und Kirchengut in die Hände des Adels als ein zwar dünnes, aber elastisches Netz. [. . .]

Das Ostfrankenreich (843–911)

Ludwig der Deutsche (843–876). Während im Westfrankenreich die wesentlich fortgeschrittenere Regionalisierung der Herrschaft das geschlossene Auftreten der Großen in quasigenossenschaftlicher Form seit 843 dem Königtum festere Schranken setzte, blieb im Osten die ältere karolingische, reichskirchliche Struktur im wesentlichen erhalten. Der König behielt vor allem das Recht der Bischofserhebung und nutzte das Kirchengut. Die überragende Gestalt war hier Ludwig der Deutsche (ca. 804–876), der seit dem Vertrag von Verdun (843) das Land östlich des Rheins und der Aare sowie das Umland von Speyer, Worms und Mainz links des Rheins als Reich der „Ostfranken" ausbauen konnte und sein Königtum durch Königsgericht, Hofkapelle, Kanzlei und Kirchenregiment energisch zur Geltung brachte. Die sich auch hier verstärkende Adelsherrschaft blieb noch in die Königsherrschaft eingebunden. Aber in der jahrzehntelangen Auseinandersetzung des Ostfränkischen Reiches mit der neuen östlichen Herrschaftsbildung des Großmährischen Reiches begannen doch die mit Sondervollmachten ausgestatteten Markgrafen bereits eine eigene, manchmal auch gegen den König gerichtete Politik. Im Südwesten gelang es Ludwig, die älteren Welfen auszuschalten. Sie hatten beim Kriegszug Ludwigs gegen Karl den Kahlen (858/59) Verrat geübt; seither spielten sie in der Karolingerzeit keine Rolle mehr. Ihr Wiederaufstieg im Reich gehört erst dem Hochmittelalter an. Die Westgrenze des Ostfrankenreichs konnte 870 durch den Vertrag von Meersen bis zur Maas-Mosel-Linie, durch die Verträge von Verdun (879) und Ribemont (880) bis zur Schelde-Maas-Saône vorgeschoben werden. Im Osten bildeten die Elbe, Saale, der Böhmerwald, der Wienerwald und Kärnten die Grenze, während im Norden die Küste und im Süden der Alpenhauptkamm den Herrschaftsbereich der „Francia orientalis" umschlossen.

Ebenso wie man für die Stabilisierung des Westfränkischen Reiches die lange Regierungszeit Karls des Kahlen als wichtigen Faktor in Rechnung stellen wird, muß man dies auch für das Ostfränkische Reich Ludwigs des Deutschen tun. Seine lange Herrschaft gewöhnte die Stämme rechts des Rheins, die sich unter führenden Adelsgruppen verfestigt hatten, an gemeinsames politisches Handeln. Es entstand ein Zusammengehörigkeitsgefühl, das sich seit den achtziger Jahren dann auch 911 bei der Wahl des ersten Nichtkarolingers im Ostreich, Konrads I., bewährte.

Hartmut Boockmann (Hg.)

Donauhandel

Bekannt sei allen getreuen Rechtgläubigen, den gegenwärtigen wie natürlich auch den zukünftigen, daß Klage und

Empörung aller Bayern, der Bischöfe nämlich, der Äbte und aller Grafen, die ihr Weg in die östlichen Gebiete führte, vor König Ludwig gekommen sind, wobei sie sagten, daß sie durch ungerechten Zoll und ungerechte Maut in jenen Gebieten belastet und unterdrückt würden. Jener aber hat das, nach der Sitte der früheren Könige, mit gnädigen Ohren angehört und Markgraf Arbo befohlen, mit den Richtern aus den östlichen Gebieten, denen das bekannt gemacht werde, nach den Zollrechten zu forschen und die Zollordnung zu untersuchen. Seine Boten, Erzbischof Thietmar, Bischof Burchard von Passau und Graf Otakar, beauftragte er, daß sie das in seinem Namen gerecht und rechtmäßig berichtigten. Und jene sind es, die in der Grafschaft Arbos unter Eid über den Zoll aussagten: Amtmann Walto, Amtmann Durink, Gundalbert, Amo, Gerbrecht, Patzrich, Dietrich, Aschrich, Arbo, Tunzili, Salacho, Helmwin, Sigimar, Gerold, Isaac, Salomon, Humbert, nochmals Humbert, Engelschalk, Atzo, Ortimut, Ruothoh, Emilo, ferner Durinc, Reinold, Amtmann Eigil, Poto, Eigilo, Ellinger, Otland, Gundbold, ferner Gerolt, Otpercht, Adalhelm, Tento, Buoto, Wolfker, Rantolf, Kozpercht, Graman, Heimo. Diese und alle anderen, die in diesen drei Grafschaften als Adlige lebten, wurden nach Ableistung des Eides von Markgraf Arbo in Gegenwart von Erzbischof Thietmar und dem Passauer Bischof Burchard unter dem Beisitz von Graf Otakar am ordentlichen Gerichtstag in einem Ort, der Raffelstetten heißt, befragt, und sie nannten die Zollstätten und die Zollsätze, wie sie zu Zeiten Ludwigs und Karlmanns und der übrigen Könige ganz rechtmäßig geleistet wurden:

Die Schiffe aus den westlichen Gegenden aber, die den Passauer Wald verlassen haben und bei Rosdorf oder wo immer landen und Markt halten wollen, geben als Zoll einen Halbpfennig, das ist ein Skot. Wenn sie weiter abwärts nach Linz fahren wollen, geben sie von jedem Schiff drei Halbmaße, das heißt drei Scheffel vom Salz. Von Sklaven jedoch und allen anderen Waren geben sie nichts, sondern danach sollen sie die Erlaubnis haben, zu landen und Handel zu treiben bis zum böhmischen Wald, wo immer sie wollen.

Wenn jemand aus Bayern sein Salz zum eigenen Haus transportieren will und der Steuermann des Schiffes das mit seinem Eid bekräftigt, zahlen sie nichts, sondern fahren sicher vorbei.

Wenn aber ein freier Mann diesen rechtmäßigen Markt passiert und dort nichts zahlt oder deklariert und dessen überführt wird, werden sein Schiff und die Waren beschlagnahmt. Wenn das aber ein Sklave begeht, wird er dort verhaftet, bis sein Herr kommt und die Strafe bezahlt, und danach darf er fortziehen.

Wenn aber Bayern oder Slaven aus diesem Land jene Gegend aufsuchen, um Lebensmittel mit Sklaven oder Pferden oder Rindern oder übrigen Waren zu kaufen, wo immer sie das in jener Gegend wollen, dann sollen sie ohne Zoll kaufen, was sie brauchen. Wenn sie aber den Ort des Marktes passieren wollen, dann sollen sie auf der mittleren Straße ohne Behelligung reisen. Und sie mögen an anderen Orten dieser Gegend ohne Zoll kaufen, was sie bekommen. Wenn es ihnen auf diesem Markt besser gefällt, Handel zu treiben, sollen sie den vorgeschriebenen Zoll geben und kaufen, was immer sie wollen und so günstig sie können.

Die Salzkarren aber, die auf der rechtmäßigen Straße den Fluß Enns durchqueren, brauchen nur an der Url einen vollen Scheffel zu bezahlen und sind nicht genötigt, etwas Weiteres abzugeben. Aber die Schiffe, die vom Traungau kommen, zahlen nichts, sondern passieren ohne Zins. Das ist im Hinblick auf die Bayern zu beachten.

Die Slaven aber, die von den Russen oder den Böhmen des Handels wegen kommen, sollen überall dort, wo sie am Ufer der Donau oder wo immer bei den Leuten von Rodel oder denen von Ried Marktplätze finden, von einer Saumtierlast zwei Klumpen Wachs abgeben, von denen jeder einen Skot wert ist. Von der Last eines Menschen einen Klumpen dieses Wertes. Wenn einer aber Sklaven oder Pferde verkaufen will, zahlt er von einer Sklavin eine Tremise, für einen Hengst ebensoviel, für einen Sklaven eine Saige, ebensoviel für eine Stute. Bayern aber oder Slaven aus diesem Land, die dort kaufen oder verkaufen, brauchen nichts zu zahlen.

Ferner sollen die Salzschiffe, nachdem sie den böhmischen Wald passiert haben, auf keinen Fall die Erlaubnis haben, zu kaufen oder zu verkaufen oder zu landen, bevor sie nach Ebersburg gelangen. Dort zahlen sie von jedem Schiff die rechtmäßige Abgabe, das heißt einen Salzscheffel von einem mit drei Mann besetzten Schiff, und nichts weiter wird von ihnen gefordert, sondern sie reisen weiter nach Mautern oder wo immer zu der Zeit der Salzmarkt gehalten wird. Und dort zahlen sie ebensoviel, das heißt drei Scheffel vom Salz und nicht mehr. Und danach haben sie freie und sichere Erlaubnis zu kaufen und zu verkaufen ohne hoheitliche Gewalt eines Grafen oder den Zwang seitens irgendeiner Person. Doch auf welchen Preis Verkäufer und Käufer sich untereinander einigen: dazu haben sie in jeder Beziehung freie Erlaubnis.

Wenn sie aber zum Markt der Mährer reisen wollen, soll (der Schiffer) nach der jeweiligen Schätzung des Marktes einen Schilling vom Schiff zahlen und frei passieren. Bei der Rückkehr ist er nicht genötigt, rechtmäßig etwas zu zahlen.

Die Kaufleute, das heißt die Juden und die anderen Kaufleute, woher und aus welchem Land oder aus welchen Ländern sie auch kommen, zahlen den rechtmäßigen Zoll sowohl von Sklaven wie von anderen Waren, wie es immer in den Zeiten früherer Könige war.

[Zollordnung aus dem frühen 10. Jahrhundert]

Massimo Montanari

Weiden und Wälder – Frühmittelalterliche Ernährung

Die systematische Verbindung der herkömmlichen landwirtschaftlichen Aktivitäten mit der Nutzung unkultivierter

Flächen ist der bestimmende Wesenszug der europäischen Wirtschaft vom 6. bis mindestens zum 10. Jahrhundert. *Weiden und Wälder* ist ein häufig anzutreffender Doppelbegriff in den kartographischen Dokumenten dieser Zeit, um die engmaschige Gleichzeitigkeit von kultivierten und ungenutzten, von benachbarten, vermischten, ineinander übergehenden Flächen zu kennzeichnen in einem Mosaik von Landschaftsformen, dem ein vielfältiges und zusammengesetztes Ganzes erzeugerischer Aktivitäten entspricht: Getreideanbau und Gartenbau, Jagd und Fischerei, Tierzucht in Freiheit, Sammeln wildwachsender Früchte. Damit ging ein stark gegliedertes und differenziertes Ernährungssystem einher, das Produkte vegetarischen Ursprungs (Korn, Hülsenfrüchte und anderes Gemüse) regelmäßig mit solchen von Tieren (Fleisch, Fisch, Käse, Eier) kombinierte. Man beachte, daß dies aufgrund eines Zusammenwirkens milieubedingter und sozialer Faktoren alle sozialen Schichten betraf. An erster Stelle gestattet das zahlenmäßig günstige Verhältnis zwischen Bevölkerung und Ressourcen, das Überleben auch mit einem wenig einträglichen Produktionssystem wie jenem zu sichern, das auf der extensiven Nutzung unkultivierter Flächen basierte. Zweitens untersagten die Besitz- und Produktionsverhältnisse niemandem die direkte Nutzung jener Flächen, auch wenn diese dem König, einem anderen Herrscher oder einer kirchlichen Institution gehörten. Die Wälder und Weiden waren so zahlreich, daß in irgendeiner Weise alle Zugang zu ihnen hatten. Die zwischen dem 6. und 8. Jahrhundert verfaßten Gesetze der germanischen Völker scheinen sich mehr um den Andrang in den Wäldern als um die Festlegung der Raine zu sorgen. Besondere Bestimmungen, die den Abtransport des erlegten Wildbrets betreffen, scheinen – nach ihrer Regelung zu urteilen – nicht weniger wichtig zu sein als der Schutz der Obst- und Gemüsegärten. Gewiß gibt es Unterschiede: Die Gesetzgebung der Westgoten Spaniens, die mehr an die römische Kultur und mithin an einen rein mediterranen Lebensraum gebunden ist, berücksichtigt die Feldarbeit und die Erzeugnisse des Ackerbaus mehr als andere. Insgesamt aber ist die Tendenzwende offensichtlich, die sich in der europäischen Kultur und Wirtschaft vollzogen hat.

Abhängig von diesen Umständen entwickelte sich damals der Begriff „Hungersnot". Ein vielfältiger und komplexer Begriff, da die Möglichkeit einer Nahrungsknappheit an die produktive Entwicklung verschiedener wirtschaftlicher Sektoren gebunden war und damit an unterschiedliche jahreszeitliche Rhythmen. Die „Hungersnot des Forstes" wurde in ihren Auswirkungen nicht weniger gravierend empfunden – und war es offensichtlich auch nicht – als die „landwirtschaftliche Hungersnot". Ein günstiges Klima für die Vermehrung der Fische oder das Reifen der Eicheln, das wiederum eine erfolgreiche Schweinemast ermöglichte, war nicht weniger wichtig als der gute Verlauf der Ernte und der Weinlese. Die Vielfalt der Faktoren, die zu beachten war, kommt in einem Bericht Gregors von Tours über die Produktionskrise des Jahres 591 klar zum Ausdruck. Er schreibt: „Es gab eine ungeheure Dürre, die alles Grasfutter mißraten ließ; daher brach eine schwere Krankheit unter den Schafen und dem Zugvieh aus, und es blieb wenig zur Nachzucht übrig. [. . .] Und diese Seuche wütete nicht allein unter den Haustieren, sondern selbst unter dem ungezähmten Wild. Denn im Dickicht der Wälder fand man eine große Menge von Hirschen und anderen Tieren verendet." Dann folgten starke Regenfälle, die die Flüsse überlaufen und das Heu verfaulen ließen; auch die Getreideernte fiel gering aus, während die Weinlese aufgegeben wurde. Was die Eicheln betrifft, so „gelang es ihnen nicht zu reifen, nachdem sie gesprossen waren". An anderer Stelle erzählt Gregor, daß der Winter des Jahres 548 ausgesprochen streng war. „Auch die Vögel wurden von Kälte und Hunger matt und ließen sich ohne listige Einrichtung mit der Hand fangen [. . .]." Der Frost wird also ebenfalls – wenn man so sagen darf – unter forstwirtschaftlichen Vorzeichen „interpretiert", nämlich mit Bezugnahme auf die Auswirkungen, die er auf die Jagd hatte.

Entsprechende Hinweise geben andere Chronisten. Im Jahre 872 schreibt Andrea da Bergamo, der Reif habe die ganze Vegetation erfrieren lassen „und dabei die jungen Blätter des Waldes ausgetrocknet". 874, erinnern die *Annalen von Fulda*, fiel der Schnee ohne Unterbrechung von den ersten Novembertagen bis zur Tag- und Nachtgleiche des Winters „und hinderte die Menschen daran, den Wald zu betreten".

Auch private Schriftstücke bringen derartige Besorgnisse zum Ausdruck. Ein italienisches Inventar aus dem 8. Jahrhundert versäumt beim Auflisten der Einnahmen eines landwirtschaftlichen Betriebes nicht zu erwähnen, daß die Schätzung nur für beste Wetterbedingungen Gültigkeit habe; solche Bedingungen, die dem Korn und den Trauben ein gutes Wachstum sichern, den Eicheln das Reifen auf den Bäumen, den Fischen die Vermehrung in fließenden Gewässern und Teichen. Vor allem den Süßwasserfischen widmete man damals Aufmerksamkeit, in sichtlicher Umorientierung vornehmlich auf den internen Verbrauch statt auf den Markt. Man versuchte, die Nahrung *in loco* aufzutreiben, und die Fischerei gestaltete sich eher wie eine Wirtschaft der Sümpfe, Flüsse und Seen als eine des Meeres – ein weiterer wichtiger Unterschied zur römischen Wirtschaft. Da singt ein Dichter, Sidonius Apollinaris, Loblieder auf den Hecht, den die Römer geringschätzen. Da feiert Gregor von Tours die Forellen des Genfer Sees als „bis zu hundert Pfund schwer", während die des Gardasees von den Inventaren des italienischen Klosters von Bobbio in Erinnerung gerufen werden. Da sind die englischen Störe und die aus dem Po. Da sind die Aale, die in vielen Regionen die meistbegehrten Fische zu sein scheinen: Das Salische Gesetz erwähnt keine anderen. Und schließlich der Lachs und die Lamprete; und die Karpfen, Schleien, Schwarzgrundeln, Barben [...] und Krebse – sämtlich aus dem Süßwasser.

Alle konnten sich also bei der Vorratsbeschaffung auf verschiedene Nahrungsquellen verlassen. Fleisch und Fisch (und Käse und Eier) fehlte neben Brot, Mehlbreien und Gemüse auf keinem Tisch. Zur Beschleunigung dieser Nahrungsvervollständigung trug auch die Kirchengesetzgebung bei, die den Verzehr von Fleisch und in manchen Fällen auch den aller tierischen Erzeugnisse an manchen Tagen, Wochen oder Perioden des Jahres untersagte; wie man errechnet hat, an insgesamt über 150 Tagen im Jahr, von kleinen bis zu großen Fastenzeiten. All das, was sich außerhalb einer stark auf das Fleisch ausgerichteten Eßkultur schwer erklären ließe, bedeutete de facto, den Wechsel unterschiedlicher Produkte auf denselben Tischen zu beschleunigen; bedeutete, periodisch Fleisch durch Fisch oder Käse (noch besser aber durch Hülsenfrüchte) sowie tierische Fette durch Pflanzenöl zu ersetzen. Auf diese Weise wirkte auch der liturgische Kalender auf die Ernährungsweise ein und begünstigte damit die Herstellung homogenerer Gewohnheiten in den unterschiedlichen Regionen Europas.

Im Innern dieser gemeinsamen Kultur blieben nicht nur die Zeichen einer unauflösbaren Dichotomie bestehen. Es zeichneten sich auch wichtige soziale Unterschiede ab. In den Gebieten Mittel- und Nordeuropas übernahmen hauptsächlich die oberen Schichten, Laien und Kleriker, die „Mode" von Brot, Wein und Öl. Die niederen Schichten blieben mit größerer Festigkeit ihrer traditionellen Ernährung verhaftet, der sich gelegentlich – wie im Fall des Bieres – wichtige Elemente des religiösen Rituals hinzugesellten. Umgekehrt glichen in den Gebieten, die erst kürzlich der Macht und Kultur der germanischen Völker unterworfen worden waren, vor allem die oberen Schichten ihren Lebens- und Ernährungsstil den neuen Gegebenheiten an, indem sie die Jagdleidenschaft und den hohen Fleischverbrauch übernahmen, während die unteren Schichten der herkömmlichen Ernährungsweise verbunden blieben.

Hans-Werner Goetz

„Villikationen" der Grundherren

Begriff der Grundherrschaft

„Grundherrschaft" ist kein zeitgenössischer, sondern ein moderner Ordnungsbegriff, der, gewissermaßen als Modell, das System der Zustände auf dem Lande widerspiegelt. In der Realität ist Grundherrschaft ein komplexes Sozialgebilde, in dem sich wirtschaftliche, politische und soziale Faktoren überlagern. Die beiden Bestandteile des Begriffs geben einen ersten Einblick in seinen Inhalt. Grundherrschaft hat etwas mit Grund und Boden, also mit Landbesitz, zu tun: Die Verfügung über Land ist die unverzichtbare Grundlage jeder Grundherrschaft. Als terminus technicus impliziert der Begriff zugleich eine bestimmte Form der Organisation, Verwaltung und Nutzung: Das ist der wirtschaftliche Aspekt der Grundherrschaft. „Grundherrschaft" beinhaltet darüber hinaus Herrschaftsrechte, die sich aus dem Landbesitz ableiten und an diesen gebunden sind. Herrschaft aber kann man nicht über das Land, sondern nur über die darauf wohnenden Leute ausüben: Das ist der soziale Aspekt der Grundherrschaft. „Grundherrschaft", so lassen sich beide Elemente zusammenfassen, liegt dort vor, wo Landbesitz dazu berechtigt, Herrschaftsrechte über Menschen auszuüben.

Anfänge und Rechtsgrundlagen der Grundherrschaft sind umstritten. Zweifellos bildete die spätantike Wirtschaft mit ihren großen Landgütern ein Vorbild, zumal sich dieses *dominium* – davon leitet sich „Domäne" ab – mit der Schutzherrschaft, dem Patrocinium, des Herrn über die abhängigen und schollengebundenen Bauern, die Kolonen, verband. Dennoch war die mittelalterliche Grundherrschaft in ihrer „klassischen" Ausprägung mit Salland und Hufenland und Diensten der beliehenen Bauern anscheinend eine Neuschöpfung auf den königlichen Domänen der Merowinger in Nordfrankreich, jedenfalls ist sie hier zuerst nachweisbar; in Urkundenformeln sind Elemente der zweigeteilten Grundherrschaft bereits um 600 erkennbar. Die Entstehung des Großgrundbesitzes erklärt sich aus der germanischen Landnahme und der Übernahme der römischen Grundherrschaft durch König und Adel; die geistliche Grundherrschaft ist dagegen vorwiegend aus Schenkungen zusammengewachsen, erst die klösterliche Grundherrschaft ermöglichte den Mönchen die Wahrnehmung ihrer Aufgaben. Umstritten ist ferner die Frage, ob die Herrschaftsrechte über Land und Leute staatlicher Art, also vom König verliehen oder aber usurpiert waren, ob sie aus dem Grundeigentum selbst (Seeliger) oder erst aus der adligen Stellung des Grundherrn (Dopsch) erwachsen sind. Nach Otto Brunner entstammte alle Herrschaft der Hausherrschaft, und dafür gibt es tatsächlich wichtige Indizien. Bei dem Ursprung der Herrschaftsrechte wird man aber differenzieren müssen: Über die Hörigen am Hof verfügte der Herr aufgrund der Leibeigenschaft; andererseits gerieten immer mehr Freie in Abhängigkeit von einem Grundherrn, sei es, daß sie sich freiwillig in den Dienst und unter den Schutz eines Herrn begaben, sei es, daß sie gewaltsam unterdrückt wurden. Erst ganz allmählich wuchsen beide Gruppen zu einer einheitlichen, bäuerlichen Hörigenschicht zusammen; die Grundherrschaft ist nach Lütge daher aus zwei Prozessen entstanden: der soeben beschriebenen Vergrundholdung der freien Bauern einerseits und der Verbäuerlichung der Leibeigenen, die auf Bauernhöfen angesiedelt wurden, andererseits. Wann diese Entwicklung abgeschlossen war, läßt sich kaum entscheiden, zumal es sich um einen allmählichen, nicht überall gleichzeitig verlaufenden Prozeß handelt. Man kann aber feststellen, daß den Anfängen vom 6. – 9. Jh. eine Phase der Verfestigung und Ausbreitung der Grundherrschaft zwischen dem 9. und 12. Jh. folgte.

Die Grundherrschaft als Wirtschaftsform

Träger der Grundherrschaft waren König, Kirche und Adel, die ihren oft umfangreichen Grundbesitz mit Hilfe eines bestimmten Systems nutzten, für das die Trennung von Eigentum und Arbeit charakteristisch ist: Der Grundherr bewirtschaftete sein Gut nicht selbst, sondern mit Hilfe abhängiger Bauern, denen er Land zur Nutzung überließ, für das diese Abgaben und Frondienste leisteten. Die wichtigste Funktion der Grundherrschaft war der Unterhalt des Herrn und seines Hofes. Die Bauern mußten also genügend Überschüsse erwirtschaften, um nicht nur die eigene Familie, sondern zusätzlich (und in erster Linie) den Grundherrn zu ernähren, der ein aufwendiges Leben führte.

Das allmähliche Anwachsen vor allem des kirchlichen Grundbesitzes hatte zur Folge, daß das Land unterschiedlich dicht verteilt und oft über große Entfernungen hinweg gestreut war, so daß es in einer Gegend, ja in einem Dorf jeweils mehrere Grundherren gab, deren Besitz im Gemenge lag. Wurde ursprünglich der größte Teil des Besitzes von den Leibeigenen in Eigenwirtschaft bearbeitet, so ließen Streubesitz und Tradition freier Bauern, die ihren Hof behielten, bald die „klassische", nämlich *zweigeteilte* Form der *Grundherrschaft* entstehen, die in zwei verschiedene Wirtschaftsbereiche zerfiel: Das Salland oder Herrenland (*terra salica, terra indominicata*), das sich um den Herrenhof gruppierte, wurde im Eigenbetrieb mit Hilfe der Unfreien am Hof (*servi, mancipia*) und der zu Frondiensten verpflichteten Hufenbauern bewirtschaftet; das Leihe- oder Hufenland (so genannt, weil es in Hufen eingeteilt war), war an abhängige Bauern ausgegeben und wurde gegen festgesetzte Leistungen von diesen bearbeitet. Im allgemeinen überwog das Hufenland, wobei der Sallandanteil an der Gesamtfläche stark variierte. Es gab aber auch Grundherrschaften ohne Sallandbetrieb oder ohne Leiheland. Ein Teil des Gutes, oft ganze Hofverbände, war darüber hinaus als Lehen an Adelige und Ministerialen ausgegeben.

Den Mittelpunkt eines solchen Verbandes bildete die *curtis*, der Herren-, Sal- oder *Fronhof.* Über seine Gestalt informiert am besten das Inventar des Königshofs in Annappes (bei Lille), das vielleicht anläßlich eines Besuchs Karls des Großen im Jahre 800 angefertigt wurde. Im Zentrum stand ein Königshaus aus Stein – in dieser Zeit noch eine Ausnahme – mit dem „Königssaal" und drei Zimmern, 11 Kammern, einem Keller und zwei Vorhallen. Innerhalb der umzäunten *curtis* befanden sich 17 weitere, einräumige Holzhäuser, ein Stall, eine Küche, ein Backhaus, zwei Scheuern und drei Geflügelställe. Den Eingang bildete ein Steintor mit Söller, von dem aus die Anweisungen gegeben wurden. Im Königshaus eines anderen Hofes befand sich eine Holzkapelle. Auch die Ausstattung an Tuchen (in der Regel je ein Bettuch, Tischtuch und Handtuch), Geräten (2 Bronzeschüsseln, 2 Trinkbecher, 2 Bronze- und ein Eisenkessel, 1 Pfanne, 1 Kesselhaken, 1 Feuerbock, 1 Kienkorb) und Werkzeug (Beile, Barte, Bohrer, Messer, Axt, Hobel, Sensen, Sicheln und genügend Holzwerkzeug) wurde genau aufgelistet. Die Höfe waren somit auf den Empfang des Königs und anfallende Arbeiten eingerichtet. Zum Inventar gehörte auch Vieh. Ein Vergleich der verwandten Listen von Annappes und Staffelsee zeigt, daß hier mit Unterschieden zu rechnen ist. Schweine, Schafe, Rinder und Ziegen spielten neben dem Geflügel die größte Rolle; in Annappes waren auch Pferde wichtig, in Staffelsee findet sich dagegen nur ein einziges Pferd.

Fronhof, Salland und Hufen bildeten eine Wirtschaftseinheit, die sich auf einen Ort konzentrieren, aber auch über das Umland erstrecken konnte. Im Werdener Hof Friemersheim am Rhein verteilten sich das Salland auf fünf, die 122½ Hufen auf 20 Orte, die sich aber deutlich in der Gegend zwischen Moers und Friemersheim zentrierten. In weiter abgelegenen Dörfern besaß das Kloster nur noch wenige Hufen.

Das Salland, das sich, meist in mehreren Nutzflächen, um den Fronhof gruppierte oder auch über mehrere Dörfer verteilte, wie auch die einzelne Hufe bestanden aus Anteilen an verschiedenen und in der Größe von Hof zu Hof variierenden *Wirtschaftsflächen*, vor allem an Ackerland, Weideflächen für das Vieh, gegebenenfalls Weinbergen und nicht zuletzt Waldflächen, die ganz in den Wirtschaftsbetrieb integriert waren. Der Wald ernährte die Schweine – oft wurde er danach bemessen, wieviel Schweinen er Futter bot –, lieferte Bauholz für Haus, Möbel und Werkzeuge sowie Brennstoff und war schließlich Jagdgelände für den Adel, der sich den Wildbann auf Großwild vorbehielt: Die großen Fürsten und Könige besaßen oft ein geschlossenes, exklusives Jagdgebiet, den sog. Forst. An den Hof waren ferner häufig Küchen, Back- und Brauhäuser, Keltern, sodann Gärten, Fischteiche und Mühlen angeschlossen; in den rund 40 Domänen der Prümer Grundherrschaft gab es am Ende des 9. Jh. ca. 50 Mühlen [...]. Große Höfe verfügten noch über *geniciae*, „Frauenarbeitshäuser", wo Tuche hergestellt wurden.

In kleineren Grundherrschaften war der Salhof zugleich Wohnsitz des Herrn; größere Grundherrschaften verfügten dagegen über eine ganze Reihe solcher Fronhofsverbände, die jeweils von Amtsträgern, dem *maior* (Meier) oder *villicus*, verwaltet wurden; man spricht deshalb von einer *Villikationsverfassung*. Bei entlegenem Besitz lohnte sich ein Eigenbetrieb nicht, so daß man lediglich Hebestellen zur Entgegennahme der Abgaben einrichtete; bei großem und konzentriertem Besitz kam es andererseits zu mehrstufigen Villikationen mit Haupt- und Nebenhöfen. Die Grundherrschaft des Klosters Prüm war am Ende des 9. Jh. in drei Oberhöfe, Prüm, Münstereifel und St. Goar, eingeteilt, denen insgesamt 42 Herrschaftsgüter mit über 1600 ha Ackerland und 2118 Hufen angeschlossen waren [...]. Das Bistum Augsburg verfügte um 800 über neun Fronhöfe mit 1507 Hufen, von denen 1427 besetzt waren. Ein Aachener

Konzil von 816 zählte erst einen Bestand von mehr als 3000 Hufen als Großbesitz, 200–300 Hufen galten noch als Kleinbesitz.

In seinem berühmten *Capitulare de villis*, das wohl 792/93 entstand, gab Karl der Große Anweisungen für die Verwaltung des Königsgutes im gesamten Reich, um den Unterhalt zu sichern und Mißständen vorzubeugen: Das Reichsgut war danach in Amtsbezirke (*ministeria*) unterteilt, die sich über mehrere *villae* erstreckten und jeweils einem *iudex* unterstanden; ihm oblag die Rechtsprechung über die Hörigen im Namen des Königs sowie die Aufsicht über die Landarbeit und die übrige Produktion, er war verantwortlich für die Erträge und sollte Buch führen über Abgaben, Dienste, Einnahmen, Ausgaben und Überschüsse. Die Anweisungen und Verbote zeigen, daß eine Gefahr der Entfremdung des Reichsgutes auch von seiten dieser Verwalter drohte; die *iudices* selbst bekleideten eine hohe Stellung und kümmerten sich nur gelegentlich – gewissermaßen nebenamtlich – um das Reichsgut. Karl erwartete von ihnen, daß sie ihre Güter drei- bis viermal im Jahr besichtigten; sie waren also keineswegs immer zur Stelle. Die eigentliche Beaufsichtigung der Arbeit lag vielmehr in den Händen ihrer Vertreter, vor allem der *maiores* (Meier) oder *villici* (später im Norden Schulte/Schulze, im Süden Schultheiß), deren *ministeria* nicht größer sein sollten, als sie an einem Tag beaufsichtigen konnten. Der Meier überwachte die Arbeiten der Bauern und Unfreien auf dem Salland und war verantwortlich für das Einsammeln und Abliefern der Abgaben und Zinse. Für weitergehende Befugnisse, etwa die Gerichtsbarkeit über die Hörigen, fehlen in fränkischer Zeit noch alle Belege, später aber wurde das grundherrliche Gericht oft vom Meier abgehalten.

Gerade die Villikationsverfassung erlebte im hohen Mittelalter nämlich einen tiefgreifenden *Wandel*; seit dem 12. Jh. und besonders im 13. Jh. zeigten sich erste Auflösungserscheinungen, weil die Herreneinnahmen sanken und man neue Wege der Bewirtschaftung suchen mußte, gleichzeitig setzte eine Landflucht der Bauern in die aufstrebenden Städte ein. Vielerorts, doch bei weitem nicht überall, wie man früher glaubte, wurden die Villikationen aufgegeben und das Salland in Hufenland aufgeteilt oder (häufiger) ganze Fronhöfe zu Lehen oder zur Pacht ausgegeben. Die Eigenwirtschaft blieb zwar eine wichtige Einnahmequelle, trat nun aber hinter anderen Faktoren (wie Steuereinnahmen und Regalien) zurück; die Pacht wurde (in drei Entwicklungsstufen) zum bestimmenden Element der Grundherrschaft. Am Anfang der Entwicklung stand meist die Halbpacht, bei der Gut und Vieh Eigentum des Verpächters blieben, dem der Pächter die Hälfte der Erträge zu überlassen hatte; ihr folgte (etwa im 13. Jh.) die Zeitpacht zu festen Zinssätzen, anfangs als Kurzzeitvertrag auf 3, 6 oder 9 Jahre, später auf längere Zeiten zwischen 12 und 24 Jahren. Erst im 15. Jh. setzte sich schließlich weithin die Erbpacht durch. Der Grundherr ließ nicht mehr alles Notwendige auf seinem Hof produzieren, sondern kaufte es auf dem städtischen Markt ein. Man darf daher behaupten, daß das Villikationssystem des frühen und hohen Mittelalters der Naturalwirtschaft, das Pachtsystem des späten Mittelalters eher der sich nun allmählich durchsetzenden Geldwirtschaft entsprach, wenn im einzelnen auch mit mancherlei Unterschieden zu rechnen ist.

Aaron J. Gurjewitsch
Die Tugend der Vergeudung

Unter den Tugenden, die den Feudalherrn charakterisieren, stand an erster Stelle die Freigebigkeit. Der Herr ist ein Mensch, der umgeben ist von ihm Nahestehenden, von Gefolgsmännern und Vasallen, die ihm dienen, ihn unterstützen und seine Befehle ausführen. Die Mächtigkeit eines vornehmen Herrn wird durch die Anzahl seiner Untertanen und der ihm getreuen Menschen bestimmt. Ohne dies ist er kein Seigneur (lat. Senior, „Ältester", „Oberster"), kein Befehlender und kein Oberhaupt. Selbstverständlich ist der Herr ein Grundbesitzer, der über Bauern herrscht und von ihnen Abgaben erhält. Ohne die Einnahmen von den abhängigen Bauern wäre er nicht in der Lage gewesen, das Gefolge zu unterhalten und eine Menge Schmarotzer zu ernähren. Die Rente, die er von seinen Besitzungen einsammelt, gibt ihm die Möglichkeit, Gelage und Festlichkeiten zu veranstalten, Gäste zu empfangen, Geschenke zu verteilen, mit einem Wort, auf großem Fuß zu leben. Als Norm gilt ein Verhalten, das darin besteht, daß der Herr freigebig ist, ohne zu rechnen, Reichtum verteilt und vergeudet, ohne zu ergründen, ob die Ausgaben die Einnahmen eventuell übersteigen. Die Differenz zwischen Einnahmen und Ausgaben kann durch zusätzliche Abgaben von den Bauern, durch Erpressungen, Strafen, Raub und Kriegsbeute beglichen werden. Sparsamkeit und Wirtschaftlichkeit sind Eigenschaften, die seiner Standesethik widersprechen. Um seine Einkommen kümmert sich der Gutsverwalter, der Schultheiß; Sache des Herrn ist es, das Erhaltene zu verprassen, das Eigentum zu verschenken und zu vergeuden; und je umfangreicher und mit möglichst großem Pomp er das zu tun versteht, desto lauter wird sein Ruhm, desto höher die gesellschaftliche Stellung sein, desto größere Achtung und größeres Prestige wird er genießen.

Der Reichtum für den Feudalherrn ist – nach den in diesem Kreis üblichen Normen – kein Selbstzweck und kein Mittel der Akkumulation oder der Verbesserung der Wirtschaft. Er stellt sich keine Produktionsziele, indem er bestrebt ist, seine Einkommen zu erweitern; deren Wachstum schafft jedoch die Möglichkeit, den Kreis der Freunde und Nahestehenden, der Bundesgenossen und Vasallen, unter denen er sein Geld und die Lebensmittel vergeudet, zu vergrößern. Der geizige Ritter bei Puschkin, der insgeheim und für sich allein sich am Anblick und am Klang des Geldes ergötzt, das im unterirdischen Gewölbe in metallbeschlagenen Truhen aufbewahrt wird, ist eine Figur, die für die Epoche der Renaissance charakteristisch ist, doch nichts mit dem Ritter des Mittelalters gemeinsam hat. Die feudale Verschwendungssucht ist ein Weg der Umverteilung der durch Ausbeutung der unterjochten Bevölkerung erhaltenen Mittel im Kreise der herrschenden Klasse. Doch diese Methode der feudalen Verteilung ist sehr spezifisch. Der Herr konnte von dem Bewußtsein, daß er Schätze besitzt, keinerlei Befriedigung erhalten, wenn er nicht in der Lage war, diese zu verschwenden und zu demonstrieren, genauer – demonstrativ zu vergeuden. Denn es ging nicht darum, den Reichtum ganz einfach zu vertrinken und „durchzubringen", sondern um die Publizität und Öffentlichkeit dieser Mahlzeiten und der Verteilung von Gaben, um die Repräsentation.

Der Umgang mit Reichtum, den man bei den Feudalherren antrifft, erinnert manchmal in höchstem Grade an das „potlatch" der nordamerikanischen Indianer, die vor den Augen der von ihnen zum Gastmahl eingeladenen Stammesgenossen alle ihre Lebensmittelvorräte vernichteten, die Fischerboote in Stücke schlugen und sich mit jeglichen anderen Methoden bemühten, die Gäste mit ihrer Freigebigkeit und Verschwendungssucht zu erdrücken. M. Bloch führte einige ähnliche Beispiele aus der mittelalterlichen feudalen Praxis an: Ein Ritter befahl, das aufgepflügte Feld mit Silberstücken zu besäen; ein anderer benutzte zur Zubereitung des Essens anstelle von Holz teure Wachskerzen; ein dritter Seigneur zündete „aus Prahlsucht", wie der Chronist schreibt, dreißig seiner Pferde bei lebendigem Leibe an. All diese verheerenden Handlungen geschahen selbstverständlich öffentlich, im Beisein anderer Feudalherren und Vasallen und waren dazu bestimmt, diese in Erstaunen zu versetzen. Anderenfalls hätte eine solche Extravaganz keinerlei Sinn gehabt.

In den Wettstreiten der Verschwendungssucht des Typs „potlatch", die den archaischen Gesellschaften eigen sind, und in den Gelagen „nach Gargantuas Manier", die von den mittelalterlichen Feudalherren veranstaltet wurden, gibt es etwas Gemeinsames: Sowohl hier als auch dort ist unschwer eine aggressive Freigebigkeit sowie das Betreben zu erkennen, die Eingeladenen mit seiner Größe zu erdrücken und in dem eigenartigen „sozialen Spiel" zu siegen, als dessen Einsatz Prestige und Einfluß dienen. Selbstverständlich zeigt sich in diesem Verhalten der Feudalherren eher die Wahrung einer Tradition als eine herrschende Geistesrichtung; in der „Prahlsucht" der extravaganten Seigneurs sahen deren Zeitgenossen etwas Ungewöhnliches, von der Norm Abweichendes. Doch eine bestimmte wesentliche Seite der Adelspsychologie zeigte sich hier hypertrophisch.

Der Reichtum ist für den Feudalherren ein Mittel zur Unterhaltung gesellschaftlichen Einflusses und der Bestätigung seiner Ehre. Der Reichtum allein bringt keinerlei Achtung; im Gegenteil, der Kaufmann, der unermeßliche Werte aufbewahrt und nur dafür Geld ausgibt, um dieses im Ergebnis kommerzieller oder Wucheroperationen zu vermehren, löst in der mittelalterlichen Gesellschaftsordnung alle möglichen negativen Emotionen aus – Neid, Haß, Verachtung, Schrecken –, nur keine Achtung. Ein Herr aber, der ohne Berechnung sein Einkommen und die Beute vergeudet, verdient, sogar wenn er über seine Verhältnisse lebt, noch Gelage veranstaltet und Geschenke verteilt, jegliche Hochachtung und Ruhm. Der Reichtum wird von dem Feudalherrn als Mittel angesehen, um außerökonomische Ziele zu erreichen. Der Reichtum ist ein Zeichen, das von Tugend, Freigebigkeit und großzügiger Natur des Herrn zeugt. Dieses Zeichen kann nur durch Demonstration dieser seiner Eigenschaften realisiert werden. Damit ist der höchste Moment im Genuß des Reichtums erreicht: dessen Verschwendung im Beisein einer maximalen Anzahl von Menschen, die an seinem Verbrauch teilnehmen und einen Anteil von den Gaben des Herrn erhalten.

Da der Reichtum in der Feudalgesellschaft derartige Zeichenfunktion erfüllt, ordnet sich, ähnlich allen Zeichen, die einen sozialen Sinn besitzen, seine Realisierung zwangsläufig einem Ritual und festgesetzten Kanons unter. Die Gelage, Feiern, Versammlungen am Hofe und die Turniere werden in bestimmten Zeitabständen unter Beachtung des Dekorums abgehalten und sind von einem feststehenden Zeremoniell begleitet. Das gesellschaftliche Leben des Ritters besteht entweder im Krieg oder in den Vergnügungen am Hofe des Seigneurs.

Peter Moraw

Von den Ottonen bis zu den Staufern: Die Reichsregierung reiste

Die deutsche Geschichte begann im zehnten Jahrhundert. Fast unmerklich löste sie sich aus den karolingischen Lebensordnungen des achten und neunten Jahrhunderts. Erst nach und nach, in der Breite kaum vor dem elften Jahrhundert, setzte sich auch im Bewußtsein der Zeitgenossen die Vorstellung von einem nicht mehr karolingischen Gemeinwesen durch. Gleichwohl blieben viele Merkmale des früheren Zustands bestehen. Wie in fränkischer Zeit war der König die Mitte des „Staates", wie schon Karl der Große wurden die meisten Könige des zehnten, elften und zwölften Jahrhunderts in Rom zu Kaisern gekrönt.

In vieler Hinsicht verhielten sich zwar die ottonischen, salischen und staufischen Herrscher in politischen Einzelfragen anders als ihre Vorgänger. Genauso wie diese verhielten sie sich aber dann, wenn sie mit dem Grundgefüge ihres „Staates" umgingen. Dieses Grundgefüge war nach wie vor aristokratisch, agrarisch und von Mündlichkeit geprägt. Für die verantwortliche Mitte, die zentrale Gewalt des Königs und Kaisers, bedeutete dies: Man mußte sich mit starken Adelsgewalten abfinden, die nur innerhalb ihrer jeweiligen Region zu beeindrucken waren; es fehlten herausragende nichtagrarische, also städtische Zentren, mit deren Hilfe man Macht an einem Punkt hätte konzentrieren und dauerhaft behaupten können; und es fehlte eine wirkungsvolle schriftliche Verwaltung.

Solange sich an diesem Grundgefüge nichts Wesentliches veränderte, konnte sich der mittelalterliche Herrscher nicht vorstellen, daß man ein Reich von einem fixierten und stabilisierten, funktionsfähigen Zentrum aus zu durchformen vermöchte; ihm hätte ein solcher Mittelpunkt auch nicht zu Gebote gestanden. So gab es nur einen Weg und Ausweg: Die Reichsregierung reiste.

Mit dem Zeitalter der Ottonen, Salier und Staufer, die vom zehnten Jahrhundert an aufeinanderfolgten, verbindet man im allgemeinen Bewußtsein bis heute die Vorstellung von einer besonders ansehnlichen Periode der deutschen Vergangenheit – in vieler Hinsicht gewiß zu Recht. Die Herrschaftspraxis dieser Dynastien hat daher viel Aufmerksamkeit auf sich gezogen. Das gilt auch für die Frage nach den räumlichen Aspekten und Problemen dieser Praxis. Man kann sie ungeachtet einzelner Wandlungen als ein einheitliches Ganzes betrachten.

Die wichtigste Aussage zum Thema wird man paradox formulieren. Sie lautet: So gewiß Deutschland als ein herrscherlich geformtes Gebilde, also konkret-politisch, ins Leben getreten ist und nicht aus geheimnisvollen Urtiefen geboren wurde, so gewiß waren die Gestaltungsmöglichkeiten jener formenden Herrscher sehr beschränkt. Fast alles, was sie taten, kann man als ein Reagieren auf komplizierte Macht- und Regelsysteme verstehen, die sie selbst nur wenig, jedenfalls nicht tiefgreifend und langfristig, zu verändern vermochten. Vielerlei Zwangsläufigkeiten, deren Problematik den Zeitgenossen oft genug kaum bewußt war, erwiesen sich als stärker denn die meist kurzfristig wirksamen Willensakte der Handelnden.

Von den zahlreichen Voraussetzungen und Rahmenbedingungen solcher Art seien vier besonders wesentliche hervorgehoben:

1. Blickt man auf ganz Europa, so wird man den Raum des entstehenden und entstandenen Deutschlands als ungefähr mittelmäßig entwickelt bezeichnen. Es blieb zivilisatorisch hinter Italien und Frankreich zurück, war aber moderner als Ost- und Nordeuropa.

2. Das deutsche Königtum teilte viele Merkmale mit anderen europäischen Monarchien, in einer Hinsicht aber stand es allen Nachbarn voran: Nur der deutsche König konnte Kaiser werden und damit die Tradition des römischen Imperiums der Antike in legitimer Form aufgreifen. Damit sah er sich auch berechtigt und verpflichtet, intensiv mit dem Papsttum, das immer mehr als die einzige wirklich universale Kraft galt, und mit Norditalien, der modernsten Region Europas, in Kontakt zu treten. Dadurch wurde er stärker herausgefordert und schwerer belastet als alle anderen Herrscher.

3. Mächtiger wohl als in jedem anderen Land Europas war in Deutschland der große Adel. Bei allem prinzipiellen Respekt vor der Monarchie glaubte er, auch aus eigenem Recht zu herrschen, und baute seine regionale Herrschaft immer stärker aus. Auch die deutschen Bischöfe waren zumeist adelig und übten bald – als einzige in Europa – im vollen Sinne Herrschaft aus; auch sie wurden Reichsfürsten.

4. Vom zehnten bis zum dreizehnten Jahrhundert wandelte sich die gesellschaftliche Umwelt in Deutschland beträchtlich. Die Städte entfalteten sich auch abseits von Rhein und Donau vom zwölften Jahrhundert an; etwa gleichzeitig entstand die Gruppe der Ministerialen, zunächst unfreier Dienstleute des Königs und der Fürsten, woraus nach und nach ein neuer, seinerseits machtsammelnder Adelsstand hervorging.

Bedenkt man die Konsequenzen dieser und anderer Sachverhalte, so wird man resümieren: Die Aufgaben der mittelalterlichen deutschen Könige waren von Anfang an schwierig und wurden immer schwieriger, je weiter die Zeit fortschritt. Die Machtmittel des Herrschers wuchsen aber bei weitem nicht im gleichen Maße. Darüber hinaus stieß der Monarchie aus ganz anderen Zusammenhängen immer wieder Negatives, ja Krisenhaftes oder gar Katastrophales zu. Am schlimmsten waren die Krise des sogenannten Investiturstreits im späten elften und frühen zwölften Jahrhundert und die Endkrise der Staufer um die Mitte des dreizehnten Jahrhunderts. Beide Male kann man darin Folgen tiefgreifender „moderner" Veränderungen bei dem einen Hauptpartner des Königs-„staates", bei der vom Papsttum organisierten Kirche, sehen.

Die Feststellung, man dürfe die räumlichen Aspekte der Regierungspraxis von Ottonen, Saliern und Staufern im großen und ganzen einheitlich betrachten, schließt deshalb ein durchaus kritisches historisches Urteil ein. Denn was im zehnten Jahrhundert zweckmäßig und erfolgversprechend war, mochte sich in der veränderten Welt des dreizehnten Säkulums als unangemessen und veraltet darstellen. Tatsächlich erhoben sich seit dem zwölften Jahrhundert im modernen Westen Europas kritische Stimmen. Sie stellten das Auseinanderklaffen von Ansprüchen, wie sie Kaiserwürde und kaiserliche Kirchenpolitik darlegten, und Realitäten mitleidlos fest. Denn die Nachbarmonarchien im Westen hatten ungefähr um 1200 begonnen, ihre Regierungsmittel in den gerade entstehenden Metropolen ihrer Länder zu konzentrieren, in Paris und in London. Innerhalb des Reiches machten die Fürsten durch ihren heimischen Landesausbau ungefähr vergleichbare Fortschritte innerhalb kleinerer Räume. Je weiter die Zeit vorrückte, um so mehr stand den deutschen Herrschern, besonders den späten Staufern und ihren Nachfolgern, Schwieriges bevor; denn gerade sie haben ihre eigene Regierungspraxis nicht durchgreifend zu modernisieren vermocht.

Wie suchten nun die hochmittelalterlichen Kaiser den zu beherrschenden Raum zu bewältigen? Ottonen, Salier und Staufer haben im Umherziehen regiert. Eine Hauptstadt, das heißt einen festen Sitz der führenden Behörden, und eine feste Residenz, das heißt einen einigermaßen beständigen Aufenthaltsort des Königs und seines Hofes, gab es nicht. So regierten alle europäischen Monarchen, als – vor allem im 10. Jahrhundert – jene Königreiche ins Leben traten, die das politische Europa der Zukunft ausbilden sollten. Anders verhielt sich nur der Kaiser von Byzanz mit seiner aus dem Römerreich der Antike herrührenden und damit in viel höherem Maß staatlich zentralisierten Regierungsform. Das werdende deutsche Reich wurde bald besonders groß und besonders vielgestaltig und verblieb so – von seinen modernsten Landschaften westlich des Rheins und am Rhein und von einigermaßen modernen Gegenden im Südwesten und Süden bis zu eher urtümlichen Gebieten an der Ostsee und insgesamt in Richtung Osten. Eine natürliche geographische Mitte, wo der Herrscher auf überzeugende Weise hätte länger verweilen können, besaß Deutschland nicht. Die Dauer der Königsaufenthalte an bestimmten festen Punkten, zuerst in den Pfalzen, dann auch in Bischofssitzen und Reichsklöstern, war verschieden lang. Normalerweise währte sie aber niemals viele Monate oder gar Jahre, häufig nur wenige Tage. An allen diesen Orten wurde regiert, durch einzelne schriftliche Maßnahmen und viel öfter durch den mündlichen Verkehr mit den betroffenen Machthabern oder Untertanen überwiegend aus der Region.

Zwei besonders wichtige Ursachen brachten diese Situation hervor, zu der offensichtlich lange Zeit eine Alternative gar nicht gedacht werden konnte: Das erste Motiv war die Notwendigkeit, in einer adelig bestimmten Welt wenigstens im Prinzip von Angesicht zu Angesicht zu regieren. Ob daraus, wie man heute denken könnte, für die zentrale Gewalt infolge ihres ständigen Wanderns praktische Schwierigkeiten erwachsen mochten, bedachte man unter diesem

Gesichtspunkt nicht im mindesten. Das Regieren in die Ferne, durch Beauftragte oder durch zugestellte schriftliche Befehle, erschien eher gegenüber Kirchen oder später Städten als angemessenes Handeln, jedenfalls für Leute mit deutlichem sozialen Abstand zum König und zu den führenden Magnaten. Den Kern des politischen Lebens machten die persönliche Verbundenheit unter den Machtträgern ersten Ranges und der persönliche Umgang dieser Leute miteinander aus. Dieser Umgang vollzog sich nach mündlich fortgeerbten, normalerweise streng beachteten Regeln. Nach dem Herrscherideal der Zeitgenossen sollte sich dabei der König auf den Dienst der Fürsten stützen können. Doch diese folgten vielfach anderen Interessen, schon weil ihnen das Eigene, Nahe und Überschaubare verständlicherweise mehr am Herzen lag als das Entfernte und Ungewisse. Die Effektivität des Gemeinwesens als Ganzes war somit kaum schon ein Gesichtspunkt des Handelns, eher noch der Gesichtspunkt der Ehre und Würde des Reiches. Aber so zu denken war abstrakt, der konkrete Eigennutz war überzeugender. Legitimes Ziel aller Beteiligten war die Mehrung des eigenen Ansehens und der eigenen Macht, schon weil der Gefolgschaftsadel, von dessen Loyalität der Große abhängig war, beeindruckt werden mußte. Außenpolitik in einem moderneren Verständnis des Wortes gab es noch nicht, vielmehr bestenfalls das Zusammenstehen der Führenden gegenüber besonders gefährlichen Bedrohungen. Jeder einzelne Machtträger war bei alledem zwar schwächer als der König, alle zusammen aber waren stärker, manchmal weitaus stärker als dieser. Unter den verschiedenen Mitteln, die zu dem daher so schwierigen Ausgleich der Interessen im Reich führen mochten, war das persönliche Erscheinen des Königs in der entsprechenden Region eines der wesentlichsten.

Wollte der Herrscher aus einem gutbegründeten Anlaß längere Zeit an einem Ort verweilen, so stand diesem Bestreben ein Moment entgegen, das als Motiv der Reiseherrschaft kaum weniger wichtig war als das gerade erwähnte Ursachenbündel: die Notwendigkeit, König und Hof zu versorgen – und das in einem Zeitalter, in dem der Transport von Grundnahrungsmitteln und anderen Bedarfsgütern des Lebens über weite Entfernungen hinweg schwierig, manchmal unmöglich war. Getreide ist schwer. Die Kaiserstadt Rom samt dem Kaiserhof hatte man in der Antike zu Schiff versorgt. Vergleichbares funktionierte auf dem mittelalterlichen Kontinent mit seinen schlechten Landstraßen nicht. Vorratswirtschaft war nur in sehr begrenzter Form möglich. Am einfachsten war es daher, die vorhandenen Erträge an Ort und Stelle zu verzehren und nach dem Verzehr nach wenigen Tagen weiterzuziehen. Sonst konnte der Besuch des Königs für den Gastgeber zum Alpdruck werden. [...]

Der Hof Ottos des Großen (936–973) benötigte, wenn man einer etwas späteren Nachricht Glauben schenken kann, täglich tausend Schweine und Schafe, zehn Fuder Wein und ebensoviel Bier, tausend Malter Getreide, acht Ochsen und nicht gezählte Hühner und Ferkel samt Fischen, Eiern und Gemüse. Auch wenn heute nicht mehr festgestellt werden kann, ob dies ein Durchschnittssatz oder eher ein Extremfall war, geben die Zahlen einen Eindruck von den zu bewältigenden Problemen. Am wenigsten durfte man beim Essen und Trinken sparen; denn der Glanz des Hofes war wie die Freigebigkeit, ja Verschwendung des Königs eines der wichtigsten Regierungsmittel in einer durch und durch aristokratischen Welt.

Wen suchte der Herrscher auf seiner Reise durch das Reich auf? Im zehnten Jahrhundert waren es vor allem die Komplexe des eigenen Besitzes, des Königsgutes, deren Mittelpunkte die Herrscherpfalzen bildeten – Gebäudegruppen, die König und Hof aufnehmen und versorgen konnten. Normalerweise reiste man von Pfalz zu Pfalz. Zu diesen Pfalzen gehörten unter Heinrich I. (919–936) und seinem Sohn Otto dem Großen Magdeburg, Quedlinburg, Werla bei Goslar, Frankfurt am Main, Ingelheim und

Worms, aber auch Duisburg, Köln, Aachen und Nimwegen. In der Königspfalz waren die Erträge der umliegenden Grundherrschaften, soweit sie dem König gehörten, zusammengeführt worden.

Nicht minder wichtig ist die Frage, innerhalb welcher Teile des weitgedehnten Reiches sich der Herrscher auf diese Weise zu bewegen vermochte. Hier unterscheiden sich die einzelnen Könige am deutlichsten voneinander. Man kann aus ihrem Verhalten gut fundierte Schlüsse auf ihre politischen Möglichkeiten und Absichten ziehen. Unter Heinrich I. und Otto I. bewegte man sich im Normalfall in Niedersachsen, am Mittelrhein und am Niederrhein, also in den damaligen Herzogtümern Sachsen, Franken und Lothringen. Sachsen war Familienerbe der Ottonen, die Karolinger hatten Franken und Lothringen hinterlassen. In Süddeutschland war das karolingische Königsgut praktisch verlorengegangen. Dies hatte zur Folge, daß Heinrich und Otto nur dann in die Herzogtümer Schwaben und Baiern zogen, wenn außergewöhnliche Umstände es notwendig machten. Dies mochte zum Beispiel ein Kriegszug nach Italien sein. Nach Schwaben und Baiern wurde auch viel weniger vom König hineinregiert. Denn Anwesenheit und Intensität des Regierens und Herrschens bedingten einander am Anfang des Hochmittelalters am meisten.

Ausgeglichener verhielt es sich schon unter dem Enkel Ottos des Großen, Otto III. (983–1002), und unter dessen Nachfolger Heinrich II. (1002–1024). Zwar hatten die in spätkarolingischer Zeit entstandenen Herzogtümer von Anfang an das Königtum einzuschränken vermocht, ebenso wie später, seit dem zwölften Jahrhundert, die zumeist aus kleineren Einheiten neu erwachsenden Fürstenterritorien. Die öfter wechselnden Konstellationen der Öffnung und Schließung solcher Herzogtümer für den König hatten zur einheitlichen Folge, daß von einer gleichmäßigen Regierung des Reiches im ganzen Mittelalter keine Rede sein kann. Franken mit seinem Kern am Rhein, das gemäß der karolingischen Tradition wichtigste Herzogtum, hatte zum Beispiel erst Otto der Große, noch nicht aber sein Vater Heinrich zu durchdringen vermocht. Aber auch Otto hatte sich in dieser Hinsicht der karolingischen Tradition nur genähert und sie nicht wirklich aufgegriffen. Denn er unternahm keinen Versuch, Aachen, die Hauptresidenz Karls des Großen, zu einem Zentrum nach dessen Vorbild auszubauen.

Eine erste wichtige Veränderung im Verhalten des Königs zeigte sich um das Jahr 1000. Es wurden viel stärker als bisher die Bischöfe als Gastgeber beansprucht. Was in den eigenen Pfalzen etwas Selbstverständliches war, forderte man nun von den geistlichen Hirten als „Königsgastung": das kostenfreie Beherbergen und Beköstigen des Herrschers und seines Gefolges. Mit dem Anspruch auf bischöfliche und klösterliche Königsgastung zogen Otto III. und Heinrich II. die Konsequenzen aus einem Prozeß, der schon unter Otto I. begonnen hatte. Viele Kirchen waren nämlich durch Schenkungen aus königlichem Besitz besonders gefördert worden. Solange die Bischöfe gehorsame Diener des Herrschers blieben, kann man von der sehr zweckmäßigen Verlagerung eines Teils der Wirtschaftsbasis der Monarchie sprechen. Denn dabei ließen sich mindestens zwei Vorteile erhoffen: Bischöfe schienen weniger familienbezogen und weniger selbständig zu handeln als Laienadlige; Kirchen verwalteten ihre Grundherrschaften normalerweise moderner und effektiver als weltliche Herren. Bald aber erwies sich das Vorgehen des Herrschers als problematisch. Rasch mochte nämlich der Ausgangspunkt, die königliche Schenkung, vergessen sein; was blieb, war die als drückend empfundene Last. Sie schien auch unter dem Aspekt der im elften Jahrhundert immer häufiger propagierten Freiheit der Kirche, als Frucht der strengeren Beachtung religiöser Ideale durch reformerisch gesinnte Gruppen, immer weniger leicht erträglich. Zunächst freilich, vor der zweiten Hälfte des elften Jahrhunderts, galt der König selbst als Person in sakraler Stellung und war der Papst noch schwach und wenig beachtet.

Für das Hervortreten der Bischofsstädte läßt sich noch ein zweites Motiv anführen. Es war die nachdrückliche Ausweitung der königlichen Reisewege über den frühottonischen Bereich hinaus. Dafür standen naturgemäß Pfalzen aus eigenem Besitz nicht zur Verfügung. Damit hat sich nebenbei auch eine erste Modernisierung der Regierungspraxis eingestellt, nämlich die Verringerung des Gewichts eher ländlicher Zentren, der Pfalzen, zugunsten von mehr oder weniger entwickelten frühen Städten, wo die Bischöfe zu Hause waren. Von den Zentralräumen der Königsherrschaft bis zu ihren Fernzonen kann man alles in allem ein nach damaligen Regeln vernünftig abgestuftes politisches Gefüge erkennen. Innerhalb dieses Gefüges vollzog sich das Regieren in entsprechend unterschiedlich dosiertem Maß, das heißt in sich nach außen hin im großen und ganzen verringernder Intensität.

Dem jeweils wichtigsten Gebiet, als welches zum Beispiel unter Otto dem Großen das Umland des Harzes bezeichnet werden kann, lassen sich geradezu gewisse Hauptstadteigenschaften zuschreiben. Denn zahlreiche Kraftlinien des politischen Systems liefen auf dieses Zentrum in verhältnismäßig dauerhafter Form zu. Eine andere Neuerung um die Jahrtausendwende war der sogenannte Umritt des Herrschers. Damit ist gemeint, daß der neu erhobene König sogleich nach dem Regierungsantritt die wichtigsten Teile des Reiches aufsuchte, um sich überall anerkannt zu wissen, um seine Rechte wahrzunehmen, sich darzustellen und auch um Land und Leute besser kennenzulernen. Brauchbare Landkarten gab es noch lange Zeit nicht, nicht vor dem Ende des Mittelalters; alles geographische und landeskundliche Wissen beruhte auf eigener Kenntnisnahme oder auf der Auskunft von Gewährsleuten.

Der Wechsel von den Ottonen zu den Saliern, die am Mittelrhein zu Hause waren, bedeutete zunächst eine Verbreiterung der politischen Möglichkeiten der zentralen Gewalt. Der erste salische Kaiser Konrad II. (1024–1039) setzte fort, was Heinrich II. eingeleitet hatte, und steigerte die zentrale Gewalt. Baiern, Schwaben und das Elsaß rückten nun näher an den Herrscher heran, ohne daß die ottonischen Positionen beeinträchtigt worden wären. Der Norden und der Süden Deutschlands wurden damit – als Nebenprodukt und leider nur vorübergehend – besser verbunden als zuvor. Nicht weniger wichtig war ein Zweites: Die weiterhin wachsende Herrscherautorität, die man Konrad II. und dem Sohn Heinrich III. (1039–1056) zusprechen kann, kam viel weniger in der größeren Rolle zentraler Orte als in der Erweiterung der bereisten Gebiete zum Ausdruck. Anders formuliert: Auch besonders starke Herrscher des elften Jahrhunderts veränderten nichts in Richtung auf die unbekannte moderne Zukunft von Residenzen und Hauptstädten, sondern verstärkten das Gewohnte. Dieser Tatbestand sollte in Deutschland noch lange Zeit gültig bleiben. Auch der bedeutendste Herrscher des späten Mittelalters, Kaiser Karl IV. (1346–1378), wird ein noch weiter ausgedehntes Reisen hergebrachten Stils betreiben. [. . .]

Indessen kann man schon an die Salier die Frage nach besonders hervorgehobenen Orten stellen, die sich durch Hoftage und Synoden, also durch die Treffen der weltlichen und geistlichen Großen, und durch das Feiern von kirchlichen und weltlichen Festen auszeichneten. Konrad II. wies mehr Hauptorte dieser Art auf als Otto der Große. Die Stärke des salischen Königtums kommt dadurch zum Ausdruck, daß seine Zentren auch außerhalb der königlichen Kernbereiche lagen: etwa in Straßburg und Basel, Ulm und Augsburg sowie in Regensburg. Nicht nur weil man hier schöner feiern konnte als in den ländlichen Pfalzen, traten die Bischofsstädte nach vorn, sondern weil sich das kaiserliche Reich hier besser darstellen ließ.

Einen tiefen, krisenhaften Einschnitt brachten dann die Regierungszeiten Kaiser Heinrichs IV. (1056–1106) und

Kaiser Heinrichs V. (1106–1125) mit sich. Dies geschah zunächst wegen der langdauernden Minderjährigkeit Heinrichs IV. und sodann wegen des innenpolitisch höchst gefährlichen Konflikts mit dem Reformpapsttum, des sogenannten Investiturstreits. Die Reisewege der beiden letzten Salier waren in vieler Hinsicht irregulär, das heißt durch politische Notlagen verformt. Ein schwerer Rückschlag traf damals vor allem die Harzposition im Norden. Sie wurde zwar von Kaiser Lothar (1125–1137), der zuvor Herzog von Sachsen gewesen war, einigermaßen wiederhergestellt, jedoch nicht mehr auf Dauer. Immer deutlicher war das Herrschertum seit der zweiten, der staufischen Hälfte des zwölften Jahrhunderts auf das südliche Deutschland vom Mittelrhein an ostwärts beschränkt; denn die alten Positionen an der Rheinstraße nach Norden zu, am Niederrhein, wiesen ebenfalls bedenkliche Schwächezeichen auf.

Hatte sich schon im elften Jahrhundert vieles bei den Regierten, im ganzen Gesellschaftsgefüge, in Deutschland verändert, so beschleunigte sich dieser Wandel hin zum immer Komplizierteren noch im zwölften Jahrhundert, dem Zeitalter der Staufer. Zugleich war keine Dynastie politisch so überlastet und überfordert wie diese. Denn die Staufer machten mit der Nachfolge des Imperiums der Antike, das heißt mit der Wendung nach Italien, vollen Ernst und wußten auch, je weiter die Zeit fortschritt, immer mehr die unvergleichlich moderneren Lebensverhältnisse und Erträge des Südens zu schätzen. In der ersten Hälfte des dreizehnten Jahrhunderts war Deutschland nicht nur von den verhängnisvollen Folgen des Thronkampfes der Staufer mit den Welfen gezeichnet, der nach dem jähen Tod Kaiser Heinrichs VI. (1190–1197), des Sohnes Friedrich Barbarossas (1152–1190), ausgebrochen war. Hinzu trat die entschiedene Hinwendung Friedrichs II. (1212–1250), des Sohnes Heinrichs VI., nach Italien, wo er geboren worden war. Deutschland sank nun zum Nebenland der Dynastie herab.

Am Beispiel Barbarossas, der trotz seiner italienischen Verpflichtungen noch wie irgendein Ottone oder Salier in der Mitte der deutschen Geschichte gestanden hat, läßt sich der Stand der Reiseherrschaft in hochstaufischer Zeit am besten charakterisieren. Auch Barbarossa hat das Gewohnte fortgesetzt und seine Autorität durch weitgespanntes Unterwegssein zum Ausdruck gebracht. Zwischen Mainz und Basel, Würzburg und Nürnberg sowie in Augsburg, Regensburg und Erfurt findet man ihn am häufigsten. Die Reichskirche mit ihren Bischofsstädten war nicht weniger wichtig als unter den Saliern. Neu geschaffene Stauferpfalzen wie in Frankfurt am Main, Gelnhausen, Hagenau, Kaiserslautern, Wimpfen und Eger waren nun mit den Städten gleichen Namens verbunden.

Aber nicht das Zusammenwirken mit einer eindeutig führenden Stadt oder Pfalz oder mit ganz wenigen von diesen, also irgendein Weg zur Hauptstadt- oder Residenzsituation, kennzeichnet die Haltung der Staufer. Vielmehr verstand man die Städte insgesamt als neues Phänomen, als fiskalisch und fortifikatorisch nützliche, aber eben abermals weit verstreute und nur reisend verwertbare Stützpunkte. Auch das war schon etwas Herausforderndes. Denn zwischen dem „modernen" Versuch solcher Herrschaftsintensivierung – auf der gleichen Ebene wie es die Fürsten taten – und dem alten Ideal, daß der König gleichsam oberhalb dieser Fürsten nur auf seine Autorität und auf seine alten Güter und Rechte gestützt wirken sollte, öffnete sich ein tiefer Zwiespalt. Um vieles bemühten sich die Staufer auf diesem neuen Feld, und gewiß war nicht weniges davon vielversprechend und erfolgreich. Aber im konkreten Machtkampf des dreizehnten Jahrhunderts zugleich gegen den Papst und gegen die eifersüchtigen Fürsten blieben die Feinde am Ende die Stärkeren. Daher kam das Neue, das die Stauferzeit auch in Deutschland mit sich brachte, den Herrschern und ihrem Reich am wenigsten zugute. So ist auch aus dem dreizehnten Jahrhundert, das anderswo in Deutschland und noch viel mehr anderswo in Europa ein „modernes" Zeitalter gewesen ist, zum Thema „deutsche Zentralgewalt" wenig Neues zu berichten.

Philippe Ariès

Vom Recht auf Verstoßung zur unauflöslichen Ehe

Gegen Ende der Karolingerzeit, um das Jahr 900, lassen sich deutlich zwei entgegengesetzte Ehemodelle unterscheiden, das der Großen und das der Kirche. Anders als man annehmen möchte, ist das Laienmodell relativ einfach zu fassen, obgleich wir es vornehmlich aus den Zeugnissen von Geistlichen kennen. Tatsächlich ist es das einfachere Modell. Ihm zufolge gilt, wie in Rom, die Heirat als eine wesentlich private Handlung: Sie findet zu Hause statt, allerdings im Rahmen einer (beschränkten und, wie wir heute sagen, weltlichen) Öffentlichkeit, denn die Gatten und ihre Eltern sind von Zuschauern umgeben, die ihnen *Beifall spenden* und durch ihre Anwesenheit die Handlung und die Zustimmung der Gemeinschaft zu ihr beglaubigen. Jedenfalls konzentrierte sich in diesem privaten/öffentlichen Akt nicht die ganze Symbolik der Heirat. Die Eheschließung hatte noch nicht den punktuellen Charakter, den sie später annahm und heute noch hat, wo eine Zeremonie, ein Wort, eine Unterschrift begründen und bewirken, daß man vorher noch nicht, danach aber sogleich und im genauen Sinne des Begriffs verheiratet ist.

Die Eheschließung erstreckte sich über eine gehörige Zeitspanne von unterschiedlicher und manchmal beträchtlicher Dauer; sie begann mit der *desponsatio*, dem Eheversprechen, mit dem *foedus* oder *pactum conjugale*, aus dem unsere Verlobung und die Vertragszeremonie hervorgegangen sind, die bei uns bis zum Ersten Weltkrieg noch erhebliche Bedeutung besaß. Die Heirat war ein Vertrag zwischen zwei Familien. Eine Familie gibt eine Frau, die andere Familie erhält sie im Austausch für einen *Brautpreis (donatio puellae)*. Die letzte Etappe der Eheschließung war erreicht, wenn man die Brautleute zu Bett geleitete, ein Ritual, das öffentlich, feierlich und unter dem Beifall der Anwesenden begangen wurde, die so die Gültigkeit des Ereignisses bekundeten. Tatsächlich feierte man den entscheidenden Augenblick, in dem Braut und Bräutigam im selben Bett zusammengeführt wurden, damit sie so bald und so oft wie möglich Nachkommen zeugten. Bedeutung und Dringlichkeit dieses Auftrags hingen vom Reichtum oder von der Macht der Familie ab, aber auch vom Gewicht der Heirats- und Allianzstrategien, die damit verbunden waren. Man kann sich fragen, in welchem Grade die Realität einer Heirat, die sich solcherart in der Öffentlichkeit und in der Anwesenheit zahlreicher Zeugen manifestierte, vom Wert des Einsatzes abhing. War der Einsatz unbedeutend, so konnte es keine Öffentlichkeit und keine besondere Zeremonie geben und folglich auch keine wirkliche Ehe, sondern lediglich – und das kam auf dasselbe heraus – eine virtuelle, schemenhafte Ehe, deren rechtliche Qualität von der Spur abhing, die sie im kollektiven Gedächtnis hinterlassen hatte. War die Spur schwach, so sah man in der Verbindung nur eine vorübergehende Liaison; war sie kräftig, so galt die Verbindung als rechtsgültige Ehe.

Ursprünglich durften nicht alle angeblichen Ehen denselben Wert haben. In den aristokratischen Klassen, wo der Einsatz schwerwog, wo die Ehe Allianzen knüpfte und zu einer Politik verpflichtete, gab es daher nur *wirkliche Ehen,* und diese waren den Mächtigen und einigen ihrer Kinder vorbehalten.

Ihren Höhepunkt erreichte die Heiratszeremonie, wenn die Verwandtschaft sich im Zimmer des Stammhalters um das Bett versammelte. Geleitet wurde sie vom Vater des Bräutigams, dem *caput generis.* Er ist es, der Gottes Segen auf das junge Paar herabruft, nachdem man es entkleidet und zu Bett geleitet hat. Später schlich sich dann der Priester in die Zeremonien ein, um das Bett zu segnen, um es zu beräuchern und mit Weihwasser zu besprengen. Ohne Zweifel ist dies der erste (und einzige) kirchliche Eingriff in eine private Zeremonie. [...] Die Heiratszeremonie am Brautbett fand abends statt, in der Stunde der Dunkelheit, die für Liebe und Fortpflanzung günstig ist. Am nächsten Morgen begannen Festlichkeiten, die drei Tage währten (in manchen Regionen war es Brauch, daß die Brautleute sich während dieser drei Tage sexueller Kontakte enthielten). Geistliche Archivare, schreibkundige Männer, die dem Hause verbunden waren, mußten die unerläßlichen Genealogien verfassen, in denen der Stand der Verwandtschaftsbeziehungen und der Allianzen zwischen den Adelshäusern für die Nachwelt festgehalten wurde.

Unter solchen Umständen *war die Ehe nicht allgemein verbreitet* in solchen Adelskreisen und ihrer Klientel. *Es war weder notwendig noch wünschenswert, daß jeder heiratete.* Die *voluptas* ließ sich auch mit anderen Mitteln als der Ehe befriedigen, beispielsweise durch Vergewaltigung oder Entführung, durch ein kurzes Abenteuer mit einer Prostituierten, einer Bäuerin, der Tochter eines Vasallen oder einer Bastardin, allesamt leichte und erlaubte Beute. Es gab zudem Ausweichstrategien zwischen gelegentlicher Vergewaltigung und instabiler Verbindung, d.h. einer solchen ohne Zeugen. Entscheidend indes war, daß nicht sämtliche Kinder heirateten, andernfalls wäre das Erbe zu sehr zerstückelt worden, und der Familie hätte eine Einbuße an Reichtum und Macht gedroht. Es galt vielmehr, mehr Reserve an unverheirateten Söhnen und Töchtern zu schaffen, auf die man zurückgreifen konnte, um die Verluste auszugleichen, die durch die hohe Sterblichkeit, durch Krankheiten und Seuchen ebenso wie durch Krieg und Turniere entstanden. Man mußte schädliche Heiraten vermeiden, indem man die Jüngeren zur Ehelosigkeit zwang, und zugleich Vorsorge für

Eheschließungen treffen, aus denen nützliche Allianzen hervorgehen konnten – wozu es eines Vorrats an Söhnen und im selben, wenn nicht sogar in höherem Maße an Töchtern bedurfte. Die Bastarde vor allem bildeten die „Lustreserve" der Adelshäuser, wie G. Duby sie genannt hat. Manche Töchter wurden in die Familienklöster gesteckt, Gründungen, die den Schlössern angegliedert waren und wo von den Familienoberhäuptern über die Töchter und Witwen gewacht wurde. Die jungen Männer, denen eine Heirat vorenthalten wurde, schlossen sich zu Banden von Junggesellen zusammen, sie gingen auf kriegerische, sportliche oder sexuelle Abenteuer aus und hofften, daß sich ihnen eines Tages die Gelegenheit zu einem ehrenvollen Abschluß böte (und sie *seniores* würden), indem sie eine Erbin heirateten (die sie gelegentlich vorher geschwängert hatten) oder „Seneschall", Oberhofbeamter und Vertrauter eines mächtigen Familienoberhauptes würden.

Mit einer Heirat verbanden die Familien ganz bestimmte Ziele. Wurden diese Ziele wegen der Unfruchtbarkeit der Frau oder aus anderen Gründen nicht erreicht, so verlor die Ehe ihre Daseinsberechtigung; man mußte sie auflösen und die Frau zurück zu ihrer Familie oder ins Kloster schicken. Danach war sogleich eine neue Ehe zu schließen.

Zur selben Zeit, als diese Form von Ehe in den aristokratischen Gesellschaftsschichten praktiziert wurde, reifte in der Kirche ein radikal anderes Ehemodell heran, dem sie im 13. Jahrhundert den Status eines Sakraments verleihen sollte, im Rang der Taufe oder der Priesterweihe gleich – eine ungewöhnliche Aufwertung für einen privaten Akt, für eine sexuelle Verbindung im Dienste von Familienallianzen, die, jeweils nach den Interessen der Familie eingegangen und wieder gelöst wurde. [...]

Ein Text aus dem 9. Jahrhundert, verfaßt von Hincmar, dem Erzbischof von Reims, verdeutlicht die neue Vorstellung von der christlichen Ehe: „Das Band der rechtmäßigen Ehe besteht (*est vera*), wenn diese zwischen freien und gleichen (und folglich in ihrer Entscheidung freien) Menschen geschlossen wird und wenn sie in öffentlicher Hochzeit (*publicis nuptiis*) durch eine ehrbare Mischung der Geschlechter (*honestata sexuum commixtione*) einen Mann mit einer freien und mit der gehörigen Mitgift versehenen Frau verbindet." Man beachte das Beiwort *honestata*, es bezeichnet den entscheidenden Unterschied zwischen der *sexuum commixtio* in der Ehe und deren als *luxuriosa* apostrophiertem Gegenstück außerhalb der Ehe.

Weder die Kirche noch die Geistlichen greifen zu irgendeinem Zeitpunkt ein; auch beanspruchen sie noch keine richterliche Gewalt. Allerdings ist nach P. Toubert „der Ehestand [. . .] als eine ganz wesentliche religiöse Angelegenheit definiert, deren Name sogar, wie Hincmar sagt, der Sakralsprache angehört", d. h. die Vereinigung der Geschlechter wird zum *Mysterium*, zu einem Sakrament Christi und der Kirche, und die Frau muß wissen (*noscitur),* daß die Ehe ihr diese Würde verleiht.

Jedenfalls fehlt diesem Modell, so wie es im 9. Jahrhundert ausgeheckt worden ist, ein Merkmal, das in unserem Verständnis kennzeichnend für die christliche Ehe ist: die Unauflöslichkeit, *stabilitas.* Oder falls es sie gibt, so lediglich virtuell und ohne daß dies ausdrücklich gesagt würde. Die Idee der Unauflöslichkeit erscheint durchaus im Vergleich der sakramentalen Vereinigung der beiden Ehegatten mit der ewigen Vereinigung Christi und seiner Kirche. Aber derselbe Hincmar gibt in dem von P. Toubert zitierten Text aus *De coercendo raptu* (der Titel ist wörtlich) ein Beispiel für eine gute Ehe, nämlich das Beispiel des Achaschwerosch, der seine erste Frau verstößt, um Esther zu heiraten! Und diese zweite Ehe wird zum Vorbild der christlichen Ehe erhoben.

Verstoßungen kamen zweifellos häufig vor. Die Kirche beobachtete sie zwar mit Unwillen, aber sie widersetzte sich ihnen nicht, denn sie war sich nicht sicher, ob sie das Recht hätte, in natürliche Gesellschaften einzugreifen, die *per leges publicas* regiert wurden und folglich eine Laiengerichtsbar-keit, modern gesprochen: eine Zivilgerichtsbarkeit, besaßen. Sowohl was ihre Einmischungsbefugnis als auch was ihre Vorstellung von der Ehe betraf, war die Kirch unentschlossen.

Im Verlaufe des 11. und 12. Jahrhunderts dann begann die Kirche zunehmend in die Ehe einzugreifen, um sie zu kontrollieren und dem sakramentalen Modell anzupassen, das sie im Begriff war zu entwickeln und festzulegen. Sie beschränkte sich nicht länger auf Ratschläge wie zu Zeiten Hincmars, auf Ratschläge, die toter Buchstabe zu bleiben drohten, ja, sie schreckte nicht einmal mehr davor zurück, ihren Standpunkt mit Sanktionen wie der Exkommunizierung durchzusetzen.

Philippe Dollinger

Menschen in Unfreiheit – Taglöhner oder „servi cottidiani"

Zur Karolingerzeit gibt es in ganz Europa auf dem Salland der großen wie der kleinen Grundherrschaften eine Schicht von Unfreien, die zu ungemessenen Frondiensten verpflichtet sind, nur ausnahmsweise eigenverantwortlich eine Hofstelle bewirtschaften, häufig keinerlei Eigentum besitzen und von ihrem Herrn nach Belieben verkauft oder getauscht werden können. Ihr Status ist fast identisch mit dem Status der Sklaven in der Antike. Während jedoch diese Unfreienschicht in Frankreich und Italien vom 10. Jahrhundert an verschwindet, findet man sie in Deutschland überraschenderweise mindestens bis zum 13. Jahrhundert noch überall. So enthalten etwa die Urkunden für die Zensualen die ständig wiederholte Drohung, daß derjenige, der seinen Kopfzins nicht entrichte, der *servitus cottidiana* verfallen werde; Leibeigene werden häufig, als *servi cottidiani* verschenkt, und schließlich unterscheiden die Vogteiurkunden des 13. Jahrhunderts sorgfältig zwischen dieser untersten Gruppe von Unfreien und den Leiheninhabern, den Ministerialen und den Zensualen.

Die Bezeichnungen für diese Unfreiengruppe sind sehr vielfältig und spiegeln die Grundzüge ihres Status wider: Da die Leibeigenen Hörige im engeren Sinne und uneingeschränkt dienstpflichtig sind, werden sie oft einfach *servi*, *famuli*, *mancipia* und sehr häufig *proprii* genannt, ein etwas präziserer Begriff, der nie in anderer Bedeutung Verwendung findet, oder auch *servi salici*, Hörige des Sallandes. Am häufigsten wird die Bezeichnung gebraucht, die ihre Verpflichtung zu ungemessenen Dienstleistungen an allen Tagen ihres Lebens, ausgenommen am Sonntag, zum Ausdruck bringt; da sie dem „Recht des täglichen Dienstes" unterworfen sind, werden sie als *servi in cottidiano* (oder *perpetuo) servicio* (oder *famulatu, ministerio, obsequio*) bezeichnet. Wir könnten sie also Tagewerker nennen, wobei allerdings darauf hinzuweisen ist, daß der entsprechende lateinische Begriff *servi cottidiani* in den Quellen höchst selten und in den südostdeutschen Quellen überhaupt nicht vorkommt. Noch seltener findet man die Bezeichnung *operarii*, die ebenfalls den Aspekt der ungemessenen Fron zum Ausdruck bringt.

Die deutsche Bezeichnung *Tagewerker* wird im Reichslandfrieden von 1235 und vermutlich auch in Bayern verwendet. Der Ausdruck *Dagewarden* findet sich im Wormser Hofrecht von 1024/25, im Urbar von Weißenburg und im Sachsenspiegel, die Bezeichnung *Dagescalken* dagegen ausschließlich in der Gegend um Trier.

Den Unterhalt der Leibeigenen bestreitet ausschließlich der Grundherr, da sie selbst zumindest im Prinzip zu ständiger Arbeit für ihren Herrn verpflichtet sind und weder die Zeit noch die Möglichkeit haben, ihren Lebensunterhalt selbst zu verdienen. Und gerade das unterscheidet sie deutlich vom Großteil der anderen Leute, die „ihr eigenes Brot essen". Daher werden sie oft auch als *stipendiarii*, häufiger als *prebendarii* oder *provendarii* bezeichnet, und zwar schon von der Karolingerzeit an.

Alle Aspekte, die die Unterlegenheit des Unfreienstandes kennzeichnen, gelten für die leibeigenen Tagewerker in verschärfter Form. Das grundherrschaftliche Verbot der Auswärtsehe trifft sie in stärkerem Maße als alle anderen Mitglieder der *familia*. Über sie verfügt der Grundherr nach Belieben, er setzt sie für die schwersten Arbeiten ein, er bestimmt je nach Arbeitsanfall ihre Umsetzung innerhalb der Grundherrschaft, er trennt sich von ihnen durch Verkauf oder Tausch. Zahlreiche Urkunden des 10. und 11. Jahrhunderts berichten über den Tausch von *mancipia* – einzeln oder in Gruppen – ohne Landbesitz, die der neue Herr „verschenken oder verkaufen, mit denen er machen kann, was ihm beliebt". [...]

Zwar war es den hörigen Tagewerkern genauso wie den anderen Unfreien nicht verboten, Eigentum und sogar unfreie Leute zu besitzen. Doch abgesehen von einigen privilegierten Einzelpersonen konnte der Großteil der Leibeigenen nicht einmal die Hoffnung auf Besitzerwerb hegen. Vermutlich überließ der Grundherr ihnen höchstens die Verfügung über einen Teil des mobilen Besitzes und wohl auch über ein Stück Land, auf dem sie außerhalb ihrer Arbeitszeit etwas Gemüse anbauen konnten. Die Quellen, die solchen geringfügigen Eigenbesitz selten erwähnen, bezeichnen in als *facultatula, substancia, peculium*. Doch blieb dieser Besitz so klein, daß von den Tagewerkern keinerlei Abgaben, weder dinglicher noch personenbezogener Art, dafür verlangt wurden. Bestätigt wird dies nur im Limburger Hofrecht, doch dürften die Verhältnisse überall ähnlich gewesen sein. Das Limburger Hofrecht stellt darüber hinaus fest, daß der hörige Tagewerker keinen Heimfall zu leisten habe. Ob diese Vorschrift auf andere Regionen übertragen werden kann, ist schwieriger zu entscheiden; zweifellos wurde der Heimfall unterschiedlich gehandhabt, der Grundherr wird häufig nicht darauf verzichtet haben, einen Teil der Habe des Verstorbenen einzuziehen. Dabei wird es sich kaum um Vieh gehandelt haben, das man in diesen kleinen Besitzungen wohl vergeblich gesucht hätte, aber um das beste Gewand.

Im Bereich des Strafrechts gibt es zumindest bei der niederen Gerichtsbarkeit einen deutlichen Unterschied zwischen den hörigen Tagewerkern und den anderen grundherrschaftlichen Untertanen. Sie unterstehen der unmittelbaren Verfügungsgewalt des Grundherrn und damit nicht dem gleichen Richter wie die Leiheninhaber, also nicht dem *prepositus,* sondern einem Amtsträger des Grundherrn, meist dem Kellner. Da sie keine eigene Hofstelle bewirtschaften, haben sie auch nicht zum jährlichen Gerichtstag zu erscheinen, um dort über ihre Tätigkeit Rechenschaft zu legen, und sie brauchen auch keine Abgaben zu bezahlen. Dieser Unterschied wird im 12. Jahrhundert besonders in den geistlichen Grundherrschaften deutlich, als sich die engere Immunität des klösterlichen Zentralhofes entwickelte. Denn alle Untertanen der klösterlichen Grundherrschaft hatten am Gerichtstag des Vogtes zu erscheinen und unterstanden seiner Jurisdiktion, die hörigen Tagewerker dagegen, die innerhalb der Immunität lebten, waren davon befreit und nur dem Abt persönlich oder den klösterlichen Amtsträgern unterstellt. Besaß der Vogt die Hochgerichtsbarkeit, so wurden sie nur dann vor sein Gericht gezogen, wenn sie sich eines todeswürdigen Verbrechens wie Mord, Vergewaltigung oder Diebstahl schuldig gemacht hatten. Und selbst in diesen Fällen mußten sie vom Beauftragten der Grundherrschaft an den Vogt ausgeliefert werden, da dieser die Immunität nicht betreten durfte, um sie zu verhaften.

In den großen Grundherrschaften leben die zu ungemessenen Diensten verpflichteten Leibeigenen vorwiegend innerhalb des Zentralhofes, in Hütten nahe der Burg oder der

Abtei, und so stehen sie dem Herrn jederzeit zur Verfügung. Sie sind also die *mancipia infra donum* (oder *curtem*), die in einigen karolingischen Urkunden erwähnt werden. Nach ihrem Arbeitsbereich kann man zwei Gruppen unterscheiden, zwischen denen die Übergänge allerdings fließend sind: 1. Landwirtschaftliche Arbeitskräfte, die zusammen mit den Inhabern der freien und unfreien Hufen die Felder, Wiesen und Wälder des grundherrschaftlichen Sallandes bewirtschaften. 2. Das Haus- und Hofgesinde, das mehr oder weniger spezialisierte Aufgaben wahrnimmt. Sie verrichten Dienste im Haus, in der Kammer, bei Tisch, in der Küche usw. Andere bearbeiten den Gemüsegarten oder den Weinberg, arbeiten in den Ställen und versorgen die Pferde, Kühe und Schweine des Hofes. Schließlich kann man auch noch die Fischer, Imker und verschiedene Handwerker dazuzählen, die ausschließlich für den Grundherrn arbeiten. [...]

Nach dem Limburger Hofrecht (1035) konnte der Abt die unverheirateten Söhne seiner Hörigen als Köche, Bäkker, Gefängniswärter oder zu irgendeiner anderen Dienstleistung heranziehen. Man darf wohl annehmen, daß zumindest ein Teil der Tagewerker Kinder der grundherrschaftlichen Leihenehmer waren, insbesondere jüngere Söhne, die meist kein Land besaßen, weil die Teilung von Hofstellen vielfach verboten war. Das trifft vermutlich für die *Haistalden* zu, die im Prümer Urbar (893) mehrmals, in den bayerischen Vogteiurkunden des 13. Jahrhunderts allerdings nur selten erwähnt werden. Letztere definieren sie als Untertanen, „die keinen eigenen Herd besitzen" und von jeglicher Verpflichtung gegenüber dem Vogt freigestellt sind. Vielleicht unterscheiden sich diese Haistalden von den anderen *prebendarii* dadurch, daß ihnen die täglich zu leistende Fron nicht von Geburt an auferlegt war, sondern daß sie diese freiwillig übernahmen, und zwar entweder auf Zeit – die Männer eventuell bis zur Übernahme einer Hofstelle, die Frauen bis zur Heirat – oder in der Hoffnung, vom Grundherrn ein Stück Land und Allmenderechte oder auch eine größere Hofstelle eines ohne Erben verstorbenen Hüfners zu erhalten.

Diejenigen, die zu ungemessenen Frondiensten auf Lebenszeit verpflichtet waren, und das war wohl die Mehrheit, hatten diesen Status normalerweise geerbt. Selbst wenn ein Elternteil einen höheren Status innehatte, folgten die Kinder in der Regel der ärgeren Hand. Außerdem wurden alle außerehelich geborenen Kinder automatisch *servi cottidiani.* Aufschlüsse darüber liefert uns eine Urkunde von Niederaltaich aus dem 13. Jahrhundert. Als Leibeigener galt jedes uneheliche Kind (*chebschint*) einer dem Kloster hörigen Frau. Die Verwandten konnten das Kind von der Unfreiheit loskaufen, es legitimieren, d. h. ihm das Erbrecht verschaffen und das Recht, vor Gericht zu erscheinen und als Zeuge auszusagen, indem sie einem besonderen Amtsträger, dem *Chuntmeister,* der eigens für diese Angelegenheit bestellt war, 5 Pfennige zahlten; dann konnte das Kind auch Eigenbesitz erwerben. Unterließen die Eltern diese Formalität, konnte das volljährig gewordene Kind sich gegen eine Zahlung von 24 Pfennigen an denselben Amtsträger freikaufen und legitimieren. War der Nachkomme dazu nicht in der Lage oder unterließ er diesen Schritt, sollte der *Chuntmeister* seine Güter einziehen, ein Drittel für sich behalten und die restlichen zwei Drittel der Kammer des Klosters übergeben. Darüber hinaus sollte er „ihn gebunden auf einen vom Abt bestimmten Hof führen, wo der Nachkomme auf Lebenszeit als *proprius servus* dienen soll". Bedenkt man, daß das Konkubinat zwischen dem Herrn und seinen Mägden allgemeiner Usus war, kann man kaum bezweifeln, daß uneheliche Nachkommenschaft trotz zahlreicher Einzelregelungen eine der Hauptquellen der unbemessenen Fron bildete.

Unterwerfung unter ungemessene Frondienste erfolgte in einigen Fällen auch als Bestrafung für Vergehen. Die *Lex Baiwariorum* (8. Jahrhundert) setzt sie als Strafe aus für Unzucht, für diejenigen, die am Sonntag arbeiten und „am

Tag des Herrn nicht frei zu sein wissen", für Leute, die einen Freien verkaufen, und schließlich für insolvente Schuldner. In den folgenden Jahrhunderten trifft man solche Bestimmungen nicht mehr an, außer für Fälle von notorischem Fehlverhalten, insbesondere von Frauen. Außerdem scheint diese außerordentlich strenge Strafe nicht immer in voller Härte vollzogen worden zu sein. Andererseits zog die Heirat mit einem Leibeigenen und vielleicht sogar die Auswärtsehe an sich schon für einige Untertanengruppen die Unterwerfung unter die tägliche Fron nach sich. Dies scheint wenigstens aus einer Urkunde des Klosters Formbach hervorzugehen, nach der ein Barschalke „das Recht seiner Väter verloren" hatte, weil er „unerlaubte Dinge getan" hatte; um seinen Status wiederzuerlangen, mußte er dem Kloster eine hörige Frau überlassen. [...]

In die Unfreiheit der härtesten Form gerieten schließlich auch Freie, und zwar durch pure Gewalt. Es kann nicht bezweifelt werden, daß zumindest zu Beginn unseres Untersuchungszeitraums Sklaverei im vollen Sinne des Wortes praktiziert wurde; es war zwar verboten, Christen zu Sklaven zu machen, offensichtlich aber erlaubt, Ungetaufte in die Sklaverei zu zwingen. [...] Vermutlich haben die auf die Ungarneinfälle folgenden Wirren den Sklavenhandel während des gesamten 10. Jahrhunderts eher begünstigt; doch ging er in der Folgezeit zurück und versiegte im 12. Jahrhundert gänzlich. Der Verfasser der Vita des Erzbischofs Konrad von Salzburg (1172–1177) berichtet uns denn auch, daß „der Raub und Verkauf von Männern und Frauen, der früher ständig vorkam, heutzutage sehr selten geworden ist und man nichts mehr davon hört". [...]

Wenn nun die Sklavenmärkte im 12. Jahrhundert verschwunden waren, so erhebt sich die Frage, ob man in der Folgezeit die reine Gewaltanwendung nicht mehr als Quelle der unbemessenen Leibeigenschaft, die der Sklaverei nahekommt, bezeichnen kann. Dies wäre wohl eine allzu optimistische Einschätzung. Vielmehr enthalten zahlreiche geistliche Urkunden Anklagen gegen weltliche Grundherren, die die Untertanen eines Klosters oder eines Bistums in die Knechtschaft zwingen.

Aaron J. Gurjewitsch
„Holda" oder die „teuflischen Gewohnheiten" des Volkes

Sehr häufig denkt man sich das Mittelalter als eine Zeit, in der die Kirche und die christliche Ideologie eine unumschränkte Vormachtstellung gehabt hätten. Vom mittelalterlichen Christentum urteilt man dabei gewöhnlich nach den Lehren der Theologen, den Beschlüssen der Kirchenversammlungen, den päpstlichen Erlassen und Bullen sowie nach den Kirchengebeten und -liedern. Diejenigen Züge der mittelalterlichen Kultur, die sich nicht in den Rahmen der amtlichen Kirchlichkeit fügen, werden von den Forschern als Ketzereien oder Anzeichen eines beginnenden weltlichen Widerstandes gegen das Religiöse sowie als Vorläufer des Renaissancebewußtseins betrachtet. Dieses Bild ist jedoch äußerst einseitig und so sehr verallgemeinert, daß es kaum den tatsächlichen Verhältnissen entsprechen dürfte. In Wirklichkeit erscheint die Gegenüberstellung des Geistlichen und Weltlichen, der Rechtgläubigkeit und des Ketzertums zu starr, um den ganzen Reichtum des mittelalterlichen Geisteslebens zu erfassen. Die Grundfrage, die vielfach unbeantwortet bleibt, ist die nach der Frömmigkeit im betreffenden Zeitalter selber. Läßt die sich wirklich allein oder zum größten Teil auf die Erscheinungen beschränken, die klar zutage liegen und wohlbekannt sind: auf das Gebet, die Abtötung des Fleisches, die Sorge um das Seelenheil, die gottesdienstlichen Verrichtungen und ähnliche? Sollte man nicht annehmen, daß das mittelalterliche Christentum je nach den Ebenen verschieden war, auf denen es sein Dasein führte? [. . .]

Solange wir jedoch auf dem Gebiet der Hagiographie bleiben, können wir sagen, daß die Anpassung der Religion an die Bedürfnisse der Massen unter der Aufsicht der Kirche vor sich ging und von ihr vollzogen wurde. Die Heiligenlegende, die ihren Ursprung im Volke hatte, fand unter der Hand eines Geistlichen ihre letzte Fassung.

Aber die Kirche stieß nicht bloß auf volkstümliche Vorstellungen von heiligen Wundertätern. Sie mußte sich auch mit einer Gemeinde auseinandersetzen, die eigene Ansichten von der Welt, eigene Überlieferungen und Vorstellungen hatte. In welchem Maße sollte es ihr gelingen, diese Gegebenheiten den Zwängen der amtlichen Frömmigkeit unterzuordnen?

Um dem Verständnis dieser außerordentlich wichtigen Seite des Geisteslebens jener Zeit näherzukommen, macht sich eine Hinwendung zu anderen Gattungen des mittellateinischen Schrifttums erforderlich: den Bußbüchern – den Handbüchern, die katholische Priester für ihre Tätigkeit als Beichtiger benutzten. [. . .]

Die Erforscher der frühmittelalterlichen Kultur stellen sich oft die Aufgabe, herauszufinden, welche der von den Kirchenmännern, auch den Verfassern der Bußbücher geschilderten Überreste des Heidentums auf altgermanische Vorstellungen und welche auf die Religion Griechenlands und Roms zurückgehen. Doch gelingt bei weitem nicht immer eine befriedigende Lösung dieser Frage, weil viele abergläubische Vorstellungen, die in den Bußbüchern verurteilt werden, kaum in die Begriffe germanischen oder antiken Heidentums zu fassen sind. Vielmehr erscheinen sie als tiefere, als „ursprüngliche" Schicht des Volksbewußtseins und stehen vornehmlich mit der Magie in Verbindung, jener besonderen Form des menschlichen Verhaltens, die natürliche Ursachen und Wirkungen nicht berücksichtigt und von der Überzeugung ausgeht, Erfolg verspreche diejenige Einwirkung auf die Außenwelt, die aus der unmittelbaren Verflechtung des Menschen mit der Natur fließt. Unsere Quellen sind reich an Mitteilungen über Zauberbräuche. Heilzauber, Liebeszauber, Wachstumszauber waren offensichtlich in größtem Ausmaß verbreitet, so daß der Eindruck entsteht, sie wären keine „Überreste" vorchristlicher Glaubensvorstellungen und Verhaltensweisen, sondern ein unentbehrlicher Bestandteil des alltäglichen Lebens der Menschen in einer bäuerlichen, traditionellen Gesellschaft.

Außerordentlich reich sind die Bußbücher an Mitteilungen über die Magie; ihre Verfasser kommen ständig darauf zu sprechen, und ich stelle mir keineswegs die Aufgabe, den Stoff erschöpfend zu behandeln. Doch macht es sich erforderlich, bei denjenigen Vorschriften der Bußbücher zu verweilen, die sich gegen die „unrechten" und „heidnischen" Bräuche richteten, mit denen Erfolge im täglichen Leben erzielt werden sollten.

Damit die Arbeiten in der Landwirtschaft gelingen, muß zuallererst der Wechsel der Jahreszeiten beobachtet werden und müssen sich die Tätigkeiten dem Kreislauf der Natur anpassen. Wachsen und Reifen erscheinen dem „primitiven" Menschen nicht als etwas Selbstverständliches; vielmehr hält er es für notwendig, auf die „Elemente", die Bewegung der Sterne, der Sonne und des Mondes durch Magie Einfluß zu nehmen. Bei Neumond mußte „dem Mond geholfen werden, seinen Glanz wiederzugewinnen", zu welchem Zweck Zusammenkünfte einberufen und Zauberkünste geübt wurden. Bei einer Mondfinsternis bemühten sich die erschreckten Menschen, durch Geschrei und Hexenkünste Schutz zu gewinnen. Das Verhältnis zwischen den Menschen und den Naturerscheinungen stellt sich hier als Wechselbeziehung oder gar als gegenseitige Unterstützung dar: Nach diesen Auffassungen können die Elemente den Menschen helfen, und die Menschen wiederum sind fähig, die Elemente vermittels besonderer Verfahren in die erforderliche Richtung zu lenken.

Vor uns erstehen ganz archaische Vorstellungen, bei denen der Mensch von sich in denselben Begriffen wie von der Außenwelt denkt und keine Loslösung von ihr empfunden hat. Mit anderen Worten: Seine Beziehungen zur Natur sind nicht auf dem Verhältnis des Subjekts zum Objekt aufgebaut, sondern er geht von der Überzeugung aus, daß der Mensch und die Natur in innerer Einheit und wechselseitiger Durchdringung stehen, daß sie im Wesen verwandt und durch Magie verbunden sind. Der Begriff des Teilhabens ist anscheinend am besten zur Beschreibung dieses Verhältnisses gegenüber der Welt geeignet. Die Natur und der Mensch bestehen aus denselben „Elementen", und gerade die Überzeugung von der völligen Entsprechung der Außen- und der Innenwelt regt die Menschen an, auf die Natur und den Gang der Dinge, also auch auf die Zeit einzuwirken. Burchard von Worms betrübt sich bei seiner Verurteilung dieser Vorstellungen und Bräuche besonders darüber, daß sie im Bewußtsein des Volkes so tief verwurzelt sind und „gewissermaßen von den Vätern auf die Söhne vererbt werden". Die Erbitterung des Bischofs ist völlig verständlich, denn solche traditiones paganorum befanden sich im schreienden Widerspruch zu den kirchlichen Lehren, nach denen allein die göttliche Vorsehung die Welt beherrscht und all ihre Bewegungen gelenkt hätte. Eine ganze Anzahl von Handlungen, die im neuen Jahr Segen verbürgen sollten, darunter auch brauchtümliche Gastmähler mit Gesängen und Beschwörungen, wurde am ersten Januar vorgenommen: Gerade an diesem Tage glaubte man, in die Zukunft schauen und sie so bestimmen zu können, daß „einem im neuen Jahr mehr Erfolg vergönnt sein werde als vorher", besonders wenn man sich mit einem Schwert umgürtete und auf dem Dach seines Hauses Platz nahm, sich auf einer Ochsenhaut auf einem Kreuzweg niederließ oder in der Nacht ein Brot buk, das gut aufgehen mußte.

Eine weitere Voraussetzung einer erfolgreichen Landwirtschaft ist gutes Wetter. Die Bußbücher verdammen die

Zauberer, die Gewitter besprachen und auf das Wetter einwirkten. Mit der ihm eigenen Anschaulichkeit beschreibt Burchard von Worms die Bräuche, mit denen Dürre verbannt wurde. Diese Schilderung erlaubt uns, einen Blick auf ein deutsches Dorf am Anfang des 11. Jahrhunderts zu werfen. Nachdem es lange nicht geregnet hat und die Bauern sehr unter der Trockenheit leiden, versammeln nach Burchards Schilderung die Frauen eine Menge kleiner Mädchen und stellen eines davon an die Spitze des Zuges. Es wird splitternackt ausgezogen, woraufhin sich alle zum Dorfrand aufmachen, um dort ein Kraut zu suchen, das auf deutsch belisa (Bilsenkraut – d. Ü.) heißt. Das nackte Mädchen muß die Pflanze mit dem kleinen Finger der rechten Hand ausreißen. Daraufhin bindet man die Wurzel des Krautes an die kleine Zehe des rechten Fußes des Mädchens, wonach die anderen Kinder mit Gerten in der Hand das Mädchen, das die Pflanze mit seinem Fuß hinter sich herzieht, zum nächsten Bach führen und es dort mit den Gerten naßspritzen müssen, wobei sie durch Beschwörungen den Regen herbeirufen. Zuletzt führen sie das nackte Mädchen in umgekehrter Richtung vom Bach zum Dorf, wobei es „wie ein Krebs" rückwärts gehen muß.

Dieses Herauslocken des Nasses durch magische Bräuche, die von unschuldigen Kindern geübt werden, erinnert lebhaft an ähnliche Verfahrensweisen von Völkern, die auf einer frühen Entwicklungsstufe verharren und von denen sich die Bauern des Frühmittelalters anscheinend noch nicht allzuweit entfernt hatten – sofern man jedenfalls nach ihrem Zauber urteilt. Burchard von Worms bemerkt, daß Frauen sich der beschriebenen Handlungen zu bedienen pflegten, aber dann wendet er sich an die Beichtenden: „Falls du so getan hast oder damit einverstanden gewesen bist, mußt du zwanzig Tage bei Wasser und Brot fasten."

Wie Burchard an einer anderen Stelle ausführt, sprechen „ruchlose Leute" (Schweinehirten, Rinderhirten, Jäger) teuflische Sprüche offenbar magischen Inhalts über ein

Brot, über Kräuter oder irgendwelche Knoten und werfen diese dann auf Stellen, wo sich zwei oder drei Wege kreuzen, wenn sie die eigenen Herden oder Hunde von der Pest oder einer anderen Plage befreien und fremde Tiere verderben wollen. In anderen Bußbüchern geht die Rede gleichfalls von Knoten, von Beschwörungen und Hexensprüchen, die in Wäldern oder auf Kreuzwegen hergesagt werden, all das zu dem Zweck, daß das Vieh vor einer Seuche bewahrt bleibt. In ähnlicher Weise stehlen die Bauern ihren Nachbarn durch Besprechen Milch und Honig. Sie locken die Ausbeute zu ihren Kühen und Bienen, und mit Worten, dem bösen Blick oder auf eine andere Weise rufen sie Schäden unter fremden Küken, Ferkeln oder anderen Jungtieren hervor. Burchard verurteilt die Zaubersprüche und -bräuche, die Frauen beim Spinnen und Weben murmelten und die ihnen offenbar die Arbeit erleichtern sollten. Burchard selber glaubt nicht an diesen Zauber und nennt ihn „Aberglauben" und „Trug". Seine Zeitgenossen aus dem einfachen Volk dachten offenbar ganz anders darüber.

Der Glaube an die Wirksamkeit des Zaubers, der Beschwörungen und Bräuche sowie ihre weite Verbreitung bilden einen kennzeichnenden Zug im Verhalten der mittelalterlichen Menschen, und nicht zufällig richten die Bußbücher ihre Unterdrückungsmaßnahmen gegen den Glauben an diese „teuflischen Gewohnheiten", so daß der Eindruck entsteht, als ob in der Epoche der noch unentwickelten Technik und der ihr gegenüber herrschenden Gleichgültigkeit die Magie in eigenartiger Weise einen Ersatz dafür gebildet hätte. Neben dem Wirtschaftszauber, der sich an die Natur und ihre hervorbringenden Kräfte richtete, nahm der an Menschen gerichtete Zauber in den Handbüchern des Beichtigers einen beträchtlichen Platz ein. Nach den betreffenden Abhandlungen zu urteilen, waren die Verfahren außerordentlich vielfältig und verästelt, mit denen auf den Körper, die Gesundheit und die Gefühle eines anderen eingewirkt werden konnte. Frauen hatten in diesen Künsten besondere Erfahrung. Viele von ihnen bereiteten Tränke aller Art, die Krankheiten heilten, besprachen oder beschworen, setzten fieberkranke Kinder auf Dächer oder Öfen und verbrannten im Hause eines Verstorbenen Körner, was als wirksames Mittel gegen die Wiederkehr von Krankheiten in einer Familie galt, die eben einen Angehörigen verloren hatte. Die Quacksalberei und die Volksmedizin wurden während des Mittelalters täglich geübt. Überliefert sind zahlreiche Vorschriften für die Anfertigung von Arznei gegen alle möglichen Krankheiten, wobei Beobachtungen der Heilkraft von Pflanzen und Stoffen mit dem Glauben an Hexenkünste und an den Einfluß der Gestirne auf die Gesundheit des Menschen zusammenflossen.

Die Kirche verbot das Sammeln von Heilkräutern nicht, solange es unter Gebeten erfolgte, aber mit Nachdruck verurteilte sie, daß anstelle des Credo und Pater noster abscheuliche Zaubersprüche gemurmelt wurden. Doch bildeten die Kräuter nur einen Teil der Heilmittel; außer ihnen fanden alle möglichen Absonderungen des menschlichen Körpers, Aas und Kot Anwendung, die nach den damaligen Anschauungen große Wirkung hatten. Als Mittel, denen Heilkraft beigemessen wurde, verwendete man Wasser, Erde, Feuer und Blut. Als erprobtes Verfahren, ein Kind vom dauernden Schreien abzubringen, galt folgendes: Man grub Erde aus, häufelte sie, bohrte einen Gang durch den Haufen und zog das Kind hindurch. Daß man gesund wird, wenn man sich mit der Erde vereint, ist ein ausgeprägtes Kennzeichen der Denkweise von Menschen, die einer bäuerlichen Gesellschaft angehören, und tritt in den verschiedensten Gestalten auf.

Der schwarze Zauber wird in den Bußbüchern mit höchster Anschaulichkeit dargestellt, genau wie der Hexensabatt und die nächtlichen Flüge der Frauen, die sich mit dem Teufel eingelassen haben, nebst allen sonstigen Hexenkünsten. Anscheinend sah es auf diesem Gebiet in Deutschland besonders übel aus. Wie das „Bußbuch der deutschen Kirchen" sagt, herrschte der Wahn, manche Frauen wären der List des Teufels erlegen und hätten sich auf seine Einflüsterungen hin einer Rotte böser Geister angeschlossen, die in der Gestalt von Frauen in bestimmten Nächten auf den Rücken von Tieren zu ihren Versammlungen flögen. „Das dumme Volk bezeichnet eine solche Hexe (striga) als Holda." Huld oder Holda tritt in nordischen und deutschen Göttersagen und Märchen auf. Sie ist ein weibliches Wesen, das über Seherkraft verfügt. Im mittelalterlichen Deutschland ist sie unter dem Namen Frau Holle bekannt. „Von dieser Holle erzählt das Volk vielerlei, Gutes und Böses." Sie steht den Frauen bei der Geburt bei, ist selber eine gute Hausfrau und Gärtnerin, belohnt die fleißigen Weberinnen und bestraft die faulen. Den Feldern verleiht sie Fruchtbarkeit, allerdings erschreckt sie die Menschen auch, wenn sie mit einer Schar von Hexen durch die Wälder stürmt. In einer Handschrift des Bußbuches heißt sie Friga-holda. Anscheinend wurde diese Hexe mit der altgermanischen Frigg (Frîja), der Göttin des Zaubers, der Weissagung, der Fruchtbarkeit und der Ehe, gleichgesetzt, die wie Frau Holle den Gebärenden Beistand leistete und das Schicksal der Neugeborenen bestimmte. In den Göttersagen erscheint sie als Odins (Wodans) Gattin und Balders Mutter. Von ihrem Ansehen zeugt der Name des fünften Tages der Woche: der dies Veneris, der bei den Germanen „Tag der Frigg" hieß. Offenbar war diese Göttin, die sowohl bei den Nord- als auch bei den Südgermanen, besonders den Langobarden, bekannt war, die Beschützerin des Familienlebens. Als das Christentum die Herrschaft erlangt hatte, teilte sie mit anderen heidnischen Gottheiten das Schicksal, als Hexe hingestellt zu werden.

Was das Wort striga (stria) angeht, so tritt es nicht nur in den Bußbüchern, sondern auch in anderen Quellen auf. Das Salische Recht bestimmte ein Bußgeld dafür, daß eine Frau zu Unrecht als stria bezeichnet worden sei, das heißt, als Hexe, die eine Brühe in einem Kessel zubereitet haben soll.

Im Alemannischen Recht wird die stria neben der herbaria oder Giftmischerin genannt. Das langobardische Edictum Rothari verbot, eine striga zu erschlagen, denn Christen sollten nicht daran glauben, daß eine Frau die Eingeweide eines Menschen verschlingen könnte. [. . .]

Im Bewußtsein des Volkes lebte die Holda als eine friedsame und gütige Gestalt, worauf schon ihr Name deutet. In den Augen der Verfasser der Bußbücher mußten sich jedoch Holda und ähnliche Gestalten des Volksglaubens zwangsläufig in böse Geister verwandeln und wurden mit keinen anderen als verwerflichen und teuflischen Eigenschaften ausgestattet. Sie erschienen als Anstifterinnen aller möglichen Übel oder als Trugbilder, die der Teufel in den Köpfen unwissender Dummköpfe erzeugte, um sie vom rechten Wege abzubringen. [. . .]

An einer anderen Stelle desselben Bußbuches geht Burchard wiederum auf den Glauben „verbrecherischer Frauen, die sich dem Teufel ergeben haben", und auf ihre nächtlichen Zusammenkünfte ein. Eine ungeheure Menge von ihnen durchquert in der Luft auf dem Rücken von Tieren riesige Entfernungen, um sich an dem Ort zu versammeln, wo der Hexensabbat stattfinde. Dort dienten sie in bestimmten Nächten „der heidnischen Göttin Diana als ihrer Herrin". „Ach, daß sie doch die einzigen Opfer ihres Wahnes wären und nicht noch viele andere auf den Weg des Verderbens zerren würden!" ruft Burchard aus. „Eine unglaubliche Anzahl von Menschen läßt sich nämlich von ihrem Lug und Trug verführen und hält all das für wahr. In diesem Wahn weichen sie sogar vom rechten Glauben ab und verfallen in den heidnischen Irrtum, es gäbe irgendwelche Götter und höhere Mächte außer dem einzigen Gott." Doch in Wirklichkeit trete der Teufel immerzu in anderer Gestalt und Verkleidung auf und täusche so ein ihm verfallenes schwaches Gemüt mit mancherlei Bildern. „Aber wer wollte so dumm und so von Sinnen sein, daß er seine Traumbilder für nicht nur geistige, sondern auch körperliche Wesen hielte?" Auf die Bibel gestützt, hebt Burchard hervor, daß alle, die in solche Irrtümer verfallen sind, den rechten Glauben verloren haben und daher zwei Jahre lang Buße tun müssen.

Als Dienerin des Teufels hat die Hexe letzten Endes in den Umkreis der christlichen Teufelslehre Eingang gefunden, was bekanntlich die schlimmsten Folgen haben sollte. Aber in der von uns zu untersuchenden Zeit war man davon noch weit entfernt. Die Denkweise grausamer Eiferer, wie sie im „Hexenhammer" zum Ausdruck kommt, finden wir in den Bußbüchern nicht. Wenn Institoris und Sprenger auch mittelalterliche Vorlagen und sogar einige der oben genannten über die Hexen, ihre nächtlichen Flüge und Sabbate benutzt haben, so haben sie ihren Inhalt doch wesentlich verändert: In den Ausführungen über die Hexen, die Burchard von Worms dem „Kanon Episcopi" (5. Jahrhundert) und den Werken des Regino von Prüm (um 900) entnommen hat, wird von unsinnigen Irrtümern und einem verabscheuungswürdigen Aberglauben gesprochen, von dem man sich freimachen müßte. In dieser Zeit betrachtete die Kirche es nämlich als „eine alberne Vorstellung des Volkes", daß eine Hexe mit dem Teufel eine Verbindung eingehen könnte. Nicht die Sabbate wurden verurteilt, da sie als bloße Lügenmärchen der Frauen betrachtet wurden, die der Böse um den Verstand gebracht hatte, sondern der Glaube an die Sabbate. [...]

Bisher haben die Bußbücher von den Zusammenkünften der Hexen gesprochen; über die Taten der Unholdinnen wurde nichts Genaues gesagt. Der Beichtvater schildert einen Glauben „vieler Frauen, die der Satan um den Verstand gebracht hat": Während der Mann auf seinem Lager in den Armen seiner Frau zu schlummern meine, könne sie im Schutze der Nacht mit ihrem Körper verschlossene Türen durchdringen; nachdem sie irdische Räume durchflogen habe, sei sie in der Lage, zusammen mit anderen, demselben Wahn verfallenen Frauen ohne sichtbare Waffen Christenmenschen umzubringen, deren Fleisch zu kochen und zu essen und an der Stelle des Herzens Stroh, Holz oder etwas Ähnliches in den Leichnam zu legen und den Verstorbenen wieder zum Leben zu erwecken. Auch sei es ihr Glaube, daß Männer fähig wären, zusammen mit anderen Dienern des Teufels verschlossene Räume zu verlassen und sich durch die Lüfte bis zu den Wolken emporzuschwingen, um dort mit den anderen zu kämpfen, Wunden schlagend und Wunden empfangend.

Diese von der Kirche verdammten Vorstellungen waren offenkundig sehr alt. Oben wurde schon auf die langobardischen Gesetze hingewiesen, die den Glauben daran verboten, daß Frauen menschliche Eingeweide äßen. Trotz alledem kamen solche Vorstellungen auch viel später vor. Erinnern die Schilderungen von Kämpfen, die Krieger am Himmel während der Schlafenszeit austragen, nicht an die altnordischen Sagen von den Schlachten in Odins Walhall, die die Einherier, die auf der Walstatt gebliebenen Helden, ausfochten? In beiden Fällen haben die im Kampf erlittenen Wunden keine Folgen, denn die Einherier kehren nach dem Ende des Streits zum Gelage zurück und ein Teilnehmer eines Treffens in den Wolken, wie es das Bußbuch schildert, in sein Bett. Diese Vorstellungen hielten sich sehr lange am Leben. Von nächtlichen Zusammenkünften und Mählern, zu denen Leute fliegen, nachdem sie sich mit einer Salbe bestrichen haben, erzählte Rudolf von Schlettstadt noch am Anfang des 14. Jahrhunderts. Doch berichtet er auch folgendes: Ein schwäbischer Adliger namens Swiger, der sich mit Raubüberfällen und sonstigen Gewalttaten befleckt hatte, traf unterwegs einmal ein ganzes Heer gefallener Krieger, die bei Tag und bei Nacht keine Ruhe finden konnten. Wie sie im Leben dem Teufel gedient hatten, wurden sie nach dem Tode von bösen Geistern gequält. Das war anscheinend eine christliche Umdeutung der alten Sage von den Einheriern. Doch mußte Swiger inmitten dieser Unglücklichen obendrein sein Roß erblicken: Nach seinem baldigen Tode sollte ihn nämlich dasselbe Los wie sie treffen.

Burchard von Worms fährt fort: Es gibt Leute, die an die vom Volk so genannten parcae glaubten. Diesen Parzen werde die Fähigkeit zugeschrieben, ein neugeborenes Kind in einen Werwolf zu verwandeln oder ihm eine andere Gestalt zu geben. „Falls du geglaubt hast – was niemals sein wird oder sein kann –, daß jemand Gottes Ebenbild in eine andere Gestalt oder ein anderes Wesen zu verwandeln vermöge als der Allmächtige allein, sollst du zehn Tage bei Wasser und Brot fasten." Ebensowenig wie an die Parzen durfte an die Unholdinnen geglaubt werden, die sylvaticae hießen, Leiber hatten, ihren Buhlen nach Belieben erschienen, sich mit ihnen vergnügten und danach wieder verschwanden. Wohlbemerkt: Die Rede ist von den Irrtümern „einer unzählbaren Menge" von Einfaltspinseln, die der Böse verlockt hatte, von weit verbreiteten und außerordentlich tief verwurzelten Überzeugungen, die sich von Geschlecht zu Geschlecht fortpflanzten.

Die Märchenwelt des mittelalterlichen Deutschlands ist offenkundig ziemlich reich an Gestalten. Nicht alle Wesen, die dort lebten, waren Nachkömmlinge der germanischen Götter. Ihnen hatten sich auch einige römische Gestalten beigesellt. Neben Holda und den Werwölfen begegnen wir Parzen und Satyrn. Alles zusammen ergab eine äußerst sonderbare Mischung. Ich möchte nochmals betonen, daß es kaum berechtigt ist, in diesem Aberglauben „Überreste" altgermanischer, griechisch-römischer oder morgenländischer Glaubensvorstellungen zu erblicken. Seine Grundlagen konnten ganz verschieden sein, und die Bezeichnungen besagen an sich nicht gerade viel. Doch woher diese oder jene Vorstellungen auch stammen mochten, sie fanden im Bewußtsein des Volkes einen fruchtbaren Boden. Dort wurden sie festgehalten und in eigentümlicher Weise zu einem bisweilen sehr bunten Sagen- und Märchenwesen umgestaltet. Das Wesentliche besteht darin, daß das Gefüge dieses Bewußtseins höchst altertümliche Züge bewahrte und sie beständig von neuem hervorbrachte – nunmehr aber im Rahmen des Christentums und trotz allem Bemühen der Kirche, das ihr verhaßte „Heidentum" auszurotten.

Friedrich Prinz
Innovationen und Mentalitäten – die Dinge kommen in Bewegung

Nach der Jahrtausendwende, als die Verheerungen der großen Invasionen einigermaßen überwunden waren, breitete sich in Europa das Empfinden aus, vor einem Neuanfang zu stehen. Niemand hat diese Stimmung besser ausgedrückt als der burgundische Chronist Rodulfus Glaber (980–1050), ein unsteter, umgetriebener Mönch, in dem sich der unruhige Geist der Epoche gleichsam widerspiegelte. „Als das dritte Jahr nach dem Jahrtausend ins Land zog", so schrieb er, „wurden fast auf der ganzen Erde, vornehmlich aber in Italien und Gallien, die Kirchen umgebaut; nicht etwa wegen Baufälligkeit – die meisten waren sogar recht gut erhalten –, sondern weil jede christliche Gemeinde, von glühendem Wetteifer erfaßt, eine noch prächtigere besitzen wollte als die Nachbargemeinden. Es war geradezu, als schüttle die Welt ihr Alter ab und legte allenthalben einen weißen Mantel von Kirchen an. Damals wurden fast sämtliche Kirchen der Bischofssitze, die den verschiedenen Heiligen geweihten Klosterkirchen, ja selbst die Dorfkirchlein von den Gläubigen schöner wiederaufgebaut."

Man wird nicht fehlgehen in der Annahme, daß dieser Impuls einer auch architekturgeschichtlich nachweisbaren Baulust eine Folge der Kloster- und Kirchenreformbewegungen des späten 10. und 11. Jahrhunderts gewesen ist. Natürlich beschränkte sich diese Freude an kirchlichen

Großbauten nicht auf Italien und Westeuropa, sondern hatte ihre Entsprechung in den gewaltigen romanischen Kirchen der ottonisch-salischen Epoche links und rechts des Rheins. [. . .] Die Sakralbaukunst war lange Zeit wohl das einzige Großgewerbe des Mittelalters. Es regte die Wirtschaft und den Geldumlauf ebenso an wie die Entwicklung neuer Techniken beim Transport sperriger Materialien und beim Bau selbst. Das hatte auch Folgen für den Profanbau, für die Errichtung steinerner Brücken, wirkungsvoller Befestigungsanlagen (Burgen) und für die Baukunst der frühen Städte.

Wenn hier der Begriff der Innovation, des Neuansatzes der Entwicklung auf vielen Gebieten, bereits auf die ottonisch-frühsalische Epoche angewendet wird, dann bedarf dies – will man sich nicht dem Vorwurf anachronistischer Frühdatierung aussetzen – einer Begründung. Sie liegt vor allem im gesamteuropäischen Aspekt der hier vertretenen Geschichtsauffassung. Diese erfordert, daß große kulturelle Bewegungen wie wirtschaftliche und gesellschaftliche Entwicklungen auch dann mit einbezogen werden müssen, wenn ihr Beginn und sogar ihre Schwerpunkte ursprünglich außerhalb des mittelalterlichen Reiches lagen und Deutschland erst später von ihnen ergriffen und geprägt worden ist. Das gilt in besonderem Maße für westeuropäische Neubildungen, die in der konservativeren Mentalität der ottonisch-frühsalischen Epoche manchmal nur zögernd Eingang fanden oder, wenn sie aufgenommen wurden, noch keine grundlegenden Veränderungen bewirkten. Dennoch sind auch hier schon wichtige Innovationen spürbar, die zwar die großen gesellschaftlichen Wandlungen und Umbrüche des späteren 11. und dann des 12. und 13. Jahrhunderts in manchen Bereichen wesentlich mit vorbereiteten und trugen, selbst aber zumeist noch unter der Decke traditioneller Formen blieben. Man könnte von einer Inkubationszeit sprechen, in der sehr disparate Dinge in Bewegung gerieten, ohne sich schon zum Gesamtbild eines grundlegenden Umbruchs zusammenzufügen. Das gilt für Veränderungen in der Grundherrschaft ebenso wie für das frühe Einsetzen von Rodungsvorgängen innerhalb derselben, aber auch für die zögernden Anfänge eines im engeren Sinne städtischen Lebens. Darin folgte Deutschland der italienischen wie der westeuropäischen Entwicklung mehr oder weniger nach, ohne daß man deswegen – um ein gängiges Schlagwort zu verwenden – von einem „Sonderweg der deutschen Geschichte" sprechen müßte. Vielmehr ist das rechtsrheinische Deutschland bis zur Elbe und Saale durchaus im Trend der west- und südeuropäischen Akkulturation, wenn auch mit zeitlicher Phasenverschiebung.

Dies kann man auch an der starken Vermehrung von Burgen und kleineren Burgbezirken erkennen, die sehr früh in Flandern und Nordfrankreich auftrat, aber auch in Mittel- und Oberitalien, wo das als „incastellamento" bezeichnete Phänomen gut untersucht und als Verstädterungsvorgang mit neuen Zentralorten auf dem flachen Lande gedeutet worden ist. Daß der Anstoß zu dieser Entwicklung allein von den normannischen, sarazenischen und madjarischen Dauerangriffen auf Europa ausging, ist kaum anzunehmen. Eine verstärkende Wirkung werden diese Ereignisse aber sicher besessen haben, denn auch die erneute Ummauerung der Bischofsstädte (civitates) und Herrschersitze, die als ein wesentliches Moment für die Entstehung der mittelalterlichen Stadt gilt, wurde von den jahrzehntelangen Invasionen mitverursacht.

Mit wachsendem Holzbedarf für den Burgen- und Städtebau wie für die Metallgewinnung hängt zusammen, daß sich spätestens seit dem 11. Jahrhundert das Flächenverhältnis zwischen Wald- und Weidewirtschaft einerseits und dem Getreide- und Gartenbau andererseits zugunsten der letzteren, intensiveren Nutzungsformen veränderte. Nunmehr tauchten herrschaftliche Bestimmungen gegen übermäßigen Waldschlag auf; für die adelige Jagd, das traditionelle Vergnügen und Kriegstraining der Oberschicht, wurden eigene Bannforste als unantastbar ausgegrenzt, ein indirektes Zeichen für den Anstieg der Rodungstätigkeit.

Technische Neuerungen

Bevölkerungsanstieg und Siedlungskonzentration waren mit technischen Verbesserungen vornehmlich für die Landwirtschaft eng verknüpft. Eine neuartige Bespannung der Arbeitstiere brachte bessere Nutzung ihrer Kraft. Für Rinder kam das Stirnjoch auf, für Pferde das Kummet, das über dem Nacken lag und die antike Bespannung ablöste, das heißt, die um den Hals geschlungenen Riemen, die das Pferd bei starker Beanspruchung beträchtlich beengten und keine volle Ausnutzung seiner Kraft zuließen. Seit dem Ende des 9. Jahrhunderts kam das Hufeisen in Gebrauch, das sich aber erst allmählich durchsetzte, weil Eisen rar und kostbar war. Noch am Ende des 11. Jahrhunderts kostete ein Pferd mit Hufbeschlag doppelt so viel wie ein unbeschlagenes.

Für eine intensivere Bodennutzung waren neue Pflüge erforderlich. Anstelle des alten Schälpflugs, der die Erde nur ritzte, bei leichten Böden aber nach wie vor Verwendung fand, wurde seit dem 11. Jahrhundert der schwere Räderpflug eingesetzt. Zwar hatten die Römer schon Formen dieses schweren Pfluges gekannt und in der fruchtbaren Po-Ebene verwendet, jetzt aber breitete sich dieses technisch verbesserte Ackergerät in Mitteleuropa rasch aus. [. . .]

Bessere Nahrungsmittel

Man hat für die Epoche seit dem 10. Jahrhundert von einer „landwirtschaftlichen Revolution" gesprochen, und zwar sowohl im Hinblick auf die sich durchsetzende Dreifelderwirtschaft als auch wegen des stark ansteigenden Anbaus von Hülsenfrüchten, der mit dem Fruchtwechsel der Dreifelderwirtschaft aufkam. Eiweißhaltige Hülsenfrüchte verbesserten qualitativ die Nahrung und dürften daher die feststellbare Bevölkerungsvermehrung, den merklichen Rückgang der Hungerperioden, die Intensivierung städtischen Lebens und damit auch des geistigen Potentials wesentlich mitverursacht haben. Die Einführung des schweren Pflugs und der Dreifelderwirtschaft samt dem Anbau proteinhaltiger Pflanzen war zweifellos eine wichtige Neuerung in der europäischen Geschichte. [. . .] Für das Hochmittelalter insgesamt hat man von einer „Vergetreidung" Europas gesprochen, welche die bis etwa 1033 immer wieder bezeugten großen Hungersnöte für mehr als zwei Jahrhunderte entschieden zurückdrängte.

Was die Getreidearten anbetrifft, so war Südwestdeutschland das Hauptanbaugebiet des Dinkels (Triticum spelta), der zwar hinsichtlich des Klimas und Bodens anspruchsvoller als der Roggen, aber weniger empfindlich als der von Westeuropa her sich ausbreitende Weizen war. Roggen blieb das wichtigste Getreide im Norden und Osten Deutschlands, hinzu kam als Sommerfrucht und im Gebirge der Hafer; die Gerste läßt sich überall nachweisen. Die Weinrebe, schon seit der Antike bekannt und zunächst nur im Tale gepflanzt, breitete sich im 11. Jahrhundert durch technische Verbesserungen und Terrassenbau auch an Berghängen aus. Einer der frühesten Belege hierfür ist der Weinbau am Rüdesheimer Berg. Weidehöfe für Almwirtschaft (Schwaigen) sind im Alpengebiet seit derselben Zeit belegt, obwohl es sie schon früher gegeben haben wird. Dagegen ist die Imkerei (Zeidlerei) bereits in Quellen des 8. Jahrhunderts vielfach als Spezialberuf bezeugt.

Die Mühlen

Schon im Testament des Diakons Adalgisel-Grimo von 634 sind mehrere Wassermühlen genannt, die zum Kornmahlen verwendet wurden. Im St. Emmeramer Urbar von 1031 sind nicht weniger als 46 Mühlen mit jeweils mehreren Rädern erwähnt; es handelte sich meist um Getreidemühlen. Man hat wohl erst seit dem 10. Jahrhundert die Wasserkraft in großem Umfang und für sehr verschiedene Zwecke verwendet. Da der Bau einer Wassermühle eine nicht unbedeutende Investition war, scheint die Grundherrschaft die Entwicklung vorangetrieben zu haben, konnte sie doch die Bauern durch ihre Zwing- und Banngewalt dazu anhalten, gegen eine Gebühr – meist in Form von Getreide – ihren Weizen und Roggen in der herrschaftlichen Bannmühle mahlen zu lassen. Der Müller war, wie auch der Waldheger und Förster, vom Grundherrn abhängig, konnte aber bis zu einem gewissen Grade Kapital ansammeln und damit zu größerer Selbständigkeit aufsteigen. Ähnliches galt für die Handwerker, weniger jedoch für die Köhler, die zwar einen steigenden Bedarf an Brennstoff zu decken hatten, aber eher eine Existenz am Rande der Gesellschaft führten. Seit dem 11. Jahrhundert setzte man die Wassermühle auch als Walkmühle im Textilgewerbe und als wassergetriebenes Hammerwerk für die Eisenverarbeitung ein. In der Oberpfalz, die später ein Zentrum der Eisenindustrie wurde, ist bereits 1010 der Ortsname Schmidmühle bezeugt, der auf Eisenverarbeitung hinweist.

Der allgemeine Wandel

Sicher verhielt es sich insgesamt so, daß die meisten dieser Techniken schon vor dem 10. und 11. Jahrhundert im lokalen Bereich bekannt waren und eingesetzt wurden, aber das Charakteristische dieses Zeitalters bestand in der raschen Verbreitung der neuen Produktionsweisen in weiten Teilen Europas. Dies läßt darauf schließen, daß sich damals durch den intensiveren Handels- und Wirtschaftsverkehr ein umfassendes Kommunikationsnetz gebildet hatte, innerhalb dessen sich neue Techniken, aber auch neue Ideen wirksamer und schneller als bisher verbreiteten, ein für die materielle wie für die geistige Kultur entscheidender Vorgang. Wachsende horizontale Mobilität blieb kein Phänomen im Bereich der Ökonomie, sondern bewirkte zugleich einen qualitativen Entwicklungssprung. Er läßt sich auf vielen Gebieten feststellen und führte mit der Ausbildung des Städtewesens einen tiefen Wandel der politischen Kultur wie des religiösen Bewußtseins herbei, der weit über die Grenzen des hier zu behandelnden Zeitraums anhielt und sich intensivierte. Wie so oft in der Geschichte trat das Neue eher beiläufig, „auf Taubenfüßen" in die Welt. Noch hielten sich die Veränderungen auf den verschiedensten Gebieten im Rahmen traditioneller Herrschaft, noch konnte ein Kaiser wie Heinrich III. [1039–1056] die Überzeugung hegen, daß die Erneuerung der westlichen Kirche innerhalb des lange abgesteckten Rahmens des Reichskirchensystems möglich sei; noch konnten frühe soziale Bewegungen, wie sie in Mailand unter Erzbischof Aribert hervortraten, einigermaßen, wenn auch bereits mit großer Mühe, unter Kontrolle gehalten und für politische Zwecke eingesetzt werden. Aber die späte Ottonen- und die frühe Salierzeit [also das frühe 11. Jh.] war mehr als ein letztes, fast klassisches Reifestadium archaischer Herrschaft. Sie war zugleich eine Inkubationsepoche, in der das deutsche Kernland des Reiches, das heißt aus späterer Perspektive sein Westteil, das Altsiedelland, rasch und entschieden in die neuen, herandrängenden gesellschaftlichen und geistigen Probleme Frankreichs und Italiens mit hineingezogen wurde. Die Anfänge hochmittelalterlichen Städtewesens, die dann innerhalb eines Jahrhunderts zur Ausprägung des Typs der Handels- und Gewerbebürgerstadt führen sollten, die Entwicklung einer reformfreundlichen, kämpferischen Theologie, die Ausbildung neuer gesellschaftlicher Kräfte innerhalb der Grundherrschaft und im Rahmen ministerialisch gestützter Königsherrschaft, schließlich die neuen Agrar- und Kulturtechniken – dies alles gehört zur notwendigen Vorgeschichte jenes schöpferischen Aufbruchs, der im allgemeinen als Signum des 12. und 13. Jahrhunderts gilt. Für Deutschland trat als auslösende Krisensituation der Investiturstreit hinzu als eine Epoche, in der sich die einzelnen, bereits vorhandenen Entwicklungsstränge verknüpften und extreme Gegensätze auftaten – eine Zerreißprobe für den Königsstaat und die Gesamtgesellschaft, die anderen Ländern damals weitgehend erspart blieb.

Wenn eben von Inkubationszeit die Rede war, dann mag dies nicht als eine nachträglich konstruierte historische Retrospektive verstanden werden. Es gibt genügend zeitgenössische Belege dafür, daß man sich mit vollem Bewußtsein Schritt für Schritt aus den vorgezeichneten Bahnen der Tradition zu lösen und neue Denkwege zu beschreiten versuchte.

Das „Alte" und das „Neue"

In spätottonischer und frühsalischer Zeit lief die lange währende Periode der schrittweisen Rezeption des überkommenen Traditionsgutes antiker, vor allem spätantik-christlicher Bildung und Väterliteratur allmählich aus. Man gewann Distanz zur Überlieferung, die Auslegung der Kirchenväter vollzog sich mehr und mehr in Formen der Interpretation, die Neuartiges an vorgegebenen Gedankenmodellen entfaltete. Ruotger weiß in seiner Lebensbeschreibung Erzbischof Bruns von Köln von seinem Helden zu berichten, daß er zusammen mit Gelehrten aller Sprachen aufs sorgsamste alles untersuchte, „was immer Geschichtsschreiber, Redner, Dichter und Philosophen Neues und Wichtiges aufbrachten". Unangefochten blieb eine solche Einstellung nicht, denn Bruns Biograph und Schüler mußte dessen Neigung für heidnische Autoren verteidigen, die er selbst teilte und in der Fülle klassischer Zitate auch zu erkennen gab. Rather von Verona († 974), aus der Gegend von Lüttich stammend und ein streitbarer Politiker und Theologe, war in der klassischen Literatur besser zu Hause als in den Schriften der Kirchenväter; er wurde Bischof auch wegen seiner Kenntnisse in den sieben freien Künsten. Sein scharfzüngiges Literatentum paßte besser in eine neue Zeit, er floh, wie er selbst schrieb, zu den Büchern und Bibliotheksschränken und bewies ein deutliches Distanzbewußtsein zu seiner Umgebung, wenn er sich selbst halb scherzhaft einen Narren nannte. Und geradezu programmatisch klang es, wenn Bischof Adalbold von Utrecht († 1026), ein Schüler der berühmten Domschule von Lüttich, bedeutender Mathematiker und Freund Gerberts von Aurillac, in seiner Lebensbeschreibung Kaiser Heinrichs II. gegen starren Traditionalismus folgendermaßen polemisierte: „Man verehrt allgemein das Alte in der Literatur und weist das Neue zurück. Aber auch das Alte war einmal neu, und darum geht das Neue dem Alten voran. Daher ist es dumm, das zu verachten, war vorangeht und anzunehmen, was nachfolgt." Im gleichen Atemzug beteuerte Adalbold jedoch, daß er sich nicht gegen das Alte wenden, sondern nur dem Neuen neben dem Alten einen gleichberechtigten Platz sichern wolle.

Eine Schlüsselfigur im Kreise der Neuerer war zweifellos der Leiter der Reimser Domschule, Gerbert von Aurillac († 1003), der Freund Ottos III. Er war der Prototyp des ehrgeizigen sozialen Aufsteigers. Sein geistiges Format, seine überlegene Bildung bedeutete offenbar schon eine Chance für eine kometenhafte Karriere. Eine Einzelerscheinung und daher eher untypisch war er aber gerade nicht, denn das Niveau der Domschulen von Lüttich, Köln, Speyer, Bamberg und Magdeburg konnte sich durchaus mit Reims messen. Magdeburgs Domscholaster Ohtrich († 981) galt als eine der größten Leuchten der Zeit und focht vor Kaiser Otto II. mit Gerbert einen gelehrten Streit über die Einteilung der Wissenschaften und über Kausalität aus. Aus der Auvergne stammend, hatte Gerbert lange in der Spanischen

Mark zwischen Pyrenäen und Ebro gelebt und war dort, in der Übergangszone zwischen Christentum und Islam, mit der in Hochblüte stehenden arabischen Wissenschaft bekannt geworden. Gerbert spielte daher nicht zufällig eine wichtige Rolle bei der Wiederentdeckung der exakten Wissenschaften, vor allem der Mathematik. Er wurde auch wichtig für die Neuverbreitung der aristotelischen Dialektik; dies war ein entscheidender Schritt in Richtung auf die mittelalterliche Scholastik, die man treffend das erste Zeitalter des europäischen Rationalismus genannt hat. Gerbert wirkte auch durch seine Schüler wie Bischof Fulbert von Chartres auf die Entfaltung eines neuen, im strengen Sinne philosophischen Denkens ein. Mit anderen Worten: Seine Persönlichkeit signalisierte für Europa den Beginn einer geistig schöpferischen Epoche.

Kritische Zeitstimmen

Unter solchen Umständen verwundert es nicht, daß sich schon bald auch intellektueller Hochmut einstellte wie bei jenen Lütticher Domherren, die in Gelächter ausbrachen, als eine in schlichtem Latein gehaltene Heiligenlegende verlesen wurde. Mit dem Wiederaufleben der Dialektik trat überdies ein neues kämpferisches Element in den geistigen Auseinandersetzungen der Zeit hervor und ebenso das Vergnügen am scharfen Disput. Wie weit entfernte man sich damit von der alten monastischen „Erweckungserziehung", in der traditionelle Elemente antiker Literatur und Wissensvermittlung in einen strengen geistlich-asketischen Kontext mönchischer Lebenspraxis eingeordnet und sorgfältig nach ihrem Nutzen für die Seele des Christen ausgewählt waren.

Es blieb dann nicht aus, daß sich Kritik an der Neuerungssucht ebenso meldete wie die Sorge um das Seelenheil derjenigen, die allzu tief in die wiederentdeckte Welt der antiken Bildung eintauchten, eine Sorge, die auch schon die

Mönche und Kleriker der Spätantike gekannt hatten. Noch regte sich die Aversion gegen Neues nur vereinzelt wie das Neue selbst, jedoch sie war unverkennbar da. Um 1000 meldeten sich mißbilligende Stimmen gegen eine „neue Musik". Die von den Arabern übernommene Astronomie, der Gerbert huldigte, konnte schon durch ihre enge Verbindung mit der Astrologie den Glauben an die göttliche Allmacht gefährden. In der Domschule von Rouen entstand – ebenfalls um die Jahrtausendwende – eine obszöne Satire, die von Jupiters Amouren angeregt war; in Italien lebte nach dem Bericht des burgundischen Chronisten Rodulfus Glaber ein Kleriker Vilgard, der die antiken Dichter höher als das Christentum schätzte und deshalb vom Erzbischof von Ravenna als Ketzer verurteilt wurde. Nach demselben Gewährsmann gab es südlich der Alpen noch mehr Leute dieser Art, die „durch Schwert und Feuer ihr Ende fanden". In Burgund warnten die Äbte Odo und Maiolus von Cluny vor den verderblichen Lehren der heidnischen Poeten, und der schon erwähnte Bischof Rather von Verona, selbst ein Mann auf der Höhe der Bildung seiner Zeit, schrieb tadelnd über die „Trugschlüsse der Weisheitslehrer". Dafür lobte er in kunstvollen rhetorischen Wendungen die Einfachheit der galiläischen Fischer, die Christus gefolgt waren; sicher ein Paradoxon, aber offenbar wohnten „zwei Seelen in seiner Brust". Und ähnlich, wie sich der hl. Hieronymus einst selbst in einem Traum als „Ciceronianer", d.h. als „Intellektueller", bezichtigt und deshalb vor Gottes gerechtem Zorn gefürchtet hatte, so erhoben sich auch jetzt wieder Warnungen, daß literarische Bildung zu jener Dummheit anleite, die in eitler Ruhmsucht bestehe, und daß Beredsamkeit und Philosophie zu Arroganz verführe. Nur: Die Situation, in der solche Kritik geäußert wurde, war jetzt völlig anderer Art. Der große Kirchenvater hatte in der Spätantike den Weg von der Bildung zum Glauben gefunden, die Scholaster des 10. und 11. Jahrhunderts kamen aus einer Welt des Glaubens und sahen sich nun dem unwiderstehlichen, religiös gefährlichen Reiz und Ansturm einer wiederentdeckten Hochkultur von hoher Rationalität und ästhetischer Kraft ausgesetzt.

Skepsis und Unglauben

Äußerungen von Skepsis oder gar von Unglauben gegenüber kirchlichem Lehrgut finden sich nicht nur in der klerikalen Bildungsschicht. Sie tauchen, wie die Ketzerbewegung, seit dem 10. Jahrhundert überall auf. Da die uns überlieferte Literatur fast durchwegs von Klerikern stammt, wird man solchen Nachrichten, auch wenn sie noch sporadisch auftauchen, doch Glauben schenken müssen. Nach einer militärischen Niederlage Balderichs von Lüttich († 1018) wurde in seiner Bischofsstadt ganz offen die Meinung vertreten, nicht die göttliche Vorsehung, sondern der Zufall regiere die Welt. In der Diözese Utrecht antwortete ein Dorfältester auf die Mahnung des Priesters, zur Kommunion zu gehen, ihm sei ein Krug voll Bier lieber als der Kelch des Herrn; offenbar war dies auch die Meinung der übrigen Dorfbewohner. Der hochgebildete Bischof Otto von Vercelli († vor 964), ein scharfer Gesellschaftskritiker, ließ den Teufel auf folgende Weise die Menschen fangen: Die Mächtigen verführt er zum Raub, die Schlauen zum Betrug, die Starken verleitet er zum Hochmut und den „Dummen und Bäurischen (rusticis) stärkt er ihren Unglauben". Bischof Gerhard von Cambrai († 1051) ging so weit, zu behaupten, daß es Menschen gebe, die von frühester Kindheit bis an ihr Lebensende gegen die Kirche wüteten, so daß auch die Exkommunikation nichts nütze. Der Mönch Alpert von Metz († nach 1021/25) wußte schließlich von den Lästerungen der Wirtshausgänger über den asketischen Grafen Ansfried von Brabant zu berichten, die in der ketzerischen Behauptung gipfelten, die menschliche Seele sei nichts und verschwinde mit dem letzten Atemzug. Man hat in diesem Zusammenhang mit Recht bemerkt, daß die zahlreichen Hinweise auf das Walten der Fortuna, die sich bei mittelalterlichen Autoren und besonders bei Gerbert von Aurillac finden, wohl doch nicht nur „als ‚rhetorisches Element‘ oder als Weiterwirken germanischen Denkens" anzusehen seien, sondern eher als Äußerungen eines neu aufkommenden Unglaubens. Es scheint schließlich kein Zufall zu sein, daß solche antikirchlichen Auffassungen besonders in wirtschaftlich und sozial entwickelten Regionen auftraten und erst von dort her ins rechtsrheinische Deutschland einsickerten.

Ketzertum

Noch größeres Gewicht gewinnen solche Meinungen des 10. und 11. Jahrhunderts angesichts des gleichzeitigen Anschwellens des Ketzertums. Erstmalig tauchten damals in West- und Mitteleuropa Ketzergruppen auf: 1012 in Mainz, wenige Jahre später in Aquitanien, 1022 in Orléans, 1025 im flandrischen Arras, 1042/48 im Bistum Châlons-sur-Marne und 1051 in Goslar. Östlicher Einfluß über den Balkan, etwa durch die Bewegung der Bogumilen, scheint möglich, ebenso Import durch italienische Kaufleute aus dem Orient. Doch waren die Ursprünge der einzelnen Gruppen zu verschiedenartig, ihre Glaubensvorstellungen zu unklar überliefert, als daß man Formen und Wege der Häresien und des Ketzertums insgesamt genauer verfolgen könnte. Es gab Gemeinschaften bäuerlicher Herkunft wie in Arras, hochgebildete klerikale Ketzerkreise wie in Orléans und exklusive Zirkel wie in Monteforte bei Turin, wo sich etwa dreißig „Edelleute im Geiste spiritueller Erneuerung" zusammenfanden. Die wichtigste Ursache dürfte in der geistigen Entwicklung Europas selbst liegen. Die Kloster- und Kirchenreform hatte mit einer vertieften Auffassung vom christlichen Leben strenge Maßstäbe gesetzt und mußte sich nun selbst als Amtskirche von einem religiös erweckten Laientum an hohen christlich-ethischen Normen messen lassen. Es konnte nicht ausbleiben, daß die äußeren Formen von Kirchlichkeit, wie sie sich historisch entwickelt hatten, ins Kreuzfeuer der Kritik gerieten. Dabei rückten die radikalen Armuts- und Demutsforderungen vor allem des Neuen Testaments in den Vordergrund, bald aber ging man auch darüber hinaus: Man hörte von Ablehnung der Ehe, des Fleischgenusses, der Taufe, der Kommunion, der Beichte und Buße sowie der Priesterweihe und des Reliquienkults. Ein Bibelverständnis aus Inspiration löste die Verbindlichkeit kirchlicher Normen völlig auf und gab den Weg für extremen religiösen Individualismus frei, der sich nicht mehr, wie in früheren Jahrhunderten, monastischer Zügelung unterwerfen wollte. Der „Zug zur Entfaltung und Differenzierung, der den Wandel von Früh- zum Hochmittelalter überhaupt kennzeichnet", machte sich allenthalben bemerkbar. Mit einem Wort: Man stand an der Schwelle einer neuen Zeit und Mentalität; schöpferische, aber auch kritische Unruhe breitete sich aus, die sich bald nicht mehr auf das religiöse Leben beschränkte.

Die Gottesfriedensbewegung

Man gab sich auch nicht mehr mit Ideen zufrieden, sondern wollte sie wirksam ins Leben umsetzen; dies war ebenfalls etwas Neues. Das zeigte sich besonders an der im Süden Frankreichs entstandenen Gottesfriedensbewegung, der „Treuga Dei", die dem um sich greifenden, verheerenden Fehdewesen des Adels Einhalt gebieten wollte. Die Kirche stellte sich zusammen mit dem Königtum und den Fürsten an die Spitze dieser religiös inspirierten Massenbewegung, die adelige Friedensbrecher zum Gewaltverzicht zwang. Das eigentlich Neue an der Gottesfriedensbewegung war die Tatsache, daß die hierfür einberufenen Friedenssynoden der Amtskirche von enthusiastischen Massendemonstrationen begleitet und getragen wurden. Die allgemeine Friedensforderung und die Parole „Krieg dem Kriege", die seit der zweiten Hälfte des 11. Jahrhunderts auf Deutschland übersprang, hatte auch sehr konkrete Ursachen: Es ging jetzt nicht mehr nur um den Schutz und Frieden der Kirchen und des Klerus, sondern um Schutz für Leib und Gut der Bauern und um die Sicherheit der Kaufleute auf den Straßen. Um dies durchzusetzen, verhängte die Kirche über adelige und dynastische Friedensbrecher den Kirchenbann, das Interdikt, das alle sakramentalen Handlungen im Machtbereich des Gebannten verbot: eine schwere Strafe in einem religiösen Zeitalter, und um so wirksamer, als damit die Untertanen des Friedensstörers gegen diesen mobilisiert werden konnten; mußten sie doch jetzt um ihr eigenes Seelenheil bangen.

So verschiedenartig auch die Innovationen im materiellen wie im geistigen Bereich waren, sie zeigten doch insgesamt an, daß Europa und das Reich in frühsalischer Zeit das „für Frühkulturen typische Stadium der Kohärenz" hinter sich ließ, in dem sich geistliche und weltliche Lebensformen noch fast nahtlos durchdrungen hatten. Es folgte ein Zeitalter der „Diastase" – schöpferisch, gefahrvoll und auch widersprüchlich; man könnte von einem „dialektischen Prozeß" sprechen; schließlich war die Dialektik nicht zufällig eine Entdeckung beziehungsweise Wiederentdeckung dieser Epoche.

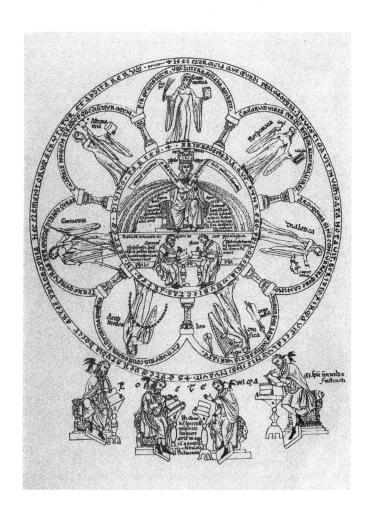

Evamaria Engel

Das Freiheitsstreben der Städte

Kölns Ringen um kommunale Freiheiten

Zur Feier des Osterfestes 1074 hatte sich Erzbischof Anno von Köln den Bischof von Münster in seinen erzbischöflichen Palast eingeladen. Für dessen Rückreise ließ der Kölner Kirchenfürst durch seine Diener das zu einer Handelsreise mit Waren beladene Schiff eines sehr reichen Kölner Kaufmanns beschlagnahmen. Dieser Vorfall löste in der Stadt einen Aufstand gegen den überheblichen und strengen Erzbischof aus, „der so oft Widerrechtliches anordne, so oft Unschuldigen das Ihre wegnehme, so oft die ehrenwertesten Bürger mit den unverschämtesten Worten anfalle" und „mit tyrannischem Hochmut über sie" schalte, wie der durchaus nicht bürgerfreundlich eingestellte Annalist Lampert von Hersfeld Annos Charakter, Haltung und Politik gegenüber den Bürgern beschreibt. Der unrechtmäßige Eingriff in das persönliche Gut eines Kaufmanns war nur der Anlaß, der die schon länger angestaute Unzufriedenheit mit dem geistlichen Stadtherrn von Köln in Aufruhr und Empörung umschlagen ließ. Der Chronist nennt als Teilnehmer des Aufstandes die „Großen" und „Vornehmen" *(primores)* der Stadt, die vor allem Kaufleute waren, und – undifferenziert und allgemein – das „Volk". Sein Bericht erlaubt die Interpretation, daß die Aufständischen verabredet vorgingen, ohne daß eine beschworene Einung, eine *coniuratio*, erkennbar wird und der Aufstand in die Ausbildung einer Kölner Stadtgemeinde einmündete. Deutlich machen Lamperts Annalen allerdings das die Kölner anstachelnde Beispiel der Wormser Bürger, die jüngst, 1073, ihren bischöflichen Stadtherrn und dessen Ministerialen in die Schranken gewiesen hatten. Mit Hilfe von außen, u. a. von Bauern der Umgebung, gelang es dem Kölner Erzbischof, den Aufstand niederzuschlagen; die von den Bürgern erbetene Unterstützung durch König Heinrich IV. blieb aus.

Gut 30 Jahre später, 1106 zeigt sich schon eine größere politische Selbständigkeit der Kölner Bürger. Sie vertrieben Erzbischof Friedrich I., den Parteigänger König Heinrichs V., aus der Stadt und stellten sich in den Kämpfen zwischen Kaiser Heinrich IV. und seinem Sohn Heinrich V. auf die Seite des Vaters. Sie verstärkten wohl schon die Stadtbefestigung und bezogen weitere Vorstädte in den Mauerring ein. Drei Wochen lang belagerte Heinrich V. erfolglos die Stadt. Die erlangte Wehrhoheit war ein bedeutendes Recht, das nun die Bürger ausübten und das die Existenz von gemeindlichen Organisationsformen voraussetzte. Wehrhoheit und Gemeindebildung verliefen auch in anderen Städten parallel. Eine solche wird in dem Schöffenkolleg, 1103 erstmals erwähnt, deutlich. Die Schöffen, 20 bis 30 an der Zahl, stellten das erste kommunale Verwaltungsorgan in Köln dar, welches das Zollregal wahrnahm. Das Vorhandensein eines Stadtsiegels, das als „Siegel der Bürger" 1149 erstmals bezeugt ist und damit zu den ältesten Stadtsiegeln Europas zählt, ferner die gleichzeitige Existenz eines Bürgerhauses als Vorläufer des Rathauses, die frühe Zunftentstehung in Köln, der selbständige Abschluß von zweiseitigen Verträgen mit den Städten Trier und Verdun seit der Mitte des 12. Jahrhunderts deuten die fortschreitende Emanzipation der Kommune aus der Stadtherrschaft des Erzbischofs an. [...]

Das Wormser Beispiel

Welches Beispiel hatten die Wormser 1073 gegeben, auf das sich die Bürger von Köln ein Jahr später berufen konnten? Die Einwohner von Worms gerieten in den Strudel der großen Politik, als sie in den Kämpfen König Heinrichs IV. mit den deutschen Fürsten die Partei der Zentralgewalt ergriffen und sich damit gegen ihren bischöflichen Stadtherrn Adalbert von Worms stellten, der zu den Gegnern Heinrichs IV. zählte. Als der König 1073 aus Sachsen fliehen mußte, wo seine Bemühungen um den Aufbau eines Königsterritoriums im Harz auf den Widerstand der sächsisch-thüringischen Fürsten gestoßen waren, öffneten ihm die Bürger von Worms die Tore ihrer Stadt. Hier fand Heinrich nicht nur persönlich Zuflucht, hier standen Lebensmittel, finanzielle Hilfe, militärische Unterstützung, treu ergebene Bürger für ihn bereit, hier bot eine stark befestigte Stadt sich als militärischer Stützpunkt an. Heinrich belohnte die königstreue Haltung der Wormser – darunter auch Juden – am 18. Januar 1074 mit ihrer Befreiung von der Zollzahlung an königlichen Zollstätten. Wie 1073 handelten die Wormser Bürger im März 1077 erneut selbständig und aktiv, als sie gegen ihren Bischof und den von den Fürsten zum Gegenkönig erhobenen Rudolf von Rheinfelden rebellierten und sich „verschworen".

Diese politischen und militärischen Aktionen der Bürger setzen organisatorische Formen eines Zusammenwirkens voraus, ohne daß wir in Köln und Worms von einer *coniuratio*, einer beeideten Verschwörung oder einer Kommunebildung der Bürger direkt etwas hören. Solche Ereignisse und Vorgänge im städtischen Bereich sind in Nord- und Mittelitalien seit der ersten Hälfte und in französischen Städten seit den siebziger Jahren des 11. Jahrhunderts bekannt. So kam es in Cremona um 1031 zu einer *coniuratio*, und die aufständischen Cremonesen vertrieben nicht nur den Bischof aus der Stadt, sondern griffen auch die materiellen Grundlagen seiner Stadtherrschaft an, indem sie Burg und Häuser zerstörten, Zins verweigerten, Wälder abholzten, Kirchengut an sich rissen. In Le Mans in Westfrankreich bildete die städtische Bevölkerung zusammen mit anderen sozialen Kräften der Umgebung 1070 eine *conspirationem, quam communionem vocabant*, „eine Verschwörung, die sie Kommune nannten", gegen Steuerauflagen des Stadtherrn; der Aufstand wurde niedergeschlagen.

In Worms gingen die kommunale Bewegung und Entwicklung, die 1073 und 1077 zu keinen erkennbaren politischen Zugeständnissen für die Bürger geführt hatten, auf friedlichem Wege und mit Unterstützung durch Bischof und König weiter. Urkunden des 12. Jahrhunderts spiegeln diesen Prozeß wider, in dem die Wormser Einwohner bedeutende bürgerliche Freiheiten erlangten. Schon die Errichtung einer Zunft der Wormser Fischhändler durch den Bischof im Jahre 1106 erfolgte mit dem – wie auch immer gearteten – Rat von Bürgern. In einem Privileg Kaiser Heinrichs V. von 1114 erhielten die Wormser Ehefreiheit und freies Besitz- und Erbrecht in männlicher und weiblicher Linie zugestanden, sie wurden also im Falle ihres Todes von Abgaben aus ihrer Hinterlassenschaft an einen Herrn befreit. Kaiser Friedrich Barbarossa präzisierte 1184 diese Bestimmungen und erließ den nach Worms Zuziehenden im Todesfall die Abgabe des Besthauptes oder Bestkleides. Damit waren die wichtigsten Belastungen und Beschränkungen gefallen, denen die in Worms und anderen Städten nach dem sog. Zensualenrecht lebenden zugewanderten Unfreien, die sonst bedingte Freizügigkeit besaßen und – von Frondiensten verschont – über ihre Arbeitskraft frei verfügen konnten, noch unterworfen waren. Wie in anderen Städten schritt auch in Worms im Verlauf des staufisch-welfischen Thronstreits die kommunale Entwicklung voran, was sich in der Steuererhebung durch Bürger und im Auftreten von erstmals 1198 bezeugten *iudices*, Richtern, zeigte, die aber in Abhängigkeit vom Bischof tätig waren; zu Beginn des 13. Jahrhunderts hießen sie *consiliarii* und *consules*, Ratsherren. Kurz darauf gab es in Worms ein steinernes Rathaus, von dem aus ein Stadtrat selbständig die Stadt regierte.

Die Kommune von Cambrai

Nur etwas später als in Le Mans und anderen französischen Städten setzte in einigen Städten im westlichen Reichsgebiet ein Vorgang ein, der in den Quellen mit den Begriffen *coniuratio* oder *communio* bezeichnet wird. In Cambrai, das zum römisch-deutschen Reich gehörte, beschworen die Bürger 1077 eine schon lange geplante „Kommune". Sie nutzten eine günstige Gelegenheit, die Abwesenheit des bischöflichen Stadtherrn, um sich durch Eid untereinander zu verbünden und zu schwören, dem Bischof den Eintritt in die Stadt zu verwehren, wenn er die von ihnen gebildete Eidgenossenschaft nicht anerkennen wolle. Die Bewegung wurde niedergeschlagen, die Kommune aufgelöst, Bürger – unter ihnen Kaufleute – grausam bestraft, die Stadt seitens des Bischofs durch eine Stadtmauer stärker befestigt und der Bischofssitz in der Stadt ausgebaut. Aber die Idee der Schwurvereinigung der Bürger von Cambrai war nicht auszulöschen. [. . .]

Ziele der kommunalen Bewegung

Was war an dieser Kommune, daß die Städter sie so zäh verteidigten, die feudalen Stadtherren sie zumeist verdammten und bekämpften? Der Zisterzienserabt Bernhard von Clairvaux sah in der kommunalen Bewegung Aufruhr und Gottlosigkeit. Kirchenkonzilien faßten Beschlüsse gegen *coniurationes*, Landesherren und Könige gingen gegen sie vor. Der französische Abt und Geschichtsschreiber Guibert von Nogent hielt – so in seiner Autobiographie – den Begriff *communio* „für einen neuen und überaus schlechten Namen". Für ihn ist die Kommune eine Schwurgenossenschaft, in der sich Bürger – und mitunter auch andere soziale Kräfte in der Stadt und ihrer Umgebung – durch Eid zu gegenseitiger Hilfe gegen Unrecht und Unfrieden, Übergriffe und Gewalttätigkeiten verpflichteten. Er verurteilte die Kommune, weil sie dem bisher abhängigen Volk Gelegenheit bot, sich zu befreien, und somit die gottgewollte Herrschaftsordnung in Frage stelle. [. . .]

Nach den Ereignissen in Köln, Worms und anderen Städten drohten ihren Bewohnern Unfrieden und Unheil vor allem von den Stadtherren und dem Adel der Umgebung. Die Sorge um Ruhe und Frieden in der Stadt und für die auf friedliche Verhältnisse besonders angewiesenen Kaufleute teilte die städtische Kommunebewegung mit der älteren, kirchlich gelenkten Gottesfriedensbewegung in Frankreich, die Kirchen und Klerus, Bauern und Kaufleute vor den Fehden des Adels schützen wollte, Zeiten der Waffenruhe festsetzte und am Ende des 11. Jahrhunderts in das deutsche Reichsgebiet Einzug hielt. *Pax*, Frieden, war denn auch eine synonyme Bezeichnung der Quellen für die städtische *communio* und *coniuratio*. Im Jahre 1074 brach die kommunale Bewegung gegen den Erzbischof in Köln aus, 1083 wurde in Köln einer der frühesten Gottesfrieden im deutschen Reichsgebiet beschworen. Ein direkter Zusammenhang zwischen beiden Bewegungen ist nicht zu erkennen, aber beide Ereignisse waren inhaltlich durch den Gedanken des Friedens, der Schwurvereinigung und der Teilnahme breiterer Kreise des Volkes daran verbunden und beide fielen in die Zeit der kirchlichen Reformbewegungen und der politischen Wirren des Investiturstreits. Die Schwächung der deutschen Königsgewalt im Investiturstreit, die Ausbreitung von Unsicherheit und Rechtlosigkeit begünstigten – unter Aufnahme von vorhandenen genossenschaftlichen Traditionen – die Entstehung von genossenschaftlichen Zusammenschlüssen, mit deren Hilfe unterschiedliche soziale Kräfte ihre Interessen durchzusetzen suchten.

Aus der Kombination vieler Quellen sind Charakter und Ziele der kommunalen Bewegung der Stadtbewohner zu erschließen. Sie umfaßte die Phase der städtischen Entwicklung in Deutschland, die – ob friedlich oder in gewaltsamen

Formen verlaufend, ob gegen den Stadtherrn gerichtet oder mit ihm im Bündnis, ob einmal auftretend oder ständig wiederholt und erneuert – zusammen mit anderen Faktoren zur Entstehung der relativ autonomen Stadtgemeinde mit einem eigenen Rechtsbezirk, zur Konstituierung des Städtebürgertums, zur Erringung von städtischen Freiheiten und etwas später auch zur Ausbildung des Stadtrates führte. Die kommunale Bewegung bediente sich in einigen Städteregionen der Schwurgemeinschaft als Form des organisierten und durch Eid verbundenen Kampfes der Stadtbewohner gegen den feudalen Stadtherrn und zur Sicherung des Friedens, einer Form, die aber in anderen Gebieten, etwa im sächsischen sowie im süd- und südwestdeutschen Raum, einen geringeren Stellenwert hatte oder ganz fehlte. Die Bewegung setzte in den siebziger Jahren des 11. Jahrhunderts, zur Zeit des Investiturstreits ein, als sich ein Freiheitsbegriff entwickelte, der nicht nur in der Stadt, sondern auch in anderen Bereichen der Gesellschaft Bewegungen auslöste: Die Kirche rang um Freiheit von weltlichen Gewalten, hörige Bauern kämpften um Befreiung aus feudaler Abhängigkeit.

Horst Fuhrmann

Gregor VII.: Machtkampf zwischen Papst und Kaiser

Aufbruch zur Moderne?

Was ist in jenen Jahrzehnten etwa von der Mitte des 11. Jahrhunderts bis zum dritten Jahrzehnt des 12. Jahrhunderts anders geworden? Die Anschauung von der Kirche veränderte sich grundlegend: Damals vollzog sich „vielleicht der entscheidende Durchbruch römisch-katholischer Wesensart in der Geschichte" (F. Kempf). Nicht der Papst – zumindest nicht der Papst allein – bewirkte die Hinwendung zu einem römischen Zentralismus. Der monarchische

„Platz des Papsttums" lag in der Kirchenfrömmigkeit der „Reformer" (Y. Congar) begründet. Daß das Papsttum als Hort und Gebieter heilbringender Lebensform zu wirken habe, war damals eine weitverbreitete und auch außerhalb Roms anzutreffende, von Geistlichen wie von Laien getragene Überzeugung. Um katholisch, um rechtgläubig zu sein, genügte es nicht, den rechten Glauben zu bekennen; zur Orthodoxie gehörte nun auch der vollkommene Gehorsam gegenüber Rom. Den zentralen Glaubenssatz Gregors VII. und seiner Anhänger hat ein heutiger Theologe (Y. Congar) mit folgendem Satz umschrieben: „Gott gehorchen heißt, der Kirche gehorchen und das wiederum heißt, dem Papst gehorchen und umgekehrt."

Der König, zumal der deutsche König, wird seines Sakralcharakters entkleidet und gilt zudem durch sein schmutziges irdisches Geschäft als ein in seinem Seelenheil gefährdeter Mensch. Der Laie wird aus der Gesamtkirche verdrängt, zu der bislang Geistlichkeit *und* Laienwelt gehörten. Die Kirche: das ist in Zukunft die Geistlichkeit als Verwalterin der Heilsmittel. Frei von weltlicher Einwirkung soll die Geistlichkeit sein, was zugleich Bindung an die hierarchisch gegliederte und in ihrem Haupte, dem römischen Bischof, gipfelnde Kirche bedeutet. Die Gemeinschaft aller Christen, der Laien wie der Kleriker, heißt jetzt und in Zukunft meist „christianitas", Christenheit, nicht mehr Kirche.

Man hat von einer „Aufbruchszeit" gesprochen, und das Wort gilt in vielerlei Beziehung. „Aufbrechen" konnten innerhalb der bisher weitgehend starren „archaischen" Gesellschaft die unteren Schichten, vornehmlich die Unfreien, die – so wird in der Forschungsliteratur mehr behauptet als bewiesen – über 90% der damaligen Bevölkerung ausmachten: schollengebunden und zum Sachvermögen des Grundherrn gehörig.

Die Ausgliederung aus einer patrimonial-grundherrschaftlichen Bindung konnte horizontal erfolgen. Ein Angehöriger des einen Grundherrschaftsverbandes (familia) konnte zum Beispiel durch Heirat zu einem anderen übertreten, oder der Grundherr übertrug die Hörigen oder deren Arbeitskraft einem anderen Herrn oder einer kirchlichen Einrichtung.

Seit der Mitte der siebziger Jahre des 11. Jahrhunderts herrschten in weiten Teilen Deutschlands und Reichsitaliens über Jahrzehnte bürgerkriegsähnliche Zustände, und in der Unruhe der hin- und herwogenden Kämpfe dürften Unfreie in nicht geringer Zahl ihren Dinghof verlassen haben oder durch Not und Gewalt vertrieben worden sein. Zunehmend hören wir in den Quellen von Zusammenrottungen umherziehender Armer, die vor Kloster- und Kirchenpforten lagerten, Nahrung heischend und Unruhe stiftend. Als man 1096 zum Kreuzzug ins Heilige Land aufbrach, rotteten sich unter Führung des Einsiedlers Peter von Amiens Zehntausende „Nichtseßhafter" zusammen, um ihren Beitrag zum Heiligen Kampf zu leisten. Not war es häufig, die die Leute zum Aufbruch trieb, zumal in weiten Teilen Westeuropas gerade auf das Ende des 11. Jahrhunderts zu Hunger herrschte. Solche marodierenden Horden waren schwer zu bändigen. In den Rheinlanden begingen sie blutige Judenpogrome, doch bei Plünderungen in Ungarn wurden sie zum großen Teil erschlagen. Wenige Jahre später sollen sogar 150 000 solcher „Vagabunden" aufgebrochen sein, und auch dieser Strom versickerte irgendwo unterwegs.

Zur sozialen Mobilität gehörte auch die vertikale Veränderung, der gesellschaftliche Aufstieg. Grundhörige gingen in die Stadt und erwarben den Rechtsstand eines Bürgers. Andere suchten Freiheit in neuen Rodungs- und Siedlungsgebieten. Am wichtigsten aber war der Aufstieg der ursprünglich unfreien Dienstmannen (Ministerialen) als Berufskrieger und Verwaltungsträger. Je härter der Bürgerkrieg während des Investiturstreits tobte, um so höher stieg in Wert und Ansehen der zum Kampf ausgebildete Krieger. Der Bauer, der den Pflug mit dem Spieß vertauschte, wurde zu einer tragischen Figur: Auf dem Schlachtfeld ungeübt, wurde er ein leichtes Opfer der Berufskrieger, und während der Kämpfe verkam sein Hof. Manche Bauern gliederten sich als Lohnkrieger oder Dienstmannen ein, um den Schutz eines mächtigen Herrn zu genießen. Die Dienstmannen konnten ihre soziale und rechtliche Stellung ständig verbessern. Sie versuchten, den Charakter der Hörigkeit abzustreifen: „Dienstmann ist nicht eigen", so hieß es, und tatsächlich verloren sie allmählich ihre Unfreiheit und verbanden sich mit dem alten Adel. Ein neues Idealbild kündigte sich an: das des christlichen Ritters.

Aufbruchszeit: Recht dämmerhaft hatte man durch Jahrhunderte brav die Kanones wiederholt und die Kirchenväter zitiert, ohne sich sehr nach ihnen zu richten. Widersprüche wurden nur schwach beachtet, und es gab darob nicht Mord und Totschlag. Als die Frage der Gültigkeit der Sakramente erörtert wurde, die Berechtigung einer Exkommunikation, die Forderung des Priesterzölibats, hatten die feindlichen Parteien jeweils vortreffliche Argumente zur Hand. Man war zunächst so naiv zu meinen, daß der in den besseren Autoritäten steckende Wille Gottes sich von sich aus durchsetzen würde, wurde jedoch herb enttäuscht, denn auch die Gegenpartei behauptete, im Besitz bester Gründe und Belege zu sein. Man war gezwungen, das Für und Wider zu bedenken, um zu einer Schlußfolgerung zu gelangen: Die Dialektik kam auf und zugleich mit ihr der Wille, den Glauben mit Hilfe der Vernunft zu ergänzen, wenn nicht gar zu stützen.

Die Scholastik war der erste Aufbruch der Vernunft, einer freilich fest in den Glauben eingebundenen Vernunft. Viele Jahrhunderte war die Theologie ohne einen Gottesbeweis ausgenommen. Der erste große Scholastiker, Anselm von Canterbury († 1109), auch er in seinem Schicksal als Vertriebener ein Geschlagener des Investiturstreits, glaubte ihn liefern zu müssen: Da Gott seinem Begriff nach das vollkommenste Wesen sei und zur Vollkommenheit die

Existenz gehöre, sei Gott existent. Daß sich später die Vernunft der Glaubensbindung entziehen würde, die Scholastik selbst den Grund legen könnte zur Absage an den Glauben, war zunächst und für Jahrhunderte außerhalb des Vorstellungsvermögens.

Der Staat, die aus der Kirche ausgegliederte weltliche Herrschaft, besann sich auf seinen Existenzzweck: Friedenswahrung und Gesetzesordnung. Man erinnerte sich der antiken Wurzeln und nahm das Römische Recht als Kaiserrecht auf, zu dessen Handhabung freilich der bisher wirkende, weitgehend unausgebildete juristische Laie unfähig war: Der studierte Jurist wurde nötig, der weltliche wie der geistliche, der Legist wie der Kanonist. Der Legist hielt sich an das Römische Recht, vornehmlich an die Digesten (die scharfsinnigen Stellungnahmen der Juristen der römischen Kaiserzeit), der Kanonist an das Papstrecht. Denn mit dem Aufkommen der Überzeugung, daß die Rechts- und Glaubensmitte der römische Bischof innehabe, gab es geradezu eine neue Ära päpstlicher Gesetzgebung: Man hat ausgezählt, daß die Päpste des 12. Jahrhunderts mehr Dekrete (gesamtkirchliche Entscheidungen) erlassen haben als alle ihre Vorgänger zusammen: gegen tausend. Der geschulte Jurist war erforderlich, um – wie schon wenige Jahrzehnte später geklagt wurde – durch den „undurchdringlichen Wald" der Entscheidungen hindurchzufinden.

So ließe sich fortfahren mit dem Aufzählen von Veränderungen auf sehr verschiedenen Feldern: Die Stadt als Siedel- und Rechtsform bildete sich heraus, das Feudalrecht erhielt neue Formen, die Idee des Heiligen Krieges mündete in den Ersten Kreuzzug und die Gründung der Kreuzfahrerstaaten, neue Orden kamen auf, alte, wie die Augustinerchorherren, gelangten in geläuterter Form zu hoher Blüte, ein auf die Moderne hinlenkender Individualismus deutete sich an, und so weiter. Aber, so läßt sich fragen, was hat dies alles mit Gregor VII., mit der nach ihm benannten Reform und mit dem Investiturstreit zu tun?

Die gregorianische Epoche als „zweite Christianisierung"

An der Gestalt Gregors VII. schieden sich ebenso die Geister wie in ihr gleich einem Brennspiegel wesentliche Tendenzen der Reform gebündelt waren. Seine Überzeugung, Gottes Werkzeug auf Erden zu sein und für eine heilsgerechte Welt sorgen zu müssen, verlieh ihm ein Sendungsbewußtsein, das sich nicht an irgendwelche Regeln und Gewohnheiten gebunden fühlte. Wohl war in ihm, dem Papst, die Tradition geborgen, aber „Christus hat nicht gesagt, ich bin die Gewohnheit, sondern ich bin die Wahrheit". Dieses verschüttete Kirchenväterzitat nahm Gregor auf, und es machte fortan die Runde. Gregor sah sich selbstbewußt neben der gestaltenden Kraft der Väter und verkündete: „Wir legen nicht unsere eigenen Beschlüsse vor, obwohl wir es, wenn nötig, könnten, sondern erneuern die Statuten der heiligen Väter." Mit beidem war es ihm ernst: sowohl mit der Befolgung heilswirksamer Väterbeschlüsse wie mit seinen Entscheidungen aus eigener ihm von Gott übertragener Vollmacht. Bei weitem nicht alles, was Gregor forderte, war neu: Neu war jedoch stets die Radikalität.

Nehmen wir einige der zentralen Forderungen der Reform: das Verbot der Simonie, das Dringen auf den Priesterzölibat und die Frage der Laieninvestitur.

Schon lange, besonders seit Papst Gregor I. (590–604), der dem Begriff der Simonie eine präzise Definition gab, war Ämterschacher verpönt. Es lag darauf der Fluch, den Petrus über den nach der Geisteskraft des Apostels trachtenden Magier Simon (von dem die Simonisten ihren Namen haben) ausgesprochen hatte (Apostelgeschichte 8, 9ff.): „Daß du verdammt seist mit deinem Gelde, darum daß du meinst, Gottes Gabe werde durch Geld erlangt." Mit verschiedener Lautstärke ist das Simonieverbot durch die Jahrhunderte wiederholt worden, und so gut wie in jeder Kathedralbibliothek lag zum Beispiel das Dekret des Bischofs

Burchard von Worms († 1025), in dem die Verbotssätze nachgelesen werden konnten.

Dennoch stand der Pfründenhandel – zumal außerhalb des deutschen Reiches – in hoher Blüte. Das Erzbistum von Narbonne wurde 1016 für 100 000 Goldschillinge vergeben. Albi kostete 1038, als es noch zu Lebzeiten des amtierenden Bischofs feilgeboten wurde, 5000 Schillinge, und der Vater des Florentiner Bischofs Petrus Mezzabarba, ein reicher Pavese, stöhnte 1062: „3000 Goldstücke hat mich der Pontifikat meines Sohnes gekostet." Aber seit der Mitte des 11. Jahrhunderts wurde die „simonistische Häresie" energisch bekämpft, und in Rom häuften sich die Prozesse. Während anfangs meist von außen eingegangene Klagen behandelt wurden, zitierte Gregor VII. häufig Bischöfe auf Verdacht nach Rom. Nicht selten kam es vor, daß er den Untergebenen des Bischofs oder Erzbischofs Gehör schenkte, so daß das hierarchische Gefüge der Reichskirche gefährdet wurde. Gerade der aristokratische Reichsepiskopat sah sich würdelos behandelt. Gregor spränge mit den Bischöfen um wie mit Gutsverwaltern, empörte sich der Bremer Metropolit Liemar (1072–1101). [. . .]

So hartnäckig Gregor VII. als Simonistenverfolger auftrat: Noch wesentlich revolutionärer wirkte seine Zölibatsforderung. Verheiratete Priester waren keine Seltenheit. In der Dichtung „Einochs" (Unibos), die im deutsch-niederländischen Bauernmilieu des 11. Jahrhunderts spielt, ist völlig selbstverständlich von einer „nobilis", einer Edelfreien, die Rede, die der Ortspfarrer heimgeführt habe, und mit Ehrfurcht ist in die Ebersberger Traditionen eine „Presbyterissa", eine „Frau Priesterin", eingegangen, die nach dem Tode ihre Priestermannes hilfreiche Schenkungen tätigte. [. . .]

Sofort nach Pontifikatsbeginn war Gregor VII. energisch gegen verheiratete Priester vorgegangen. Gerade Geistliche des Niederklerus waren von dem Verdikt betroffen, und tausendfach protestierten sie gegen die neuen Gesetze. Allein in der Diözese Konstanz sollen sich 3600 Geistliche auf einer Synode zusammengerottet und gegen die Beschlüsse aufgelehnt haben. Es kursierten durchaus ernstzunehmende Schriften für die Priesterehe. Als unerhört wurde empfunden, daß Gregor VII. die Laien aufforderte, die Messen verheirateter Priester zu meiden; man sah darin eine Aufhetzung des Kirchenvolkes gegen seine geistlichen Führer. Aber die Reform setzte sich durch, zumal sie starken Rückhalt in Laienkreisen fand, die in Sorge um ihr eigenes Seelenheil teilweise mit brutalen Mitteln ein sittenstrenges Leben ihrer Priester durchzusetzen suchten. „Kebsweiber" verheirateter Priester wurden verjagt, sündige Geistliche gelyncht. Nur der ehelose Priester konnte der Gnadenmittel sicher sein. Man verwies auf die allegorische Auslegung des Isidor von Sevilla († 636): „caelebs" (= ehelos) heißt „caelo beatus", selig im Himmel. Personen, die die Ehelosigkeit des Priesters hinderten, erfuhren eine Rechtsminderung: Die Priesterfrauen galten als Konkubinen, Priesterkinder wurden als unfreie Sklaven zum Kirchenvermögen geschlagen.

Die Durchsetzung des generellen Investiturverbots für Laien ist Gregors ureigenes Werk. Hatte es sich auf verschiedene Weise – durch Humbert von Silva Candida († 1061) und auf der Lateransynode von 1059 – schon angedeutet, so setzte es sich mit ganzer Wucht erst auf der römischen Lateransynode von 1078 durch. Von nun an war das Ineinandergreifen von geistlichem Amt und weltlichem Besitz, von Sakraments- und Hoheitsträger empfindlich gestört. Für die Reichsprälaten brachte erst das Wormser Konkordat 1122 einen tragfähigen Ausgleich.

In allen drei Bereichen, die lediglich als Beispiele dienen können – der Bekämpfung von Simonie, Priesterehe und Laieninvestitur –, war die Zuspitzung mit dem Wirken und der Haltung Papst Gregors VII. verbunden. Mit einiger Wahrscheinlichkeit läßt sich sagen, daß sich innerhalb eines längeren Zeitraums die Reformvorstellungen auch ohne ihn durchgesetzt hätten. Denn das hinter diesen Forderungen stehende Verlangen wurde vielfach von Laien und selbst von persönlichen Gegnern Gregors VII. ebenso empfunden: der Wunsch, das irdische Dasein heilsgemäß einzurichten. Mit gutem Grund spricht man von einer „zweiten Christianisierung" während dieser Zeit, als man die bislang lässig gehandhabten kirchlichen Vorschriften ernst zu nehmen begann. [. . .]

Alle Macht der Papstkirche

„Gregor, der ursprünglich Hildebrand heißt, seinem Geburtsland nach ein Toskaner aus der Stadt Sovana, stammt von einem Vater namens Bonizus ab: saß 12 Jahre, 1 Monat und 3 Tage auf dem Papstthron."

So lautet die Eintragung im Papstbuch, wie sie seit der frühen Kirche für jeden Papst gemacht wurde. [. . .]

Als Alexander II. zu Grabe getragen wurde und der Trauerzug an der Kirche S. Pietro in Vincoli vorbeikam, wurde Hildebrand unter der demagogischen Regie des Kardinals Hugo des Weißen († 1098) in tumultuarischer Weise zum Papst erhoben und in der genannten Titelkirche sofort inthronisiert – ein glatter Verstoß gegen die ausgewogenen Regeln des mit großer Wahrscheinlichkeit von Hildebrand mitgetragenen Papstwahldekrets. Der späteren offiziellen Papsthistoriographie war diese spontane Erhebung während der Begräbnisfeierlichkeiten für Alexander II. peinlich. Man behauptete im nachhinein, die Erhebung habe am dritten Tag nach den Exequien stattgefunden, wie es die alte päpstliche Begräbnisordnung verlangte. Der zum Papst Erhobene nannte sich nach Gregor I., dem Musterpapst des Mittelalters, Gregor VII. und zitierte wie dieser das Psalmwort „Ich bin in die Tiefe des Meeres geraten, und die Flut will mich verschlingen". Eines so hohen Amtes erschien nur würdig, wer es widerwillig übernahm, denn von vornherein mußte der Verdacht zurückgewiesen werden, daß Ehrgeiz die Erhebung herbeigeführt habe, und Gregor VII. beteuerte in einer Wahlanzeige, die er an eine ganze Reihe von Personen (jedoch nicht an den deutschen König) verschickte: „Wie Wahnsinnige haben sie sich auf mich gestürzt und mir keine Gelegenheit zum Sprechen oder zur Beratung gelassen." [...]

Wer Gregors Bedeutung an seiner biographischen Behandlung oder an der kultischen Resonanz, das heißt an äußerlichen Merkmalen, messen will, nimmt – weil das Ergebnis schwach ist – nicht die Kraft der Veränderung wahr, die von diesem Papst ausging. Das eben ist das Geheimnis seiner Wirksamkeit: daß mancher Wandel mit Gregors Namen verbunden ist, ohne daß sein Anteil äußerlich deutlich wird.

Nehmen wir das Rechtsleben. Als Archidiakon schon hatte Gregor Petrus Damiani angewiesen, aus den „Beschlüssen und Taten" der römischen Bischöfe ein kleines Handbuch zusammenzustellen, aus dem man entnehmen könne, welche Vorrechte dem apostolischen Stuhl gebührten. In der Reformzeit entstanden in Rom und Umgebung – vorher lässig und wenig schöpferisch – kirchliche Rechtssammlungen in römischem Geiste; Gregor traf manche Entscheidung, die von der Zukunft bestätigt wurde, und nahm in einer bisher unüblichen Weise für sich das Gesetzgebungsrecht in Anspruch. Dennoch ist keine Rechtssammlung direkt mit seinem Namen verbunden. Seine Dekrete und Briefe sind so gut wie gar nicht in das katholische Kirchenrecht – in das Corpus Iuris Canonici – eingegangen, im Gegensatz etwa zu den reichlich vertretenen Beschlüssen Alexanders II., seines Vorgängers, und seines eigentlichen Nachfolgers, Urbans II. (1088–1099).

Zum Kreuzzug wurde zwar erst in den neunziger Jahren aufgebrochen, aber Gregor hatte ihn im Geiste vorbereitet. Gemessen an seiner Gesinnung und an seinen Äußerungen hat man Gregor VII. den „kriegerischsten Papst" genannt, der „je auf dem Stuhl Petri saß" (C. Erdmann). Bald nach

Regierungsbeginn hatte er selbst an der Spitze eines Heeres nach dem Heiligen Lande ziehen wollen. War daraus auch nichts geworden, so erklärte er einen Maurenfeldzug französischer Ritter nach Spanien zum „Heiligen Krieg" – zum Nutzen des Apostels Petrus und seines Nachfolgers. [. . .]

Wie in Spanien, so trachtete er auch bei anderen Land- und Herrschaften danach, politische Oberhoheit zu begründen. Den englischen König Wilhelm den Eroberer stattete er mit einer Petersfahne aus, aber er hatte kein Glück; Wilhelm ignorierte den Versuch, mit der Fahne eine lehnsrechtliche Abhängigkeit auszudrücken. Fraglos wäre Deutschland vom Papsttum lehnsabhängig geworden, hätte das Gegenkönigtum Rudolfs von Rheinfelden und Hermanns von Salm über den legitimen Heinrich IV. gesiegt, denn beide hatten Eide geleistet, Vasallen des Papstes zu werden. Aus päpstlicher Sicht war der deutsche König ein König unter anderen, rex Teutonicorum, wie es einen rex Ungarorum und so weiter gab, kein rex Romanorum, herausgehoben über die anderen Könige. Insgesamt errangen die Anstrengungen Gregors VII., Oberlehnsherrschaften einzurichten, nur kleine Erfolge bei unbedeutenden Fürstentümern wie denen von Dalmatien und Kroatien. Erst seine Nachfolger hatten mehr Glück, größere Reiche unter ihre Oberlehnsgewalt zu bringen.

All dies zeigt ein Vorwegnehmen späterer Situationen; es offenbart zugleich die Isoliertheit und den Ausnahmecharakter von Gregors Erscheinung, die sich in den Kontext ihrer Zeit nicht fugenlos einordnen läßt und doch in ihrem Willen und in ihrer Dynamik die Entwicklung in Richtung auf eine mächtige Papstkirche mit einem kräftigen Stoß vorangetrieben hat. In vielen Belangen war Gregor seiner Zeit voraus.

Der sendungserfüllte Hierokrat

Wer das Dutzend der Pontifikatsjahre Gregors VII. überschaut (1073–1085), dem fällt die Ungleichmäßigkeit in der Aktivität und in der Wirkung dieses Papstes auf. Bis 1080 ballen sich die Ereignisse, während die letzten fünf Jahre einen in der Aktion gehemmten, allmählich fast alleingelassenen, am Ende aus der Stadt vertriebenen Papst sehen. Gregor hat je länger je mehr die Folgen seiner hierokratischen und unnachgiebigen, teilweise wirklichkeitsfremden Haltung zu spüren bekommen.

Wenn das Briefregister Gregors VII., wie allgemein angenommen, zumindest in seinen Anfangsteilen ziemlich gleichzeitig mit der Ausfertigung der Schreiben geführt wurde, so gehört in die ersten Jahre der Regierungszeit ein ebenso aufschlußreiches wie dramatisches Zeugnis: der „Dictatus Papae", der im Register nach der Fastensynode des Jahres 1075 zwischen dem 3. und 4. März eingetragen ist. Schon in formaler Hinsicht ist diese Aufzeichnung einmalig, denn es gibt keine Thesenreihe, die in ähnlicher Form die besonderen Rechte des apostolischen Stuhls definiert. Der Herausgeber des Textes (E. Caspar) hat dem „Dictatus Papae" die Überschrift „27 päpstliche Leitsätze" gegeben. In der Tat dürften in diesen Sentenzen Gregors Weltsicht und Absicht wohl am deutlichsten zutage treten. Sie sind als Behauptungssätze formuliert und manche zeichnen sich durch eine atemberaubende Kühnheit aus, die von der Rechtstradition durchaus nicht immer abgedeckt ist. Niemand zum Beispiel hatte vorher behauptet, daß der Papst bei gültiger Ordination „unzweifelhaft heilig sei" (eine „Heiligkeit im Fleische" wurde sonst als absurd angesehen); daß der Papst „Abwesende absetzen" darf (was dem geltenden Recht widersprach); „daß nur der römische Bischof zu Recht universal genannt werden soll" (Gregor I., von dem der siebente Gregor drei Fünftel seiner nichtbiblischen Zitate übernommen hat, war anderer Meinung gewesen und hatte diese Bezeichnung „töricht und anmaßend" genannt); „daß es dem Papst allein erlaubt ist, im Falle der Notwendigkeit neue Gesetze zu erlassen": Bisher hatte man sich beeilt zu versichern, daß „nichts Neues" beschlossen sei. Geradezu anmaßend nehmen sich die Sätze über die höchsten weltlichen Herrschaftsträger aus: „Daß allein der Papst kaiserliche Abzeichen tragen darf." „Daß einzig des Papstes Füße alle Fürsten küssen sollen." „Daß es ihm erlaubt sei, Kaiser [das Wort steht im Plural] abzusetzen." Man kann verstehen, daß Maria Theresia gefordert hat, Gregors Namen aus dem römischen Brevier zu streichen. Mit solchen Gedanken, wie sie im „Dictatus Papae" stehen, trug sich Gregor VII. vor den Geschehnissen von Worms und Canossa, das heißt vor 1076/1077.

Repräsentant der Laienwelt war der Kaiser, und wenn ein solcher noch nicht gekrönt war: der deutsche König als „künftiger Kaiser". Der deutsche König hatte nicht nur gewisse Verpflichtungen, die ihn mit Rom verbanden; als Herrscher über Reichsitalien war er Anrainer des Kirchenstaates, und noch übte er die Investitur bei der Einsetzung von Bischöfen in Deutschland, Burgund und Reichsitalien aus. Deutscher König war damals Heinrich IV. (1056–1106), bei Gregors Pontifikatsbeginn dreiundzwanzig Jahre alt, ein Mann nicht frei von Leichtsinn und Hinterhältigkeit, aber mit einem ausgeprägten Sinn für königliche Würde. Selbst einer seiner ärgsten literarischen Widersacher, Lampert von Hersfeld, gab zu: „Jener Mann, als Herrscher geboren und aufgezogen, zeigte [...] bei allem Mißgeschick stets einen königlichen Sinn; er wollte lieber sterben als unterliegen.

Der unvermeidbare Zusammenstoß: Canossa

In den ersten Jahren der Regierungszeit Gregors war das Verhältnis des Papstes zum deutschen König nicht schlecht. Gab es doch manche private Beziehung: Der allseits und auch von Gregor VII. verehrte Abtprimas Hugo von Cluny (1049–1109) war Heinrichs Taufpate, und Heinrichs Mutter Agnes war 1062 nach Rom gekommen, hatte den Schleier genommen und sich Gregor VII. als Seelenführer anvertraut. Eine gewisse Spannung zu Heinrich IV. hatte Gregor freilich schon von Alexander II. übernommen. Gegen einige deutsche Bischöfe schwebte der unausgeräumte Vorwurf der Simonie, und manche Räte aus der königlichen Umgebung waren in den Bann getan. Zu dem Zeitpunkt, als Gregor den Papstthron bestieg, machte dem König ein sächsischer Aufstand schwer zu schaffen. Heinrich schickte eine Ergebenheitsadresse, über die Gregor staunte: So habe noch nie ein weltlicher Herrscher einem Papst geschrieben. Gregor lobte Heinrich, machte ihm zugleich jedoch Vorhaltungen. Der König versprach Besserung und konnte den Papst hinhalten, bis ihm 1075 ein entscheidender Sieg über die Sachsen gelang. Heinrich IV. fühlte sich jetzt frei für eine Kraftprobe mit dem Papst.

Zur konfliktauslösenden Zuspitzung kam es in Mailand. Hier hatte Heinrich IV. 1071 einen farblosen Mailänder Adligen namens Gottfried investiert, gegen den die Bürgerschaft, unterstützt von der revolutionären Reformergruppe der Pataria, den im Kirchenrecht bewanderten Atto zum Metropoliten erhob. Bei den in der Stadt ausbrechenden Straßenkämpfen fiel 1075 auf seiten der Pataria der Ritter Erlembald, der sogleich als Märtyrer verehrt wurde: „der erste ritterliche Heilige der Weltgeschichte" (C. Erdmann). Heinrich glaubte die Schwäche der königsfeindlichen Mailänder ausnützen zu sollen und setzte – ohne Rücksicht auf Gottfried – seinen Hofkaplan Tedald als Erzbischof ein. Jetzt ging Gregor VII. energisch, aber immer noch indirekt vor: Er forderte Heinrich auf, sich endlich von den gebannten Räten zu trennen, und lud Reichsbischöfe nach Rom, denen Ungehorsam oder Simonie vorgeworfen wurde.

Im Gefühl der Stärke hielt Heinrich VI. in Worms am 24. Januar 1076 einen Reichstag ab, der im Stile damaliger Zeit zusammen mit einer Reichssynode stattfand. Die Stimmung auf dieser Versammlung wurde immer papstfeindlicher, zumal der zwischen den Parteien wechselnde Kardinal Hugo Candidus – einst Regisseur bei der spontanen Erhebung Gregors VII., dann aber in Ungnade gefallen – schwere sittliche Vorwürfe gegen den Papst vortrug. In dieser aufgeheizten Atmosphäre wurde ein Brief an den Papst aufgesetzt. Einige Wochen später verfaßte man ein längeres Schreiben mit deutlich propagandistischem Einschlag zur Verbreitung im Reich: der erste Versuch einer öffentlichen Stimmungsmache. Im längeren, manifestartigen Schreiben war ein ungewöhnlich aggressiver Ton angeschlagen, den schon die Adresse anzeigt: „An Hildebrand, nicht mehr Papst, sondern an den falschen Mönch"; fast noch schlimmer war der Schluß: „Wir, Heinrich, König von Gottes Gnaden, mit allen unseren Bischöfen sagen dir: steige herab, steige herab" (eine spätere Überlieferung erst hat die Verfluchungsformel angehängt: „in Ewigkeit Verdammungswürdiger").

Vielleicht wären die Vorgänge anders verlaufen, wenn nicht der Wormser Brief den Papst im Februar 1076 auf einer Fastensynode erreicht hätte, wo er reformerische Grundsatzerklärungen abzugeben pflegte und wo ein solcher Brief eine nicht hinnehmbare Provokation darstellen mußte. Gregors Antwort war die Absetzung und Bannung Heinrichs IV., gekleidet in ein Gebet an den Apostel Petrus: „Heiliger Petrus, Erster unter den Aposteln, höre mich, deinen Knecht [...] Kraft deiner Vollmacht, zur Ehre und zum Schutze deiner Kirche, im Namen des allmächtigen Gottes untersage ich dem König Heinrich, [...] der sich gegen deine Kirche in unerhörter Anmaßung erhoben hat, die Regierung des deutschen Reiches und Italiens, entbinde alle Christen des Eides, den sie geleistet haben oder noch leisten werden, und verbiete hierdurch, daß irgend jemand ihm als König diene."

Der Bannspruch Gregors VII. hatte eine ungeheure Wirkung. Heinrich sah sich schlagartig allein gelassen, denn vornehmlich die Fürsten, denen die erstarkende königliche Macht ein Dorn im Auge war, ergriffen die Gelegenheit, um sich vom abgesetzten und exkommunizierten König zu trennen. Im Oktober 1076 trafen sie sich in Tribur, wohin auch eine päpstliche Gesandtschaft gekommen war. Auf dem gegenüberliegenden Rheinufer, in Oppenheim, lagerte Heinrich IV. und wartete auf den Spruch der Fürsten. Er erklärte sich bereit, sich von den gebannten Räten zu trennen, und gab das schriftliche Versprechen ab, dem Papst Gehorsam und Buße zu leisten. Mit den Fürsten wurde vereinbart, daß Heinrich seines Königtums verlustig gehe, wenn er nicht binnen Jahresfrist vom Banne gelöst sei. Zugleich ersuchten die Fürsten Gregor VII., zum 2. Februar 1077 nach Augsburg zu kommen, um als Schiedsrichter zu walten – anscheinend rechneten sie kaum mit einer Lösung vom Bann.

In einem Jahrhundertwinter, der sämtliche Flüsse nördlich der Alpen zufrieren und die Grenze des Dauerfrostes bis nach Mittelitalien reichen ließ, in der Wende 1076/1077, reiste Heinrich mit seiner Gemahlin und seinem zweijährigen Söhnchen auf Umwegen – denn die nächstgelegenen Alpenpässe hatten die fürstlichen Gegner wohlweislich besetzt – und unter grausamen Strapazen nach Italien.

In der Lombardei verbreitete sich das Gerücht von der Ankunft des Königs. Man nahm an, daß er mit Waffengewalt gegen den Papst vorrücken werde. Auch Gregor hegte diese Vermutung und begab sich, schon auf dem Wege nach Augsburg, eilends in die nächstgelegene feste Burg: Canossa, ein Besitz seiner Beschützerin, der Markgräfin Mathilde, am Nordostabhang des Apennin etwa 30 Kilometer südwestlich von Reggio nell'Emilia gelegen, heute eine mächtige Ruine.

In einem weit verbreiteten Brief hat Gregor später beschrieben, wie Heinrich „ohne alles königliche Gepränge, vielmehr ganz erbarmungswürdig, nämlich barfuß und in härenem Gewande" vor dem Burgtor erschienen sei. Am

25. Januar 1077, dem Tag der Bekehrung des Apostels Paulus, wurde Heinrich in den inneren Mauerring zu einer dreitägigen Bußleistung eingelassen. Obwohl Gregor wegen dieser Bußleistung Heinrich kaum die Absolution verweigern konnte, hat es offenbar doch der vermittelnden Worte von Heinrichs Taufpaten Hugo von Cluny, der Markgräfin Mathilde und der Adelheid von Turin, Heinrichs Schwiegermutter, bedurft, um Gregor zum Nachgeben zu bewegen. Gregor ließ sich erst schriftlich und eidlich versichern, daß Heinrich den Urteilsspruch akzeptiere und des Papstes Reise „über das Gebirge oder in andere Teile der Welt" beschützen werde. Sodann lief das Zeremoniell der Rekommunikation ab: Gregor hob den vor ihm in Kreuzesform liegenden Heinrich auf und reichte ihm und seinen Begleitern das Abendmahl. Das geschah am 28. Januar 1077.

Die Ereignisse um Canossa – die Absetzung des Königs und sein Bußgang – haben bei den Zeitgenossen und der Nachwelt Bestürzung ausgelöst. Der römische Erdkreis sei erschüttert, schrieb der Gregor-Anhänger Bonizo von Sutri († circa 1095), und den großen Geschichtsschreiber Otto von Freising († 1158) befielen bei der Erinnerung an Canossa eschatologische Gedanken, denn die Kirche habe das Reich zerschmettert, „als sie beschloß, den römischen König nicht wie den Herrn der Welt zu achten, sondern wie ein aus Lehm geformtes Geschöpf mit dem Bannschwert zu schlagen". Als nicht hinnehmbare Demütigung des Staates vor der Kirche empfand es noch Bismarck; am 14. Mai 1872 verkündete er vor dem Reichstag zu Beginn des Kulturkampfes: „Nach Canossa gehen wir nicht."

War Canossa wirklich ein so tiefer Einbruch in den Beziehungen zwischen Papsttum und deutschem Königtum? Durch die Absolution war Heinrich IV. wieder rechtmäßiger König – gegen die Erwartung der Fürsten und wohl auch des Papstes: zweifellos ein Augenblickserfolg. Doch das Gottesgnadentum und die Unantastbarkeit des Amtes hatten nicht wiedergutzumachenden Schaden gelitten. Auch der König steht als sündiger Mensch unter der Kirchenhoheit des Papstes, und Gregor VII. hat dieses Richteramt hervorgehoben: Bereits seine Vorgänger Zacharias und Stephan hätten einen König abgesetzt und einen neuen (Pippin) eingesetzt.

Ohnmächtiger Papst – gespaltenes Reich

Obwohl Heinrich IV. termingerecht vom Bann gelöst war, ließen sich die Fürsten nicht um die Chance einer Wahl bringen und erhoben im März 1077 mit Billigung anwesender päpstlicher Gesandter den Schwabenherzog Rudolf von Rheinfelden zum König: der erste Gegenkönig der deutschen Geschichte. In den Augen seiner Gegner war Rudolf illegitim und zudem ein Pfaffenkönig, hatte er doch dem Papst freie Wahl der Bischöfe versprochen und Gehorsam in vasallitischer Form geschworen. Mit Recht konnte Heinrich IV. hoffen, mit dem Gegenkönigtum Rudolfs von Rheinfelden fertig zu werden, vorausgesetzt der Papst griff in die Auseinandersetzung nicht ein. Zwar erklärte sich Gregor VII. jetzt eindeutig gegen die königliche Investitur. Die Fastensynode des Jahres 1078 verbot jede Vergabe eines geistlichen Amtes „durch eine laienhafte und von Gott nicht geweihte Hand", erstreckte sich also auch auf die königliche Investitur. Jetzt erst erhielt der Investiturstreit jene Dimensionen, die das Reichsgefüge veränderten. Im übrigen aber gab sich Gregor VII. drei Jahre hindurch neutral, von 1077 bis 1080. Vielleicht war es Gregors innerste Überzeugung, daß seine Sache, Gottes Sache, von sich aus zum Siege gelangen müsse, ähnlich wie es damals vorkam, daß die streitenden Parteien sich zusammensetzten und Worte der Heiligen Schrift und der geheiligten Tradition vortrugen in der Annahme, daß das wahre Wort „belebt" und siegt, wie auf der anderen Seite „der Buchstabe tötet".

Nach dreijährigem Stillhalten, nachdem seine Parteigänger ohne Erfolg geblieben waren, setzte Gregor gegen Heinrich IV. erneut seine spirituellen Waffen ein. Auf der Fastensynode des Jahres 1080 bannte er den deutschen König abermals und erklärte ihn für abgesetzt, und wiederum benutzte er die Form eines Gebets an den Apostelfürsten. Gregor war der vernichtenden Wirkung seines Bannwortes so sicher, daß er wenig später in einer Osterpredigt Heinrichs baldigen Untergang als eine von ihm ausgelöste Gottesstrafe prophezeite, wenn Heinrich nicht bis zu einem festen Termin – bezeichnenderweise Petri Kettenfeier am 1. August – zur Buße umkehre; Rudolf von Rheinfelden sei für ihn der rechtmäßige König.

Aber so wirksam der erste Bannfluch gewesen war: Dieser zweite von 1080 blieb stumpf. Im Reichsepiskopat kamen Stimmen auf, die von der zweiten Bannung als einem Mißbrauch sprachen. Gregor beeilte sich, was er noch nie getan hatte, den skeptischen Bischöfen eine ausführliche Begründung mitzuteilen, die die bekannten und daher abgenutzten Argumente wiederholte. Aber Gottes Wille stand ihm nicht bei. Nicht Heinrich ging unter, sondern Rudolf starb schon im Oktober 1080, nachdem ihm in der Schlacht die „verfluchte" rechte Hand abgehauen worden war, mit der er Heinrich Gehorsam beschworen hatte. Der Tod Rudolfs und die Umstände dieses Todes wirkten wie ein Gottesurteil.

Haim Hillel Ben-Sasson

Das Martyrium der rheinländischen Juden

Das Gefühl der Bedrängnis

Der Druck auf die Juden begann sich von mehreren Seiten her zu verstärken. Im 10. und 11. Jahrhundert wurde das Christentum fraglos zum Glauben der breiten Schichten. Die reformistischen Mönche von Cluny erzielten mit ihrer Frömmigkeit und Selbstdisziplin bedeutende Wirkungen: Christliche Männer schlossen sich zu geistlichen Verbänden zusammen, überzeugt, daß sie verpflichtet seien, für das Christentum mit dem Schwert zu kämpfen. Von nun an gehörten Krieg und Rittertum zu den christlichen Werten und Institutionen. Diese Neigung zu einem Heiligen Krieg verband sich auf seiten des Rittertums mit dem Bewußtsein, einer höheren Klasse anzugehören, und die Oberschichten der Feudalgesellschaft prägten die in der Allgemeinheit dominierenden Tendenzen und Stimmungen. Den Juden wurde schon früh bewußt, welche neue Bedeutung das Rittertum gewann. Dies war es, was Simeon bar Isaak, der Liederdichter von Mainz, gegen Ende des 10. Jahrhunderts mit seinem Lied (gekürzt) meinte:

> Ihre Festungen stehn auf schroffen Höhn
> Sie gehn auf die Jagd unter drohendem Fels
> Wo in engem Gedränge die Schilde stehn
> Dazwischen Panzer und Helme,
> Weit leuchtend Embleme und Wappen.
> Sie kämpfen mit blitzendem Schwert
> Reichlich verziert mit Silber und Gold
> Die Reiter auf wiehernden Stuten
> Die Sehne des Bogens gespannt mit dem Pfeil
> Wir aber beten zu Gott dem Allmächtigen,
> Der alle Kriege beendet.

In die größte Bedrängnis gerieten die Juden durch das einfache Volk, das zunehmend tiefer vom christlichen Glauben erfaßt wurde und nun die Juden für die einzigen verbliebenen Gegner des allgemein übernommenen Glaubens hielt. Die christliche Lehre räumte ein, daß die Juden die Wahrer des Alten Testaments seien, welches alle christlichen Wahrheiten enthalte und in dem das Christentum seine Wurzeln habe. Da die Juden Städter waren und lesen und schreiben konnten, sah die große Menge des Volkes in ihrer Zurückweisung des christlichen Glaubens die böswillige Verleumdung dessen, was sie aus dem Studium der Heiligen Schriften erkannt haben mußten. Den hebräischen *Pijutim* (liturgischen Dichtungen) jener Zeit ist zu entnehmen, wie stark dieser Druck, zum Christentum überzutreten, von den Juden empfunden wurde; so zum Beispiel ruft Rabbenu Gerschom, die Leuchte des Exils, zur Ablehnung des Christentums auf: „Der Sterbliche, Abtrünnige, Neugekommene (Jesus), welche Sicherheit kann er mir bieten?" Es kam zu Übergriffen und Ermordungen, aber auch zu Zwangsübertritten oder Märtyrertum, wie 930 in Otranto in Süditalien: „Als sie durch jene grausame Verfolgung überwältigt wurden, stieß sich Rabbi Isaia mit den eigenen Händen ein Messer in den Hals und wurde geschlachtet wie ein Lamm im Tempelhof; und Rabbi Menachem stürzte [...] in die Grube, und unser Meister Elija wurde erdrosselt." Im Jahr 1007 fanden auch in Frankreich Judenverfolgungen statt, und der Überlieferung zufolge führte die Vertreibung der Juden aus Mainz im Jahr 1012 zu zahlreichen Übertritten in der Stadt.

Trotz dieser Repression spielten die Juden noch immer eine bedeutende Rolle. Von den weltlichen wie auch den geistlichen Obrigkeiten wurden sie für gewöhnlich besonderer Rechte und des Schutzes für würdig befunden. Noch 1084, nur zwölf Jahre vor den Massakern von 1096, erhielten die Juden vom Bischof von Speyer einen Schutzbrief, dessen Einzelheiten darauf deuten, daß man ihnen einen Anreiz bieten wollte, sich in dieser Stadt niederzulassen. Einem jüdischen Bericht entnehmen wir, daß es sich hier um Juden aus Mainz handelte, die aufgrund ihrer Erfahrungen einen Ort suchten, wo man ihnen durch Errichtung von festen Mauern um ihren Wohnsitz Schutz und Verteidigungsmöglichkeit biete. Dies wurde ihnen vom Bischof zugesagt. 1090, nur sechs Jahre vor den Gemetzeln, erneuerte Kaiser Heinrich IV. das Speyerer Privileg und erteilte der Gemeinde von Worms ein gleiches. Trotz erheblicher Abweichungen sichern beide Dokumente den Juden Handelsfreiheit innerhalb der Stadt sowie das Recht zur ungehinderten Religionsausübung zu. Besonders deutlich kommt dies in den Privilegien für Speyer zum Ausdruck, dessen Bischof ein Anhänger des Kaisers war.

Die Massaker des Jahres 1096

Der Erste Kreuzzug war zweifellos der Höhepunkt des Erfolges im päpstlichen Programm zur Führung der Christenheit. Es war Papst Urban II., der 1095 auf dem Konzil zu Clermont zu diesem Kreuzzug aufrief. Neben dem gemeinen Volk nahmen Ritter und fürstliche Würdenträger aller Rangstufen an ihm teil; Monarchen waren jedoch nicht darunter. Ein jüdischer Chronist aus dem 12. Jahrhundert bediente sich zur Beschreibung der Situation folgender Worte aus Salomos Sprüchen (30,27): „Die Heuschrecken – sie haben keinen König, dennoch ziehen sie aus in Ordnung." Der Feldzug war Ausdruck der von der Kirche abgesegneten ritterlichen Ideale, die nun, über Europa und die christlichen Bruderkriege hinaus auch für den Krieg gegen die Ungläubigen zur Eroberung des Heiligen Landes Gültigkeit hatten. Rache für Jesu Blut lautete die Devise der Kreuzfahrerpoesie, und sie war auch das Thema der Volkspredigten und Briefe, die zum Kreuzzug aufriefen und auch die Schwärme von Kreuzfahrern gegen die Juden aufbrachten. Der eben erwähnte jüdische Chronist berichtet:

„[. . .] Als sie durch die Städte zogen, in denen Juden waren, sagten sie zueinander: Nun ziehen wir so weiten Weg, das ‚Haus der Schwachen und Vernichteten‘ (eine hebräische Bezeichnung für das Heilige Grab) aufzusuchen und an den Ismaeliten Rache zu nehmen; und siehe, hier mitten unter uns wohnen die Juden, deren Väter ihn unschuldig schlugen und kreuzigten. Wohlan, rächen wir uns zuerst an ihnen und rotten sie aus unter den Völkern, daß des Namens Israel nicht mehr gedacht werde; oder sie sollen so werden wie wir und sich zum ‚Sohn der Unzucht‘ (jüdische Bezeichnung für Jesus) bekennen.“

Das Unheil begann in Rouen in Frankreich, scheint sich jedoch in jener Region nicht ausgebreitet zu haben. Die Gemeinden des Rheingebiets wurden gewarnt, konnten sich indes Ausbrüche von Gewalttätigkeit, gegen die selbst der Schutz der Bischöfe und des Kaisers nichts fruchtete, nicht vorstellen. Im April und im Juni 1096 kam es in der Rheinebene zu furchtbaren Ausschreitungen. Die jüdischen Führer appellierten an den Kaiser und die Bischöfe und andere Oberhäupter in den Städten sowie an die Besitzer von Befestigungen innerhalb und außerhalb der Städte. Sie zahlten riesige Summen an diese potentiellen Beschützer, die ihnen in vielen Fällen tatsächlich befestigte Bauwerke zur Verfügung stellten, in denen sie sich verteidigen konnten, und ihnen sogar eine Wachtruppe zum Schutz gaben. Die Städte indes öffneten den Kreuzfahrern die Tore. Die christlichen Wachen hatten keine Neigung, Ungläubige gegen ihre Brüder zu verteidigen, die in einen heiligen Krieg zogen und, nach ihrer Ansicht, den Juden die Wahl ließen zwischen dem wahren, christlichen Glauben und der Rache für ihre Verstocktheit. In manchen Orten, zum Beispiel in Speyer und Köln, blieben die Bischöfe fest, geboten den Übergriffen schon im Anfangsstadium Einhalt und straften die Gewalttäter mit Tod oder Abhacken der Hände. Doch in den verschiedenen Orten herrschten jeweils andere Verhältnisse, so z. B. mußte der Erzbischof in Mainz, der versucht hatte, die Juden zu schützen, selbst fliehen, um sein Leben vor den Kreuzfahrern in Sicherheit zu bringen.

Die Auswirkungen der erlittenen Massaker

Die Juden verteidigten sich nach besten Kräften und mit allen ihnen zur Verfügung stehenden Mitteln. In manchen Fällen rückten sie dem Feind bis an die Stadttore entgegen, obwohl für sie als untrainierte Städter keine Aussicht bestand, eine Schar von ausgebildeten und bewaffneten Kriegern zurückzuschlagen. Sie fielen zu Tausenden. Durch ihre Größe verwandelten die zahlreichen Akte von *Kiddusch Haschem* (Heiligung des Heiligen Namens durch Martyrium) in den Augen der Juden die Blutbäder in einen erhabenen Kampf, der freilich eine wachsende Zahl von Opfern kostete. In Mainz allein wurden über tausend von den Kreuzfahrern niedergemetzelt oder kamen durch eigene Hand um. Viele Gefangene weigerten sich, Christen zu werden, und wurden bestialisch zu Tode gefoltert.

Als die Kreuzfahrer in den Sommermonaten des Jahres 1096 weiterzogen, war die Mehrheit der rheinischen Juden entweder erschlagen oder zwangsgetauft. Während ihrer Wanderung setzten die Kreuzzügler das Plündern und Morden fort. Eine der größeren Städte, die ebenfalls schwer heimgesucht wurde, wird unter dem Namen Schilo erwähnt; manche nehmen an, daß es sich hier um Prag handelt. 1099, als die Kreuzfahrer Jerusalem einnahmen, trieben sie die Juden der Heiligen Stadt in einer Synagoge zusammen und verbrannten sie bei lebendigem Leib.

Mit ihrem Versuch, die Juden für das Christentum zu gewinnen, scheiterten die Kreuzzügler auch bei den Zwangskonvertiten: Die meisten von ihnen kehrten unverzüglich zu ihrem Glauben zurück. Kaiser Heinrich IV. genehmigte dies – trotz der Proteste des Papstes.

Die fortgesetzten Martyrien des *Kiddusch Haschem* ließen das Judentum innerlich erstarken, bereicherten es spirituell, führten zur Entwicklung eines beispiellosen Heldentums und verliehen den Juden die Kraft, weitere furchtbare Prüfungen auf sich zu nehmen. Gleichzeitig wurde ihnen klar, daß amtliche Erlasse allein keine absolute Sicherheit gegen das Wüten des Pöbels boten. Der religiöse Eifer der Christen hatte ein Feuer in den Zelten Jakobs entzündet und Blutbäder in ihren Wohnplätzen angerichtet. Das Blut der Juden war, bei Lage der Dinge, für die christliche Menge freigegeben. Was die rechtliche Lage, die persönliche Sicherheit und die Lebensmöglichkeiten betraf, so leitete der Erste Kreuzzug eine neue Epoche der Grausamkeit gegen die in christlichen Ländern lebenden Juden ein.

Hartmut Boockmann (Hg.)

Mission und Herrschaftsbildung – Anfänge der Ostsiedlung

Über die Erbauung von Segeberg

Als der erlauchte Kaiser Lothar und seine verehrungswürdigste Gemahlin Richenza dem Gottesdienst die völlige Fürsorge ihrer Andacht widmeten, kam zu ihm, als er in Bardowick weilte, der Priester Gottes Vizelin und überzeugte ihn davon, dem Slavenvolk entsprechend der ihm vom Himmel gegebenen Macht ein Mittel für das Heil zuteil werden zu lassen. Außerdem ließ er ihn wissen, daß im Land Wagrien ein Berg für geeignet angesehen wurde, daß auf ihm für den Schutz des Landes eine königliche Burg errichtet werden könne. Schon der Obotritenkönig Knut habe diesen Berg einst erobert, aber die dort eingesetzte Ritterschaft wurde von nachts eingedrungenen Räubern aufgrund einer List des älteren Adolf gefangengenommen, weil dieser fürchtete, von Knut, falls der erstarken würde, leicht in Bedrängnis gebracht zu werden. Als der Kaiser nun den klugen Rat des Priesters gehört hatte, schickte er geeignete Männer dorthin, die die Eignung des Berges prüfen sollten. Unterrichtet durch die Worte der Boten überschritt er den Strom und kam ins Slavenland zu dem bezeichneten Ort. Und er befahl dem ganzen Volk der Nordelbinger, zum Bau der Burg zusammenzukommen. Auch die Fürsten der Slaven waren im Gehorsam des Kaisers dabei, sie leisteten Hilfe (Psalm 106 (107), 23), jedoch mit großer Trauer, weil sie ahnten, daß ihnen hier heimlich eine Zwingburg errichtet werde. So sagte einer der Slavenfürsten zu einem anderen: „Siehst Du diesen festen und hochragenden Bau? Wahrlich, ich prophezeie Dir, daß diese Burg ein Joch des ganzen Landes sein wird. Von hier aus werden sie nämlich ausrücken und zuerst Plön niederwerfen, danach werden sie die Trave überschreiten und Ratzeburg und das ganze Land der Polaben mißbrauchen. Und nicht einmal das Land der Obotriten wird ihren Händen entgehen (Jeremias 28, 23). Ihm antwortete jener: „Wer hat uns dieses Unglück angerichtet oder dem König diesen Berg verraten?" Ihm antwortete der Fürst: „Siehst Du jenen kleinen Kahlkopf beim König stehen? Der hat dieses ganze Unglück über uns gebracht" (3. Könige 9,9).

So wurde die Burg vollendet und mit einer zahlreichen Ritterschaft befestigt und Siegberg genannt. Der Kaiser setzte in ihr seinen Gefolgsmann Hermann ein, der der Burg vorstehen sollte. Doch war er damit nicht zufrieden und ordnete die Gründung einer neuen Kirche bei den Wurzeln dieses Berges an und wies ihr zur Unterhaltung des Gottesdienstes und zur Ernährung der dort versammelten Brüder sechs oder mehr Ortschaften zu, was wie üblich durch Urkunden gesichert wurde. Die Verwaltung dieser Kirche übertrug er jedoch Herrn Vizelin, damit dieser sich um so eifriger um die zu errichtenden Bauten und die zu gewinnenden Menschen kümmere. Das gleiche tat er auch im Hinblick auf die Lübecker Kirche, wobei er Pribislav bei Verlust seiner Gnade befahl, sich mit voller Sorgfalt des erwähnten Priesters oder derer anzunehmen, die seine Stelle wahrnahmen. Er hatte sich nämlich, wie er selbst bezeugt, vorgenommen, das ganze Slavenvolk der göttlichen Religion zu unterwerfen und aus dem Diener Christi einen großen Bischof zu machen.

[Auszug aus der „Slaven-Chronik" des Helmold von Bosau, verfaßt in der zweiten Hälfte des 12. Jahrhunderts.]

Werner Rösener

Fortschritte der Agrarwirtschaft

Nur aufgrund der Fortschritte in der Agrarwirtschaft ist es im Hochmittelalter offenbar gelungen, die beträchtlich angestiegene Bevölkerungszahl des damaligen Europa und vor allem die Bewohner der zahlreichen neuen Städte mit genügend Nahrungsmitteln zu versorgen. Angesichts dieser erstaunlichen Leistungen der hochmittelalterlichen Landwirtschaft sprechen Historiker wie G. Duby und L. White von einer „agrartechnischen Revolution des Mittelalters". In welcher Hinsicht ist dieses Urteil aber gerechtfertigt? Welche agrartechnischen Fortschritte sind im Mittelalter zu verzeichnen und inwieweit veränderten sich Arbeitsgeräte, Arbeitsverfahren und Wirtschaftsmethoden der Bauern während dieser Zeit? Ein besonderes Augenmerk ist auf die Fortschritte im Ackerbau und auf den bäuerlichen Bestand an Geräten zur Bestellung und Pflege der Felder zu richten, da die anwachsende Bevölkerung dauerhaft nur durch eine vermehrte Pflanzen- und Getreideproduktion ernährt werden konnte.

Bei den Ackerbaugeräten ist an erster Stelle auf den Pflug einzugehen, der im Rahmen der agrartechnischen Entwicklung des Mittelalters zweifellos eine vorrangige Stellung einnimmt. Obwohl es [. . .] schwerfällt, detaillierte Aussagen zur Entwicklung und Verbreitung bestimmter Pflugarten zu machen, hat die neuere Forschung aufzeigen können, daß sich der größere Beetpflug mit Rädern, Sech und schollenwendender Schar gerade im Zeitalter der hochmittelalterlichen Expansion der Agrarwirtschaft, als umfangreiche Anbauflächen neu erschlossen wurden und man auch die schweren Böden der Niederungszonen unter den Pflug nahm, stärker durchsetzte und wesentlich zur Verbesserung der Anbautechnik beitrug. Im Frühmittelalter waren die Felder noch ganz überwiegend mit hakenförmigen Pfluggeräten bearbeitet worden, die den Ackerboden nur aufrissen und zur Einsaat unzulänglich vorbereiteten. [. . .]

Ohne den neuen Pflug wäre es im Hochmittelalter zweifellos schwierig geworden, die Kultivierung der schweren Böden der nordalpinen Ebenen und der nassen, aber höchst fruchtbaren Marschflächen entlang der Flüsse und Seen voranzutreiben; sie konnten bei entsprechender Beackerung den Bauern weit höhere Erträge garantieren, als sie auf den höher gelegenen Sandböden zu erzielen waren. Arbeitsersparnis, bessere Entwässerung sowie die Erschließung der fruchtbarsten Böden waren wichtige Momente, die den Beetpflug für die mittel- und nordeuropäischen Ackerbauzonen besonders empfahlen und hier zur Steigerung der Erträge und zur besseren Versorgung der anwachsenden Bevölkerung wesentlich beitrugen. [. . .]

Eine Grundvoraussetzung für die Ausbreitung des schweren Pfluges während des Hochmittelalters war eine verbesserte Zugkraft, da der Beetpflug eine weit höhere Zugleistung und Anspanntechnik erforderte, als dies beim leichteren Haken der Fall war. Eine verbesserte Anspannung wurde nun zum einen durch den Einsatz einer größeren Zahl von Pflugochsen und zum anderen durch die Ausnutzung der stärkeren Pferdekraft erreicht. Pferde, die insgesamt über eine größere Energie als Rinder verfügen, taugen aber wenig zum Pflügen oder Ziehen, wenn sie nicht über eine für sie günstige Anspannung verfügen. Obwohl Rinder auch im Hoch- und Spätmittelalter in vielen Gegenden weiterhin den größten Teil des Spannviehs für die Pflüge stellten, breitete sich seit dem 12. und 13. Jahrhundert vor allem im nordeuropäischen Raum die Verwendung von Pferden vor schweren Pflügen aus. Ein effektiveres Zuggeschirr für Pferde in Form von Sielen und Kummeten, das die unzulänglichen Anspannvorrichtungen der älteren Zeit ablöste, tauche bereits seit der karolingischen Zeit auf und gewann besonders im Hochmittelalter wachsende Bedeutung. Beim älteren Zuggeschirr für Pferde wurde bei größerer Beanspruchung der Hals der Tiere in der Regel zu sehr eingeengt, so daß die Pferde in antiker Zeit nur als leichte Wagenpferde, fast nie aber als Zugtiere vor Pflügen oder schweren Lastkarren verwendet wurden.

Die modernen Zuggeschirre, die seit dem frühen Mittelalter in Mitteleuropa immer häufiger auftauchen, sind offenbar Errungenschaften der eurasischen Hirten- und Reitervölker und gelangten unter Vermittlung durch die Slawen zu den germanischen und romanischen Völkern. [...]

Die Behandlung der übrigen Arbeitsgeräte soll sich auf einige Hauptpunkte konzentrieren. [...] Anders als bei der Getreideernte spielte die Sense bei der Entwicklung der hochmittelalterlichen Wiesenwirtschaft und bei der Heugewinnung bereits eine entscheidende Rolle. Lange Zeit verwandten die Bauern vor allem gesammeltes Laubheu als Winterfutter; eine eigentliche Wiesenkultur und die Gewinnung von besserem Heu entwickelte sich aber erst unter der Einwirkung regelmäßigen Mähens mit der Grassense. Die schon im frühen Mittelalter mancherorts aufkommende Wiesenbewirtschaftung verlangte ein Gerät, mit dem man so tief mähen konnte, daß die Regenerationsfähigkeit bestimmter Giftpflanzen verkümmerte und das Wachstum der besseren Wiesenpflanzen gefördert wurde. Für die Heugewinnung bildeten sich dann in den einzelnen Landschaften unterschiedliche Arbeitsverfahren heraus, auf die hier nicht näher eingegangen werden kann. Für Betriebe mit großer Viehhaltung wie bei den alpinen Schwaighöfen, aber auch für die kleinen Bauernwirtschaften stellte die verbesserte Heubeschaffung einen wichtigen Fortschritt dar. Mit Hilfe größerer Heuvorräte konnte die Überwinterung des Viehs erleichtert und die Tierernährung bedeutend verbessert werden.

Das Dreschen des Getreides erfolgte in Scheunen, auf Dielen oder in anderen überdachten Gebäuden und erstreckte sich oft vom Herbst bis weit in den Winter hinein. Schneller als die teuere Sense hat sich in der Getreidewirtschaft der Dreschflegel durchgesetzt, der im 13. Jahrhundert offensichtlich weit verbreitet war. Der zweiteilige Dreschflegel, der beim Dreschvorgang mit großer Wucht auf die korngefüllten Ähren geschlagen wurde, erwies sich als äußerst vorteilhaft und erforderte überdies kein Metall, sondern nur Leder, war also auch für kleine Bauernbetriebe erschwinglich. Der Dreschflegel, der sich wahrscheinlich schon zur fränkischen Zeit in Gallien entwickelt hat, breitete sich über ganz Mittel- und Nordeuropa bis weit in den Osten hinein aus, konnte sich aber in Italien nur im Norden gegen die im Mittelmeerraum üblichen Dreschverfahren stärker durchsetzen. In Süditalien und in den meisten anderen Mittelmeerländern entkörnte man das Getreide weiterhin auf frei liegenden Tennen, indem man über das ausgebreitete Getreide Vieh trieb oder mit Dreschschlitten darüber hinwegzog.

Beurteilt man die Entwicklung der bäuerlichen Arbeitsgeräte als Ganzes, so läßt sich zusammenfassend konstatieren, daß das zu Beginn des 14. Jahrhunderts erreichte agrartechnische Niveau sich deutlich von den Verhältnissen des frühen Mittelalters abhob und einen Standard erreichte, der „in vieler Hinsicht als historischer Typ normensetzend über seine Zeit hinauswirkte". Das 12. und 13. Jahrhundert bilden offenbar die entscheidende Epoche, in der parallel zur beträchtlichen Ausdehnung des kultivierten Landes im Zuge des Landesausbaus und in Wechselwirkung zur Entfaltung der Stadtkultur wichtige Neuerungen im landwirtschaftlichen Gerätewesen erfolgten und eine höhere Stufe des agrartechnischen Fortschritts erreicht wurde. Zu den Verbesserungen, die sich in dieser hochmittelalterlichen Zeitspanne durchsetzten und während der nachfolgenden Jahrhunderte erhalten blieben, gehörten vor allem der Beetpflug, das Arbeitspferd mit Hufeisen und modernem Zuggeschirr, die Grasmähsense, der Ackerwagen, der Dreschflegel, die Wasser- und Windmühle und nicht zuletzt die Dreifelderwirtschaft. [...]

Die Vorteile der Dreifelderwirtschaft lassen sich am besten aufzeigen, wenn man sie primitiveren Bodennutzungsformen gegenüberstellt. Im Frühmittelalter wurden die Bauernäcker noch ganz überwiegend in der extensiven Form der Feldgraswirtschaft mit längeren Ruhezeiten zwischen den Getreidebaujahren bestellt. Die Feldgraswirtschaft stellt aber bereits einen Fortschritt gegenüber der Urwechselwirtschaft dar, bei der das Land nur einige Jahre als Ackerland genutzt und dann der Verwilderung überlassen wurde. War der Boden so nach einigen Jahren oder Jahrzehnten regeneriert, konnte er erneut gerodet und beackert werden. Bei der ungeregelten oder wilden Feldgraswirtschaft wurde Weideland für begrenzte Zeit umgebrochen und ackerbaulich genutzt. Meistens baute man nach Umbruch der Grasnarbe ohne Einbringen von Dünger über zwei bis drei Jahre Roggen, Dinkel oder Hafer an und überließ dann die Flächen wiederum der Grasbildung und dem Strauchwuchs, um dann in der Nachbarschaft neues Land zu kurzfristiger Ackernutzung zu verwenden. Dieses System wurde vor allem in weiter nach außen gelegenen Feldern der Ortsfluren praktiziert, während die Innenfelder in der Nähe der Siedlungen besser gedüngt und intensiver bewirtschaftet wurden. [...]

Diese neue Form des Fruchtwechsels vermehrte bei sorgfältiger Anwendung erstens die Getreideerträge beträchtlich, wobei eine geschätzte Steigerung von bis zu 50 v. H.

nicht zu hoch zu sein scheint. Sie verteilte zweitens die Arbeiten des Pflügens, Säens und Erntens gleichmäßiger über das ganze Jahr und verbesserte dadurch entscheidend die bäuerliche Arbeitseffektivität. Die Erntearbeiten bei der Winter- und Sommerfrucht folgten in den Monaten Juli und August jetzt nacheinander; im Frühjahr galt es, das Sommerfeld zu bestellen, und im Herbst mußte vor allem das Winterfeld für die Einsaat vorbereitet werden. Die Brache aber konnte im Juli zu einer Zeit gepflügt werden, in der auf den beiden anderen Feldern keine Arbeiten drängten. Das Feld, das die Wintereinsaat aufnehmen sollte, wurde drittens intensiver bewirtschaftet und gedüngt. Dies wirkte sich günstig auf den Nährstoffhaushalt der Ackerkrume aus und beugte einer zu schnellen Erschöpfung des Bodens vor. Das Pflügen der Brache verhinderte zudem eine allzu starke Unkrautbildung, die bei länger dauerndem Getreidebau den Ertrag schmälerte.

Durch die Verteilung der Einsaat- und Wachstumsphasen auf verschiedene Zeitperioden im Jahresablauf verringerte sich beim Dreifeldersystem die Gefahr von Hungersnöten; eine Mißernte beim Wintergetreide konnte unter Umständen durch eine gute Ernte bei der Sommerfrucht ausgeglichen werden. Der vermehrte Anbau von Hafer begünstigte überdies die Ausbreitung der Pferdeanspannung im bäuerlichen Arbeitsbereich, da Hafer nach Güte und Qualität ein wertvolles Pferdefutter darstellte; der zunehmende Gebrauch von Pferden steigerte wiederum beträchtlich die Produktivität bäuerlicher Arbeit. Das flurzwanggebundene Dreizelgensystem verbürgte insgesamt „eine sehr geregelte und damit ertragssichere Folge der wichtigsten Sommer- und Wintergetreidearten, ein für den Anbau günstiges regelmäßiges Einschalten einer einjährigen Brache und infolge der ausgedehnten Stoppel- und Brachweide eine zusätzliche Futterbasis für das Vieh".

Die Dreifelderwirtschaft, die in einigen Landschaften fast tausend Jahre lang Bestand hatte, brachte also viele Vorteile mit sich, wenngleich der einzelne Bauer durch den im Rahmen der Gewannverfassung wirksam werdenden Flurzwang in seiner wirtschaftlichen Entscheidungsfreiheit nicht unbeträchtlich eingeengt war und in späterer Zeit die Fortentwicklung der Dreifelderwirtschaft auf dem Weg der Bebauung der Brache oft behindert wurde. Im späten Hochmittelalter besäte man in einigen hochentwickelten Agrarlandschaften wie am Niederrhein oder in Flandern das Brachfeld bereits mit Futterkräutern, Gemüse und Hülsenfrüchten, so daß sich eine verbesserte Dreifelderwirtschaft ankündigte, die sich dann in der frühen Neuzeit weiter ausbreitete. Im Umkreis der großen Städte entfalteten sich reiche Gemüse- und Obstkulturen, und der Anbau von Wein schritt an dafür günstigen Standorten unaufhaltsam voran. In den Gärten, die dem Flurzwang nicht unterworfen waren, wurden im Hoch- und Spätmittelalter schon reichlich Küchengemüse, Hopfen, Erbsen, Gespinst- und Farbpflanzen angebaut.

Betrachtet man die Genese der Anbausysteme im Gesamtrahmen der agrarwirtschaftlichen Entwicklung des Hochmittelalters, so stellt die Ausbreitung der Dreifelderwirtschaft zweifellos einen wichtigen Faktor für den landwirtschaftlichen Fortschritt dar. Zusammen mit der enormen Ausdehnung der Kulturflächen, der Ausweitung der Getreidewirtschaft, der Verbesserung der Arbeitsgeräte und der Intensivierung des Ackerbaus schuf die Dreifelderwirtschaft die Voraussetzung für den erstaunlichen Aufschwung der Landwirtschaft während des 12. und 13. Jahrhunderts. Die agrarwirtschaftliche Ertragssteigerung bildete die Voraussetzung für den außergewöhnlichen Anstieg der Bevölkerung, das Wachstum der Gesamtwirtschaft und das Aufblühen von Handel und Gewerbe; erst auf dieser Grundlage konnten sich Stadtwirtschaft und städtische Kultur, Feudalherrschaft und ritterlich-höfische Welt des Hochmittelalters voll entfalten. Mag auch das Wort von der „agrartechnischen Revolution" des Hochmittelalters, von der einige

Historiker gesprochen haben, ein wenig übertrieben sein, so muß man insgesamt doch beachtliche Fortschritte in der hochmittelalterlichen Agrarwirtschaft konstatieren.

Michael Mitterauer
Die Kraft der Namen und der heiligen Tage

Verstärkte Heiligenverehrung soll der Grund gewesen sein, daß es im Hochmittelalter zur Namengebung nach Heiligen und damit zur Reduzierung des Namenguts kam – das ist die übereinstimmende Meinung der namenkundlichen Literatur. „Die neue übervölkische Mode in der Namengebung, der die Zukunft auf Jahrhunderte gehören sollte, hatte ihren stärksten Grund in der Steigerung der Heiligenverehrung und damit in dem neuen religiösen Geist, der seit dem 12. Jahrhundert Gewalt über die Gläubigen gewann und der eine Voraussetzung war für das Entstehen der sogenannten ‚gotischen Welt'. Seit dem 12. Jahrhundert dehnte sich das Heiligenpatronat erheblich aus." So hat es Adolf Bach in seinem Standardwerk „Deutsche Namenkunde" formuliert und bis in die neuesten Publikationen finden sich ähnliche Standpunkte. [. . .] Daß Namengebung nach Heiligen mit Heiligenverehrung zu tun hat, wird niemand bestreiten. Aber wie kann eine „Steigerung", eine „erhebliche Ausdehnung" eine „machtvolle Entfaltung" eine so umwälzende und weitreichende Neuerung bewirkt haben? Heiligenverehrung gab es in der abendländischen Christenheit schon im Frühmittelalter sehr ausgeprägt und in vielfältigen Formen, gerade auch im Reliquienkult. Mit einer bloßen Verstärkung vorgegebener Denkweisen und Verhaltensmuster läßt es sich nicht erklären, daß im Frühmittelalter Heiligennamen eine Ausnahmeerscheinung darstellen, im Hoch- und Spätmittelalter hingegen die Namengebung beherrschen. Es muß eine qualitative Veränderung eingetreten sein, die Heiligenverehrung durch Nachbenennung für die Menschen sinnvoll und erstrebenswert machte. Die Verbindung mit dem Heiligen durch Namensgleichheit muß einen neuen Stellenwert bekommen haben. Es muß neue Vorstellungen darüber gegeben haben, wie Heil durch Heilige erreicht werden kann. Und dieses Denken über neue Heilswege durch Heiligennamen muß für die Menschen der Zeit existenziell sehr bedeutsam gewesen sein, sonst hätten sie wohl nicht die Werte zurückgestellt, die mit ihren bisherigen Formen der Namengebung verbunden waren. Und das waren keineswegs vorchristliche Werte, jedenfalls nicht nur solche. [...]

Einen Einblick in die Mentalität jener Menschen, die damals diesen so tiefgreifenden und so nachhaltigen Umbruch in der europäischen Namengebung begonnen haben, vermittelt eine Stelle aus der Lebensgeschichte des nordfranzösischen Abts Guibert de Nogent (10553–1124). Man hat Guiberts „De vita sua" als die „erste regelrechte Autobiographie des Mittelalters" bezeichnet. Sie stellt jedenfalls ein ganz neuartiges Zeugnis der Introspektion und Selbstreflexion dar, das deshalb auch als Quelle der Psychohistorie zunehmend Beachtung findet. Für eine Sozialgeschichte der Namengebung gehört die Einleitung der Lebensgeschichte zu den keineswegs allzu zahlreichen Berichten aus dieser Zeit, die uns – über die überlieferten Namen als Quelle hinaus – einen Einblick in Motivationen von Namengebung vermitteln, und das noch dazu in einer Weise, die Generalisierungen erlaubt.

„Gott, Vater und Herr [...] Du hat meinem armseligen Herzen Hoffnung oder einen Schein von Hoffnung eingegeben, indem Du mir gewährt hast, an einem Tag geboren und auch (aus der Taufe) wiedergeboren zu werden, der wohl der heiligste, der hervorragendste und von allen Christen am meisten herbeigesehnte ist. Meine Mutter hatte beinahe die ganze Fastenzeit über mit ungewöhnlichen Schmerzen im Kindbett gelegen – und oft hat sie mir diese

Schmerzen vorgeworfen, als ich vom Weg abkam und bedenkliche Pfade ging. Endlich kam der Karsamstag, der Tag vor Ostern. Sie wurde von langdauernden Martern gequält, und wie ihre Stunde kam steigerten sich die Wehen. Als man nach dem natürlichen Verlauf hätte meinen können, ich käme heraus, wurde ich nur höher hinauf in ihren Leib gepreßt. Vater, Freunde und Verwandte waren über uns beide ganz tief betrübt, denn das Kind brachte die Mutter dem Tod nahe, und ebenso gab der drohende Tod des Kindes, dem der Ausgang versperrt war, für alle Anlaß zu Mitleid. Es war ein Tag, an dem außer dem einzigen Gottesdienst, den man zur festgesetzten Zeit feiert, gewöhnlich keine Messen für persönliche Anliegen gelesen werden. In der Not berät man sich, eilt gemeinsam zum Altar der Gottesmutter, bringt ihr – der einzigen, die gebar, und doch Jungfrau blieb – ein Gelübde dar und legt es anstelle eines Geschenkes auf den Altar der gnädigen Herrin. Wenn ein Junge geboren werden sollte, würde er Gott und ihr dienen und Kleriker werden; wenn es etwas Schlechteres würde, sollte das Mädchen in einen passenden Orden gebracht werden. – Gleich darauf kam ein schlaffes Etwas, beinahe eine Fehlgeburt zum Vorschein, und weil es endlich heraus war, freute man sich, einem so verächtlichen Wurm angemessen, bloß über die Entbindung der Mutter. Dieses neugeborene Menschlein war so winzig klein, daß es wie eine Frühgeburt aussah, so klein, daß damals, ungefähr Mitte April, das Schilfrohr, das in dieser Gegend besonders dünn wächst, neben die Finger gehalten dicker als sie erschien. Am selben Tag, als ich zum Taufbecken gebracht wurde, wog mich eine Frau von der einen Hand in die andere – man hat es mir als Knaben und als jungem Mann oft zum Spaß erzählt – und sagte: Glaubt ihr von dem da, es werde am Leben bleiben? Die Natur hat es fehlerhaft, fast ohne Glieder gemacht und ihm etwas gegeben, was eher wie ein Strich als wie ein Körper aussieht. – Das alles, o mein Schöpfer, waren die Vorzeichen des Zustands, in dem ich lebe [...] Ich habe Dir gesagt, gütigster Gott, daß Du mir Hoffnung bzw. ein kleines Zeichen von Hoffnung gegeben hast, durch den Tag der Geburt und der Wiedergeburt (durch die Taufe) sowie die Weihe an die Königin (Maria). O Herr und Gott, gewinne ich schon aus diesem Vorteil, den Du mir gegeben hast, wo doch der Tag der Geburt den erfolglos Lebenden nicht mehr bringt als der des Todes? Wenn es feststeht und unwiderlegbar ist, daß dem Tag der Geburt keine Verdienste vorausgehen können, so können sie es doch dem des Todes. Wenn man es nicht erreicht, sein Leben im Guten abzuschließen, dann – so bekenne ich – dann nützten die glorreichen Tage gar nichts, weder die der Geburt noch die des Todes. Wenn es aber wahr ist, daß „Er mich gemacht hat und nicht ich selbst" (Psalm 99,3), wenn ich den Tag nicht vorherbestimmt habe und nicht verdient habe, wie er vorherbestimmt wurde, so bietet dieser Tag – von Gott mir zugemessen – dann weder Hoffnung noch Ehre, wenn nicht – der Heiligkeit des Tages folgend – mein Leben das leistet, was durch den Tag vorgegeben ist. Dann kommt unser Geburtstag aus der Festqualität voll zum Leuchten, wenn er das Tugendstreben voll bestimmt und der ruhmreiche Anfang des Menschen zurecht gewährt erscheint, weil das Beharren in Gerechtigkeit das Ende heiligt. Würde ich Petrus oder Paulus gerufen oder Remigius oder Nikolaus genannt, dann würde mir, um mit dem Dichter zu sprechen (Vergil, Aeneis I, 288) „der Name des großen Julus" nichts nützen, es sei denn ich ahme eifrig das Beispiel jener nach, denen mich die Vorsehung bzw. das Glück namensgleich gemacht hat."

Erst am Ende der ausführlichen Erzählung über seine schwierige Geburt kommt Guibert auf die Frage der Namengebung zu sprechen – und dann eher kursorisch und ohne Bezug auf den eigenen Namen. Trotzdem erscheint der Gesamtzusammenhang des Berichts für das Verständnis wichtig. Die Geburtsgeschichte ist gerahmt von Ausführungen über die Bedeutung des Geburts- bzw. Tauftags.

Die drastische Schilderung der Armseligkeit des Neugeborenen kontrastiert dabei deutlich zu den Ausführungen über die Heiligkeit des kirchlichen Festtags. So hoffnungslos die Zukunft des für nicht lebensfähig gehaltenen Kindes vom Leiblichen her erschien – die Geburt am Vorabend des Osterfests wird als Zeichen spiritueller Hoffnung gedeutet. Die Kraft des hochheiligen Tages, den Gott für die Geburt vorherbestimmt hat, gibt Nutzen für das Leben und, wenn man ihm entsprechend lebt, vor allem darüber hinaus.

Als einem hochgebildeten Theologen widerstrebt Guibert der Gedanke einer Vorherbestimmung durch den Termin der Geburt. Die Wiederaufnahme antiker Astrologie hatte gerade zu seiner Zeit solche Vorstellungen aktualisiert. Die Heiligkeit des Geburtstags erscheint ihm – für sich genommen – noch keine Gewähr des Seelenheils. Die persönlichen Verdienste müssen hinzukommen. Die Heiligkeit des Geburtstags ist aber gleichsam ein Vorschuß auf besondere Heiligkeit, die man sich im Leben dann erwerben muß. Daß der von Gott vorherbestimmte Geburtstag eine besondere Gnade bedeutet – daran zweifelt er nicht. Für den heutigen Leser scheinbar abrupt wechselt er in diesen Überlegungen von heiligen Tagen zu heiligen Namen, die für ihn auch nicht per se heilsbedeutsam erscheinen, sondern erst durch persönliche Verdienste in Nachahmung des Vorbilds der Heiligen. Der Zusatz über die durch Vorsehung oder Glück beschiedene Namensgleichheit stellt den Zusammenhang her. Auch bei der Nachbenennung nach Heiligen ist letztlich die Heiligkeit bestimmter Geburtstermine gemeint. Für den zeitgenössischen Leser war es offenbar ganz klar, daß Guibert, wenn er nicht am Karsamstag sondern zu Peter und Paul, am Festtag des heiligen Remigius oder am Nikolaustag das Licht der Welt erblickt hätte, nach einem dieser Tagesheiligen nachbenannt worden wäre. [. . .]

Das Prinzip der Namengebung nach dem Heiligen des Geburts- oder Tauftags, wie es bei Guibert de Nogent erkennbar wird, scheint im Westen eine Neuerung des

11. und 12. Jahrhunderts gewesen zu sein. Sein mentalitäts-
geschichtlicher Hintergrund ist ein grundsätzlicher Wandel
in der abendländischen Heiligenverehrung. Sehr vereinfa-
chend läßt er sich auf die Formel bringen: Vom lokal wirkenden Reliquienheiligen zum universal wirkenden Tagesheiligen. Erst wenn eine andere Form der Heilswirksamkeit
von Heiligen erreicht werden kann, als durch Nähe zu seinen sterblichen Überresten, erscheint die „Vereinigung im
Namen" ein sinnvoller Weg, sich seiner Hilfe zu versichern.
Im Abendland war das offenbar viel später der Fall als in
Byzanz, wo das Bild neben die Reliquien getreten ist und
eine „engelsgleiche Omnipräsenz" des Heiligen in seiner
Wunderkraft vorstellbar wurde. Die Heiligennachbenennung
setzt freilich auch im Westen nicht erst mit der Namengebung nach Geburts- und Tauftagsheiligen ein. Diese ist nur
ein besonders markanter Ausdruck von neuen Beziehungs-
möglichkeiten zu Heiligen. Und die Reliquien verloren durch
die tagesbezogene Heiligenverehrung nicht an Bedeutung.
Es handelt sich um einen sehr komplexen Prozeß der Erweiterung, nicht der Ablöse. Ein Beispiel soll das erläutern.

Probst Gerhoh von Reichersberg, ein etwa eine Generation jüngerer Zeitgenosse Guiberts de Nogent, schildert eine Begebenheit, die sich in dem seinem Stift nahegelegen
Kloster Formbach am Inn ereignet hatte. Es handelte sich
um einen Fall von Besessenheit. Eine von drei Dämonen
geplagte Frau hatte an den Apostelgräbern in Rom und in
Compostella sowie an anderen Wallfahrtsorten bei den Reliquien von Heiligen Heilung zu erlangen versucht. Nun
kam sie nach Kloster Formbach, wo ein wenig bekannter
Heiliger namens Wirnto begraben liegt. Der Abt des Klosters nahm sich ihrer an. Es war Juli. Das Fest der Heiligen
Margarete stand bevor. Und an diesem Festtag wurde in
Formbach auch des heiligen Wirnto gedacht. Nachdem es
dem Abt gelungen war, zwei der drei Dämonen mit vielfach
wiederholten Exorzismen auszutreiben, kündigte der dritte
und hartnäckigste nun an: „Hac nocte Wirnto vester cum

Margareta venturus est, tunc crucior, tunc abicior." Und so geschah es auch: Als um Mitternacht das Margaretenoffizium gebetet wurde, verließ auch der dritte Dämon die Frau. Mit der Nennung ihres Namens in der heiligen Handlung wurde die große Heilige gegenwärtig. Was durch die Präsenz der Heiligen in ihren Reliquien nicht geglückt war – durch die Präsenz der Heiligen an ihrem Festtag gelang es, ein deutliches Beispiel für die Kraft der Tagesheiligen und die Bedeutsamkeit der Anrufung ihres Namens an ihrem Tag.

Alfred Haverkamp
Europäische Gesellschaft im Wandel

Soziale Beweglichkeit und Differenzierung

Die weit ausgreifende räumliche Beweglichkeit, die die Menschen des westlichen Europas im Zeitraum vom 11. bis 13. Jahrhundert auszeichnet, stand in einer engen Wechselbeziehung zu der Auflösung oder doch Lockerung der älteren Formen persönlicher und herrschaftlicher Bindungen. Zusammen mit der Eröffnung neuer herrschaftlich-politischer und wirtschaftlicher Chancen entstand eine hohe soziale Mobilität: also eine starke Veränderlichkeit des sozialen Status für Einzelpersonen, Familien, institutionalisierte Personenverbände und andere Gruppen. Zugleich kam es zu neuen Formen des Zusammenlebens und der sozialen Zuordnung. Dabei entfaltete das genossenschaftliche Einungswesen, aus dem zahlreiche Bruderschaften, Gemeinschaften, Gemeinden und andere Korporationen hervorgingen, eine so starke Wirksamkeit, wie sie nie zuvor in der europäischen Geschichte anzutreffen ist; sie besaß auch in den anderen Kulturen keine Parallele. Das Einungswesen wurde von dem im Christentum – vornehmlich im Neuen

Testament – verankerten Gedanken der Brüderlichkeit mitgetragen. Es war auf diese Weise auch mit der Vertiefung der Religiosität verbunden, die ebenfalls seit dem 11. Jahrhundert im westlichen Europa stattfand und sich auch in religiösen Laienbewegungen äußerte. Diese komplexen Vorgänge sind freilich nicht allein auf die Verchristlichung zurückzuführen. Sie standen vielmehr – wie die religiöse Vertiefung selbst – im unablösbaren Verbund mit den herrschaftlichen, wirtschaftlichen und kulturellen Veränderungen innerhalb desselben Zeitraums. So bot die Umgestaltung der Herrschaftsverhältnisse dem genossenschaftlichen Einungswesen neue Wirkungsmöglichkeiten, die auch von den traditionellen Herrschaftsträgern in ihrem eigenen Interesse direkt unterstützt werden konnten.

Unter dem Einfluß der fortschreitenden Arbeitsteilung wie auch neuer Aufgabenbereiche wurde die soziale Gliederung in bisher unbekanntem Ausmaße differenziert. Dafür sei an die Neubildung von Berufen und Berufsständen unter den laikalen „Intellektuellen" (Magister an den Schulen und Universitäten, Juristen, Notare, Ärzte usw.) im vornehmlich städtischen Umfeld erinnert; dazu können seit der Mitte des 12. Jahrhunderts ebenfalls berufsmäßige Dichter und Troubadours, die zumeist dem höfischen Leben zugewandt waren, gezählt werden. Unter Auswirkung auf breitere Bevölkerungsschichten war die berufliche Spezialisierung sehr eng mit der Verstädterung verknüpft; sie gedieh in den größeren Städten, vor allem in den nun entstehenden Gewerbeexportzentren, am weitesten. Der jeweilige Beruf wurde zu einem wichtigen sozialen Geltungskriterium und drängte so die bisher sehr stark vorherrschende Fixierung nach der Abstammung zurück. Die geburtsständische Ordnung wurde dadurch freilich keineswegs aufgehoben; vielmehr wurde sie von den Anhängern und Sinndeutern der traditionalen Ordnung verteidigt und hervorgekehrt.

Mit dem Wachstum der Städte und ihrer rechtlichen und herrschaftlichen Verselbständigung sonderten sich die Stadtbewohner zunehmend von der übrigen Bevölkerung ab. Sie unterschieden sich damit von den Adligen und von den Bauern. Freilich bleibt festzuhalten, daß diese Absonderungen nicht zu scharfen Trennungslinien führten, daß vielmehr weiterhin viele Verquickungen zwischen Adel, Bauern und Stadtbewohnern bestanden.

Die Geistlichen

Selbst die Abgrenzung zwischen diesen laikalen Großgruppen und den Geistlichen ließ noch Übergänge offen. So besaßen viele Geistliche – auch wenn sie bereits kirchliche Pfründen innehatten – nur die niederen Weihen, die eine Rückkehr in den Laienstand zuließen. Zahlreiche Scholaren begnügten sich mit der Tonsur – sie verzichteten also auf die Weihe, die noch bis zum 11. Jahrhundert für den Status der Geistlichen erforderlich war – und erwarben so die vielfach privilegierte Rechtsstellung des Klerikers. Der Begriff „clericus" gewann auf diese Weise den Bedeutungsgehalt von „Gebildeter", was auch noch im englischen „clerk" (=Schreiber, Sekretär) nachwirkt. Eine schwer definierbare Zwischenstellung besaßen ferner die „Semireligiosen" wie die Beghinen und Begharden. Hinsichtlich ihrer religiösen Lebensformen unterschieden sich die Geistlichen untereinander in einem Maße wie nie zuvor.

[...] Die Stellung der Geistlichen in der kirchlichen Amtshierarchie stellte ein getreues Spiegelbild des jeweiligen Sozialgefüges dar und reagierte dementsprechend auch auf die darin stattfindenden Veränderungen. Demgemäß stiegen in den alten Städtelandschaften auch Geistliche stadtbürgerlicher Herkunft zum Bischofsamt auf. Hier wie auch in anderen Ländern eröffnete das Studium für die Geistlichen niederer Herkunft neue Chancen. Für die mittellosen geistlichen Scholaren sollte nach einer kirchenrechtlich verbindlichen Vorschrift Papst Alexanders III. von

1179 an jedem Bischofssitz eine Magisterstelle für gebührenfreien Unterricht geschaffen werden. Im Vergleich zu den älteren geistlichen Gemeinschaften und zur kirchlichen Amtshierarchie, auf die auch die weltlichen Herrschaftsträger selbst nach dem Investiturstreit zumeist noch einen starken Einfluß ausübten, besaß die soziale Herkunft bei den Bettelorden eine weitaus geringere Bedeutung. Allerdings leitete der Minoritenbruder Salimbene de Adam aus Parma seine im Jahr 1261 begonnene Chronik mit einer ausführlichen Beschreibung seiner stadtbürgerlichen Familie ein, deren Ansehen und Einfluß ihn mit sichtlichem Stolz erfüllte.

Obwohl die „oratores", wie die Geistlichen schon in den älteren Ständelehren charakterisiert wurden, einen Berufsstand bildeten, ist die Annahme einer einheitlichen Mentalität (im Sinne von Geistesverfassung) der Geistlichen für die Zeit nach der Mitte des 11. Jahrhunderts noch weniger zu begründen als für die vorhergehenden Jahrhunderte. Sie ist angesichts der Vielfalt der sozialen Herkunft, der Bildung und der religiösen Lebensformen, der Ämter und der anderen Tätigkeitsbereiche, aber auch der zum Teil harten Kontroversen, die unter den Geistlichen ausgetragen wurden, eher noch bei Adligen, bei den Bürgern und bei den Bauern zu erwarten als bei den Geistlichen.

Adlige und Ritter

Freilich war auch der Adel in den Ländern des lateinischen Westens – und er war eigentlich nur in diesem Kulturkreis beheimatet – keineswegs eine uniforme, klar abgrenzbare soziale Schicht. Vielmehr vollzog sich die Absonderung der Adligen von den Freien und von den Hörigen, von den Bauern und von den Bürgern erst im Laufe unseres Zeitraumes, ohne gegen Ende des 13. Jahrhunderts bereits überall abgeschlossen zu sein. So war der Abstand zwischen den nichtadligen Stadtbürgern und den Adligen in den alten

Städtelandschaften Italiens und Südfrankreichs, wo zahlreiche Adlige – selbst Grafen – in den Städten lebten und das Bürgerrecht besaßen, weitaus geringer als in jenen Landschaften West- und Mitteleuropas, in denen sich die Städte erst seit dem 11./12. Jahrhundert entwickelten. In den Städten Reichsitaliens fiel es bereits den Zeitgenossen im 13. Jahrhundert oft schwer, diejenigen Stadtbewohner, die sich selbst als adlig bezeichneten oder Adlige genannt wurden, von den übrigen Großen in der Stadt zu unterscheiden, so daß sie diese Gruppen als Magnaten zusammenfaßten.

Derartige Unklarheiten über die Adelsqualität waren nicht zuletzt eine Folgeerscheinung der großen Ausweitung des Adelsprädikats seit dem 11. Jahrhundert auf die überaus zahlreichen Gruppen von bis dahin nichtadligen Kriegern freier, ja sogar unfreier Herkunft. Der Adelstitel wurde gleichsam inflationär – ein Vorgang, der durch gleichzeitige Bemühungen um feste Abgrenzungen nach unten nur teilweise beschränkt werden konnte. Denn diese Ausweitung war so stark mit den vorherrschenden Kräften und Tendenzen unseres Zeitraums verknüpft, daß sie von entgegenstehenden, auf die Wahrung der althergebrachten Ordnung bedachten Vorschriften nicht oder nur teilweise gehemmt wurde. [...] Unter den Bedingungsfaktoren für die Einbeziehung neuer Gruppen in die adlige Elite seien hervorgehoben: im Zusammenhang mit der Bevölkerungsvermehrung die Ausdehnung und Erschließung neuer Siedlungsräume, die Eroberung neuer wie auch die Erweiterung und die Verfestigung der bestehenden Herrschaftsgebiete und nicht zuletzt die Kreuzzugsbewegung. Daraus ergaben sich zahlreiche neue Möglichkeiten zum Aufstieg in selbständigere Herrschaftspositionen oder auch Dienststellungen, die mit wichtigen Kompetenzen in Heer und Verwaltung versehen waren. Die stark ansteigende Zahl von Burgen und burgartigen Befestigungen, die seit der Mitte des 11. Jahrhunderts in vielen Ländern des lateinischen Westens begann und sich dann in unterschiedlicher Intensität fortsetzte, ist dafür ein Indiz. Die Auswirkungen des herrschaftlichen Wandels auf die Zusammensetzung der adligen Führungsschichten auch im städtischen Umfeld umschrieb kurz nach der Mitte des 12. Jahrhunderts der hochadlige deutsche Reichsbischof Otto von Freising im Hinblick auf die Städte der Lombardei. Um über genügend Machtmittel zur Unterdrückung ihrer Nachbarstädte verfügen zu können, hätten diese Städte sogar junge Leute geringer Herkunft oder irgendwelche Handwerker zum Rittergürtel und zu höheren Würden zugelassen und damit eben jene, die die übrigen Völker wie die Pest von den ehrenhafteren und freieren Stellungen ausschlössen. In Polen wurden – um nur ein weiteres Beispiel zu nennen – im 13. Jahrhundert selbst landesherrliche Bauern zu Rittern erhoben, wobei diese zumeist weiterhin ein bäuerliches Leben führten.

Verschiedene Herrschaftsträger unternahmen seit der Mitte des 12. Jahrhunderts wenigstens vereinzelt den Versuch, ihren erhöhten Bedarf an militärischem Potential durch Anwerbung von Söldnerverbänden zu decken. [...] Insgesamt aber bildeten weiterhin die Reiterheere den Kern der Heeresaufgebote. Diese Reiter stellten – wie dies schon lange Tradition war – ihre Ausrüstung selbst. Dabei stützten sie sich in höchst unterschiedlichen Formen auf ihre Eigengüter und – jedenfalls in den Gebieten des ehemaligen Karolingerreichs und Englands – auf ihre Lehen oder auch Dienstlehen. Diese Selbstausrüstung und die damit verknüpfte Einbindung in das Dienstrecht und in das Lehnswesen, in dem neben den Lehnspflichten auch die eigenständigen Rechte des Lehnsinhabers zum Ausdruck kamen, waren schon seit der Karolingerzeit wesentliche Voraussetzungen für die Adelsqualität. Unter diesen Bedingungen begünstigte die Tätigkeit als kämpfender Reiter eine adelsgleiche Stellung, wenn nicht eine Einordnung in den weiteren Kreis des Adels.

Diese Vorgänge überkreuzten sich mit der neuen, religiöspolitisch motivierten Bewertung des Krieges und des

Kriegshandwerks im Vorfeld und im Zusammenhang mit der Kreuzzugsbewegung. Nach früheren Ansätzen im 10. Jahrhundert, die bereits den Beruf des Kriegers bei Unterordnung unter die kirchliche Wertordnung religiös überhöhten, verfestigte sich seit der Mitte des 11. Jahrhunderts die Höherschätzung des Kriegers im Dienste der Kirche. So erhob Papst Leo IX. alle, die im Zusammenhang mit dem von ihm selbst angeführten Kriegszug gegen die Normannen (1053) gefallen waren, zu Märtyrern. Derselbe Papst wurde kurze Zeit später als Heiliger angesehen. Neben seinem Kampf gegen die Simonie wurden dafür auch seine „frommen" Kriegstaten als Hauptgrund genannt, auch wenn ihm vereinzelt noch der Vorwurf gemacht wurde, daß er selbst in den Kampf gezogen sei. Das Verhalten des Papstes und dessen Beurteilung durch die Mit- und Nachwelt müssen vor dem Hintergrund der Gottesfriedensbewegung gesehen werden, die seit der Wende vom 10. zum 11. Jahrhundert zunächst im südlichen Frankreich einsetzte und sich bald auch im weiteren französischen Raum bis nach Oberitalien ausdehnte. Wie hier nicht auszuführen ist, hatte sie bereits eine Aufwertung des von kirchlichen Zielsetzungen bestimmten Krieges und eine religiöse Rechtfertigung des Kriegers eingeleitet, sofern er für die Wahrung des Gottesfriedens („pax Dei") kämpfte. Dies wurde in der Folgezeit vertieft und kirchenrechtlich verfestigt. [. . .]

Die Gottesfriedens- und die davon stark beeinflußten Kreuzzugsbewegungen vermittelten dem Krieger ein neues religiös überhöhtes Ethos. Dieses griff über geburtsständisch gebundene Qualitäten hinaus. Es bezog sich nämlich in erster Linie auf die Einstellung und das Verhalten des Kriegers in seinem Beruf und damit auch auf individuelle Fähigkeiten und Verhaltensweisen. Dieses zunächst offene „Ritterideal" sprach aber auch den alten Adel an. Dieser stützte – im Zusammenwirken mit der territorialen Verfestigung seiner Herrschaft um Burgen und auch um geistliche Mittelpunkte – sein Ansehen jetzt stärker auf sein

Stammhaus, auf seine Abstammung im Mannesstamm, auf sein Geschlecht. Trotz der gegenläufigen Tendenzen von seiten des herkömmlichen Adels bildete das religiös gefestigte Ritterideal eine Klammer zwischen den herrschaftlich-sozial überaus unterschiedlichen Rittern, die sich dieser übergreifenden Ethik verpflichtet fühlten oder sich ihr nicht entziehen konnten. Auch auf diese Weise wurde der Aufstieg der bis dahin nichtadligen Reiter in den Adel erleichtert. Begriffsgeschichtlich läßt sich der wichtige Vorgang, der die Neuordnung dieser Elite begünstigte, am Bedeutungswandel von „miles" und „militia" am frühesten in Frankreich seit der Mitte des 11. Jahrhunderts fassen. Dort wurden seit dieser Zeit auch Adlige als „milites" bezeichnet. Zugleich wird mit Ausdrücken wie „ordo equester" ein Einheitsbewußtsein im Sinne eines Ritterstandes faßbar. Das Rittertum wurde somit in Frankreich während der ersten Hälfte des 12. Jahrhunderts zum gemeinsamen Kennzeichen der Aristokratie, so daß auch die einfachen Ritter den „nobiles" und die hohen Adligen der „militia" zugerechnet wurden. Die Ritterturniere, die seit dem Ende des 11. Jahrhunderts häufiger veranstaltet wurden, waren gleichsam der Schauplatz dieser Gemeinsamkeit. Sie hob die tatsächlichen Unterschiede im Rang nicht auf, sondern überwölbte sie. [...]

Im Laufe des 13. Jahrhunderts verstärkten sich in den Königreichen Aragon und Sizilien und dann auch in Frankreich die Bemühungen, die Aufnahme in den Ritterstand von der geburtsständischen Zugehörigkeit abhängig zu machen, also auf die Söhne von Rittern zu beschränken. So bestimmte Kaiser Friedrich II. 1231 in den Konstitutionen von Melfi, daß niemand zu ritterlichen Ehren kommen dürfe, der nicht aus einem Rittergeschlecht stamme. Der Kaiser behielt sich freilich vor, Ausnahmen zu erlauben, womit er seine eigenen Interessen verfolgte. Fast gleichzeitig gewannen die Abschichtungen innerhalb des Adels auch als Folge der Verfestigungen im Herrschaftsgefüge klarere

Konturen, so daß die Ritter auf den niederen Adel begrenzt wurden.

Die Höfe der Könige, des hohen Adels und der Geistlichkeit bildeten die wichtigsten Bezugspunkte ritterlichen Lebens. Für die Mehrzahl der Ritter, die auf Dienste und Lehen angewiesen waren, gehörte das Leben an den zumeist noch wandernden Höfen zu ihrer Existenzsicherung und bot ihnen die besten Aufstiegsmöglichkeiten. In diesem Milieu wurde ein Erzählgut der Heldensagen tradiert, das bis auf die Kriegszüge Karls des Großen zurückreichte. Diese Traditionsstränge wurden seit dem endenden 11. Jahrhundert schriftlich fixiert und dichterisch in den Chansons de geste gestaltet. [. . .] Seit dem Anfang desselben Jahrhunderts setzte mit der Troubadourlyrik, die sich zuerst im südlichen Frankreich unter der Initiative Wilhelms IX., Grafen von Poitiers und Herzogs von Aquitanien († 1127), entfaltete, eine neue Literaturgattung ein. In dieser höfischen Dichtung gewann der Tugendadel einen größeren Stellenwert, der Dienst und die Aventure wurden als Existenzform des höfischen Ritters moralisch überhöht, die höfische Liebe – die Minne, die in den Chansons de geste noch fehlt – wurde zum „gesellschaftlichen Ordnungsprinzip" stilisiert.

Diese Ideenwelt, in der die sozialen Unterschiede unter den Rittern harmonisiert wurden, nahm auch der höfische Roman auf. Seit der Mitte des 12. Jahrhunderts wurde in ihm zuerst in Frankreich (Chrétien de Troyes, † vor 1190) die Sagenwelt von König Artus, seinem Hof und seinen Rittern übernommen und ausgeformt. Die Heldenepen und die ganz anders geartete höfische Dichtung verbreiteten sich schnell in den Ländern West- und Mitteleuropas. In den unterschiedlichen volkssprachigen Fassungen wurden sie jedoch zumeist auch in ihrem geistigen Gehalt umgestaltet. Unter dem Deckmantel der ritterlichen Leitbilder in der Ritterdichtung verbarg sich also eine Vielfalt von manchmal auch gegensätzlichen Wertvorstellungen und Lebensformen.

Die Gegensätzlichkeit von Rittertum und Bäuerlichkeit gehörte zu den Wesensmerkmalen der höfischen Dichtung. Dem widersprach aber keineswegs die Gleichartigkeit des Lebenswandels vieler Ritter und zahlreicher Bauern. Tatsächlich blieb eine breite Berührungszone mit vielen Übergängen zwischen Bauern und Rittern bestehen. Bauern wurden auch noch weiterhin zu Kriegsdiensten herangezogen oder griffen bei Fehden selbst zu den Waffen, so daß sie dem Kriegshandwerk nicht gänzlich entfremdet wurden. Andererseits „verbauerten" viele Ritter auch aus wirtschaftlichen Gründen. Insgesamt aber begünstigten die Veränderungen sowohl in der Landwirtschaft, in der die verfeinerten Anbaumethoden mit der Zunahme des Getreideanbaus einen größeren persönlichen Einsatz des Bauern forderten, als auch in der Kriegsführung die „Spezialisierung" in Bauer und Ritter.

Anders als jene Ritter, die aus Hörigkeitsverhältnissen stammten und diese über ihren qualifizierten Dienst mit dem Übergang in das Lehnsrecht abgeschüttelt hatten, blieben die Bauern und die übrige ländliche Bevölkerung den verschiedenartigen persönlichen Abhängigkeitsformen verhaftet. Diese verloren jedoch seit dem 11. Jahrhundert in den meisten westlichen Ländern erheblich an Bedeutung, so daß der Rechtsstatus von frei oder unfrei in seinen ohnehin verschiedenartigen Ausprägungen im allgemeinen für die soziale Stellung der ländlichen Bevölkerung ein geringes Gewicht erhielt. Stattdessen wurden nunmehr die wirtschaftlichen und ebenfalls die herrschaftlichen Rahmenbedingungen für die soziale Gliederung vorrangig. Da diese Faktoren eine noch weit größere Variationsbreite aufweisen als die früher vorherrschenden leibrechtlichen Abstufungen, verstärkte sich in unserem Zeitraum die soziale Differenzierung innerhalb der ländlich-bäuerlichen Bevölkerung.

Trotz großer regionaler Unterschiede in der Ausgangslage und in den Auswirkungen kann doch allgemein festgehalten werden, daß in den ehemals karolingischen Gebieten die Grundherrschaften älteren Typs, die den Lebensraum des jeweiligen Hörigenverbands („familia") bildeten, zwischen dem 11. und dem späteren 13. Jahrhundert von neuen, territorial ausgerichteten Herrschaftsformen zurückgedrängt oder überlagert wurden. Sofern es den Grundherren nicht gelang, diese Rechte selbst in die Hand zu bekommen, mußten sie es zulassen, daß nun ebenfalls die Gerichts- oder auch Vogteiherren, die Burg-, Orts- oder größeren Territorialherren über die Angehörigen der „familia" eigene Zwing- und Bannrechte bis hin zur Steuererhebung mit zum Teil drückenden wirtschaftlichen Lasten geltend machten. Die Bauern empfanden dabei besonders die Belastung, die dem Herkommen und ihren Gewohnheitsrechten widersprachen, als bedrückend.

Auf diese Weise wurden auch die herkömmlichen Organisationsformen (Villikationsverfassung) der größeren Grundherrschaften unterhöhlt, soweit sie noch aus ausgedehnteren Eigenwirtschaften mit den jeweils zugeordneten Bauernhufen bestanden. In Reichsitalien und in Südfrankreich scheint die Eigenwirtschaft, die mit einer großen Zahl von arbeitspflichtigen Hörigen betrieben wurde und viele Frondienste der ansonsten selbständig wirtschaftenden Bauern erforderte, schon vor der Mitte des 11. Jahrhunderts eine geringere Bedeutung gehabt zu haben als in vielen Landschaften des kontinentalen Mittel- und Westeuropa. Diese Unterschiede dürften auch von dem höheren Entwicklungsstand des Marktes und damit des Warenaustausches beeinflußt sein, der die alten Städtelandschaften des Südens von den übrigen Regionen Europas abhob. Jedenfalls haben das Vordringen der ländlichen und städtischen Märkte und die Weiterentwicklung der Geldwirtschaft auf den Rückgang der auf Selbstversorgung abzielenden grundherrschaftlichen Eigenwirtschaft eingewirkt.

Bei der Reduzierung oder Auflösung ihrer Eigenwirtschaft waren die Grundherren selbst an der Ablösung von Frondiensten gegen einmalige oder dauernde Zahlungen interessiert. Die Hörigen konnten damit ein wesentliches Merkmal ihrer Unfreiheit abschütteln und mit der dadurch gewonnenen Freizügigkeit anderweitigen Erwerbschancen nachgehen. Aber auch andere Folgen der Hörigkeit – wie die Einschränkung der Heiratsfähigkeit auf die Angehörigen der jeweiligen „familia" – verloren für die Grund- und Leibherren an Attraktivität, wenn sie dafür Entschädigungen erhielten oder statt dessen andere, ertragreichere Rechte durchsetzen konnten. Höhere und vielfach auch leichter erreichbare Gewinne versprachen jetzt vor allem Marktabgaben, die vielfältigen Bannrechte (Mühlen, Backöfen, Weinkauf usw.) und die unterschiedlichen Steuern von den Bewohnern größerer Orte und der Städte. Darüber hinaus waren jene Herrschaftsinhaber, die über dörfliche oder auch städtische Siedlungen ein möglichst konkurrenzloses Regiment durchsetzen wollten, bestrebt, die Bewohner von grundherrschaftlichen Bindungen und Verpflichtungen gegenüber anderen Herren zu lösen. Sie waren daher bereit, den Interessen der Hörigen in dieser Hinsicht entgegenzukommen. [...]

In vielen französischen Landschaften äußerten sich diese Vorgänge in den seit etwa 1100 häufiger erteilten „chartes de franchises" für „villeneuves", „bourgs" und „sauvetés" (von lateinisch „salvitas" = Sicherheit). In Reichsitalien bildeten dafür die Privilegien für Burg-, Dorf- und Landgemeinden gewisse Parallelen. Etwa gleichzeitig setzten in Frankreich die beurkundeten Befreiungen von einzelnen Hörigenlasten ein und auch die Freilassungen von Hörigen einer ganzen Region, mehrerer Dörfer oder einer Stadt. So schaffte König Ludwig VII. im Jahre 1147 für die Bewohner der Stadt und des Bistums Orléans die Sterbefallabgabe ab. Sein Nachfolger Phillip II. bestätigte dann im Jahre 1180 die Freilassung aller königlichen Hörigen in derselben zur

Krondomäne gehörigen Stadt und in einem Umkreis von fünf Meilen. Ähnliche Kollektivfreilassungen sind in Reichsitalien, wo die Unterschiede zwischen hörigen Bauern und „freien" Pächtern vielfach schon seit dem 10./11. Jahrhundert nivelliert waren, um die Mitte des 13. Jahrhunderts öfter bezeugt. Das bekannteste Beispiel ist die Kollektivbefreiung, die die Stadtkommune Bologna in den Jahren 1256/57 für 6000 Unfreie in ihrem Herrschaftsgebiet gegen eine insgesamt hohe Entschädigung zugunsten der fast 400 Leibherren vornahm. Die Freigelassenen verloren damit ihren Anspruch auf ihre Besitzrechte, die Stadtkommune dehnte ihrerseits ihr Besteuerungsrecht über die ehemaligen Hörigen aus.

Die Reduzierung oder völlige Aufhebung der Hörigkeit konnte also auch für die Leib- und Grundherren mit Vorteilen verbunden sein. Die Hörigen mußten bei solchen Rechtsakten nicht selten auch erhebliche Gegenleistungen und Nachteile in Kauf nehmen. Durch zahlreiche Zugeständnisse oder durchgesetzte Freiheiten wurde die Grenze zwischen Freiheit und Unfreiheit weiter verwischt. Auf diesem Hintergrund sind vielleicht auch einige Anzeichen für eine neue Bewertung der Unfreiheit zu sehen. In Anknüpfung an die Tradition, die dem Mittelalter von Augustinus und Gregor dem Großen vornehmlich über Isidor von Sevilla († 636) überliefert worden war, hatten noch der einflußreiche Kenner des Kirchenrechts, Bischof Burchard von Worms († 1025), und der ähnlich bedeutsame Bischof Ivo von Chartres († 1116) die Knechtschaft („servitus") als eine Folge der Erbsünde gedeutet. Gott habe die einen als Knechte, die anderen als Herren eingesetzt, damit die Möglichkeit des Frevels von seiten der Knechte durch die Macht der Herren eingeschränkt werde. Die Unfreiheit wurde also heilsgeschichtlich legitimiert. Freilich hatte der Zeitgenosse Buchards von Worms, Bischof Adalbero von Laon, die Unterschiede zwischen Adligen („nobiles") und Kriegern („bellatores") einerseits und Knechten („servi") andererseits nicht auf das göttliche Recht („lex divina") zurückgeführt, sondern auf das von Menschen gesetzte Recht („lex humana"). Demgegenüber verdient es Beachtung, daß die Reformorden der Zisterzienser und Prämonstratenser in ihren frühesten Statuten aus der ersten Hälfte des 12. Jahrhunderts ausdrücklich auf unfreie Leute verzichtet haben, was sie freilich bald wieder zurücknahmen oder doch nicht mehr einhielten.

Diese Reformzentren setzten sich mit ihren ursprünglichen Zielen deutlich von dem älteren cluniazensischen Mönchtum ab. Auf solche kritischen Stimmen reagierte um die Mitte des 12. Jahrhunderts Petrus Venerabilis († 1156), der Abt des Klosters Cluny und selbst einer der größten Grundherren seiner Zeit, mit einem aufschlußreichen Traktat. Darin begründete er die Berechtigung der Klöster zur Ausübung von Herrschaft auch über die hörigen Bauern zunächst mit einer Anklage gegen die weltlichen Herren: „Es ist ja allen bekannt, wie die weltlichen Herren über ‚rustici, servi et ancillae' herrschen. Sie sind nämlich nicht zufrieden mit deren üblicher und schuldiger Knechtschaft (‚servitus'). Vielmehr eignen sie sich erbarmungslos stets die Sachen mit den Personen und die Personen mit den Sachen an. Dementsprechend fordern sie nicht nur die üblichen Zinsen, sondern plündern deren Güter drei- oder viermal im Jahr oder sooft sie wollen. Sie peinigen sie mit unzählbaren Dienstleistungen und bürden ihnen schwere und unerträgliche Lasten auf. Dadurch zwingen sie diese zumeist, ihren eigenen Boden zu verlassen und in die Fremde zu flüchten. Und – was noch schlimmer ist – sie schrecken nicht davor zurück, jene Menschen für das wertlose Geld zu verkaufen: eben jene Menschen, die Christus mit einem so kostbaren Preis, nämlich mit seinem eigenen Blut, erlöst hat. Mönche hingegen, wenn sie über jene verfügen, besitzen sie nicht in derselben, sondern auf eine völlig verschiedene Weise. Sie verwenden die rechtmäßigen und schuldigen Dienste der Bauern nämlich nur für ihren Lebensunterhalt, sie quälen sie nicht mit Abgaben, sie fordern von ihnen nichts Unerträgliches. Wenn diese bedürftig sind, unterstützen sie sie aus eigenen Mitteln. Sie behandeln die Hörigen nicht wie ‚servi' und ‚ancillae', sondern wie Brüder und Schwestern; und sie nehmen von ihnen nur angemessene, ihrem Leistungsvermögen entsprechende Dienste entgegen."

In seiner Verteidigung der Herrschaftsausübung von Klöstern über Bauern und Hörige argumentierte der Abt von Cluny also mit einer verchristlichten Auffassung von Herrschaft und Knechtschaft. Er entfernte sich damit weit von einer heilsgeschichtlichen Interpretation der Hörigkeit, die angesichts der gegnerischen Stellungnahmen offenbar unhaltbar geworden war. Das verstärkte Bewußtsein von der Erlösertat Christi, das von den religiösen Erneuerungsbewegungen seit dem Ende des 11. Jahrhunderts entfacht und gestützt wurde, überlagerte und verdrängte die älteren Argumentationsstränge, die sich auf die Erbsünde und insgesamt auf einzelne Vorgänge aus dem Alten Testament beriefen. In diesem Licht konnte auch die Schöpfungsgeschichte als Argumentationsbasis für die Gleichheit und Freiheit der Menschen herangezogen werden. So begründeten die geistlichen Fälscher eines angeblichen Diploms König Heinrichs I. von Frankreich um die Mitte des 12. Jahrhunderts die von ihnen gewünschte Gleichstellung der klösterlichen Hörigen mit Freien vor dem Gericht damit, daß die Schöpfung und das Bekenntnis zur einen Religion die Menschen gleichgemacht hätten und daß bei der Schöpfung keiner einem anderen vorgesetzt worden sei. Der Mensch dürfe nicht gegenüber seinem Mitmenschen, sondern nur gegenüber den anderen Lebewesen und den wilden Tieren einen Vorrang haben. Etwa 100 Jahre später berief sich auch die Stadtkommune Bologna bei der erwähnten Kollektivbefreiung auf die von Gott gegebene Freiheit aller Menschen.

Von der religiös-christlichen Argumentation war die Existenz heidnischer Sklaven nur mittelbar betroffen. In den west- und mitteleuropäischen Ländern – eben mit Ausnahme der Mittelmeerlandschaften – hatte die Sklaverei schon vor der Mitte des 11. Jahrhunderts nur noch in den Kampfgebieten gegen die heidnischen Slawen überlebt, wo auch noch später, etwa bis zur Mitte des 12. Jahrhunderts, Sklaven für den Fernhandel in den Mittelmeerraum rekrutiert wurden. In den christlichen Städten am Mittelmeer erlebte die Sklaverei seit den Kreuzzügen gleichsam eine „Renaissance". Der Sklavenhandel nahm dort an Umfang zu. [...]

Stadtbewohner und Stadtbürger

Gerade in dieser Phase, in der das Städtewesen erstmals seit der Spätantike in vielerlei Hinsicht Neuland erreichte, ist es äußerst schwierig, die Vielfalt der urbanen Erscheinungen in einem allgemein gültigen Stadtbegriff zu fassen. Die Übergänge zwischen ländlichen und städtischen Siedlungen blieben in vielen Fällen fließend. Nur die Begrenzung auf die städtischen Bischofssitze scheint einen Ausweg anzubieten. Doch weisen selbst diese Siedlungstypen in ihrer wirtschaftlichen, sozialen und herrschaftlichen Ausstattung im west- und mitteleuropäischen Vergleich eine überaus große Variationsbreite auf. Dies ließe sich durch die enormen Unterschiede etwa zwischen dem holsteinischen Ratzeburg, das im Jahre 1154 erneut zum Bischofssitz erhoben wurde, und der lombardischen Metropole Mailand leicht erhärten.

Entsprechend fragwürdig sind Versuche, die Stadtbewohner einer Schablone vom Stadtbürger oder gar vom Bürgertum einzuordnen. Dagegen spricht schon die Tatsache, daß sich das Bürgerrecht in zahlreichen urbanen Siedlungen – insbesondere in den Neusiedelgebieten – während des 12. und 13. Jahrhunderts erst auszubilden begann. Davon abgesehen, besaßen selbst in den voll ausgebildeten Städten keineswegs alle Bewohner das Bürgerrecht. Außerhalb des Bürgerrechts standen in der Regel die geistlichen Stadtbewohner, die vornehmlich in den Bischofsstädten einen größeren Anteil unter den Einwohnern stellten. Ähnliches galt für die Juden, die schon aufgrund ihrer religiösen Sonderstellung aus der christlichen Bürgergemeinde ausgeschlossen waren; in vielen größeren Städten bildeten die Juden eine eigene Gemeinde. Den weitaus größten Anteil an der städtischen Bevölkerung ohne Bürgerrecht stellten jene Bewohner, die vor allem aufgrund ihrer mangelnden wirtschaftlichen Leistungsfähigkeit das Bürgerrecht nicht erwarben oder nicht erwerben konnten. Des öfteren wurde die Verleihung des Bürgerrechts ausdrücklich vom Besitz an Grund und Boden oder eines Hauses in der Stadt abhängig gemacht. Das Bürgerrecht, das somit keineswegs selten nur die Minderzahl der städtischen Bewohner innehatte, war seinerseits die Voraussetzung für die politische Mitwirkung in der Bürgergemeinde. Darin spielte ohnehin nur ein mehr oder weniger enger Kreis von Personen und Familien die ausschlaggebende Rolle.

Zu diesen engeren städtischen Führungsgruppen gehörten in vielen mediterranen Städtelandschaften – wie Altkatalonien, Südfrankreich, Italien und Dalmatien – vor allem die Stadtadligen, die zumeist über umfangreiche Besitzungen und Herrschaftsrechte in der jeweiligen Stadt und in deren Umland verfügten. Hingegen haben in vielen deutschen, aber auch in französischen Städten Ministeriale eine ganz ähnliche Bedeutung – und dies, obwohl sie noch weit bis in das 12. Jahrhundert hinein und vielfach auch noch im folgenden Jahrhundert leibrechtlich gebunden waren und dementsprechend rechtlich als Hörige galten. Neben den Ministerialen sind in diesen Gebieten auch breitere städtische Bevölkerungskreise in unterschiedlichen Formen – etwa auch als Zensuale – hörig gewesen, ohne daß dadurch ihr Status als Bürger in Frage gestellt war. Insgesamt bestand freilich bei den Stadtherren die Tendenz, Hörigkeitsverhältnisse der Stadtbewohner zu anderen Herren zurückzudrängen oder sogar auszuschalten, was auch im Interesse der jeweiligen Stadtgemeinde liegen konnte. Umgekehrt versuchten die Stadtbürger selbst zumeist mit Erfolg, die Wirksamkeit solcher Abhängigkeiten zu reduzieren oder ganz zu beseitigen. Keinesfalls immer wollten sie damit aber zugleich auch den Rechtsstatus aufheben, denn er konnte durchaus erhebliche politische und wirtschaftliche Vorteile für den Hörigen bieten. Festzuhalten ist unter europäischer Perspektive auch, daß weder der Adels- noch der Hörigenstatus in einem grundsätzlichen Gegensatz zur städtischen Lebensform standen. Hierin äußerten sich vielmehr die unterschiedlichen Rahmenbedingungen bei der Ausformung und Entstehung des Städtewesens.

Noch vielfältiger als die sozialrechtliche Stellung der Stadtbewohner waren ihre wirtschaftlichen Tätigkeitsfelder. Diese reichten von bäuerlicher Arbeit über gewerblich-handwerkliche Produktion und Handel bis hin zu ritterlichen und adligen oder adelsgleichen Lebensformen. Sie waren vielfach nur schwer voneinander abzugrenzen, wodurch die soziale Mobilität innerhalb der städtischen Bevölkerung gefördert wurde. Dem widerspricht auch nicht die in den Städten am höchsten entwickelte Arbeitsteilung, denn auch diese bot Aufstiegschancen.

Auf diesem Hintergrund erledigt sich die Frage nach einem einheitlichen Selbstbewußtsein der Stadtbürger oder gar des „Bürgertums" von selbst. Davon kann keine Rede sein. Hingegen kann wohl ein Gemeinschaftsgefühl der Bewohner einzelner Städte festgehalten werden, auch wenn dieses nicht überschätzt werden darf und wahrscheinlich nur von Teilen der städtischen Einwohner getragen wurde. Dieses gewann im Zusammenhang mit der Gemeindebildung hohe politische Bedeutung. Es äußert sich am deutlichsten in der städtischen Geschichtsschreibung. Diese entwickelt sich am frühesten in den Städten Reichsitaliens: also in jener traditionsreichen Städtelandschaft, in der die „civitates" im Vergleich zu allen anderen Städten während des hohen Mittelalters die größte politische Bedeutung besaßen und in der zugleich die laikale Schriftkultur ihren insgesamt höchsten Stand im westlichen Europa erreicht hat.

Hartmut Boockmann (Hg.)
Gelöstes Haar und seidene Schleier: Zwei Äbtissinnen im Dialog

Brief Tenxwinds

Tenxwind, genannt Lehrerin der Schwestern von Andernach, wünscht Hildegard, Lehrerin der Bräute Christi, daß sie einst mit den höchsten himmlischen Geistern verbunden sei.

Die weit fliegende Fama hat unseren Ohren bewundernswürdiges und staunenswertes von der Hochschätzung Eurer berühmten Heiligkeit getönt und unserer Geringfügigkeit die Vollkommenheit höchster Frommheit und Eurer Einzigartigkeit sehr empfohlen.

Denn wir haben aus dem Zeugnis vieler gelernt, daß uns vieles von den himmlischen Geheimnissen, die für die Menschen schwierig zu verstehen sind, durch den Engel von Gott her zur Niederschrift enthüllt wird, und daß das, was Ihr tun müßt, nicht durch menschliche Überlegung, sondern durch seine (Gottes) Lehre unmittelbar bestimmt wird.

Auch ist zu uns etwas anderes Ungewöhnliches von Eurer Lebensweise gedrungen: nämlich daß Eure Jungfrauen an den Festtagen, wenn sie Psalmen singen, mit gelösten Haaren in der Kirche stehen und daß sie als Schmuck weiße und seidene Schleier benutzen, die so lang sind, daß sie die Erde berühren, daß sie auch goldgewirkte Kronen auf ihre Häupter gesetzt haben und daß diesen auf beiden Seiten und hinten Kreuze eingefügt sind, daß auf der Stirnseite aber lieblich das Bild des Lamms eingedrückt ist und daß darüber hinaus ihre Finger mit goldenen Ringen geschmückt sind – obwohl doch der erste Hirte der Kirche in seinem Brief derartiges verbietet, wobei er in der folgenden Weise mahnend spricht: „Die Frauen sollen sich mit Schamhaftigkeit schmücken und nicht durch gelockte Haare noch durch Gold noch durch Perlen noch durch kostbare Kleidung" (1. Timotheus 2,9).

Außerdem erscheint uns auch das nicht weniger verwunderlich als alles dies, daß Ihr in Eure Gemeinschaft nur von Geburt aus Ansehnliche und Freie aufnehmt, anderen, die nicht adlig und weniger reich sind, jedoch die Gemeinschaft mit Euch gänzlich verweigert.

So stocken wir, ziemlich erstaunt, in der Unsicherheit eines recht großen Zweifels, da wir in unserem Sinn bedenken, daß der Herr selbst in der Urkirche Fischer, kleine und arme Leute ausgewählt hat und der heilige Petrus, nachdem später die Völker zum Glauben bekehrt waren, gesagt hat: „Ich habe in Wahrheit erfahren, daß Gott nicht die Person ansieht" (Apostelgeschichte 10,34).

Überdies vergessen wir nicht die Worte des Apostels, der zu den Korinthern sagt: „Nicht viele Mächtige, nicht viele Edle, sondern was niedrig und verächtlich vor der Welt ist, hat Gott ausgewählt" (1. Korinther 1,26f).

Wenn wir alle Vorschriften früherer Väter, aus denen sich alle Geistlichen gründlich unterrichten müssen, nach unseren Kräften sorgfältig durchforschen, haben wir nichts dergleichen in ihnen gefunden. Denn die so große Neuheit Eurer Gewohnheit, verehrungswürdige Braut Christi, übersteigt das Maß unserer Kleinheit weit und unvergleichlich und hat uns in eine nicht geringe Verwunderung versetzt. So haben wir Kleinen, die wir Euren Fortschritten mit gebotener Liebe im Inneren freudig zustimmen und den Wunsch haben, über diese Sache dennoch etwas von Euch sicherer zu erfahren, unseren kleinen Brief an eure Heiligkeit gerichtet, die wir demütig und ergebenst bitten, daß

Eure Würde es nicht verschmähen möge, uns nächstens zurückzuschreiben, wie eine solche Gewohnheit mit dessen (Christi) Autorität verteidigt werden kann. Lebt wohl und gedenkt unser in Euren Gebeten.

Antwort Hildegards

Die Frau bleibe innerhalb des Wohngemachs verborgen, so daß sie große Schamhaftigkeit haben kann, weil die Schlange in sie große Gefahren der furchtbaren Zügellosigkeit blies. Auf welche Weise? Die Gestalt der Frau blitzte und strahlte im ersten Ursprung, in dem geformt wurde, worin jede Kreatur verborgen ist. Auf welche Weise? Natürlich auf zweierlei Art: In der einen der erfahrenen Bauart des Fingers Gottes und in der anderen der himmlischen Schönheit. Oh, was für eine wunderbare Sache bist Du, der Du das Fundament in die Sonne gebaut und von da die Erde überwunden hast!

Deshalb (sagt) der Apostel Paulus, der in der Höhe fliegt und auf Erden schweigt, so daß er nicht enthüllt hat, was verborgen war: Die Frau, die der männlichen Gewalt ihres Ehegatten unterliegt, muß, diesem in der ersten Rippe verbunden, große Schamhaftigkeit haben, so daß sie nicht geben oder enthüllen kann das Lob des eigenen Gefäßes des Mannes an einem fremden Ort, der nicht zu ihr gehört. Und das soll in jenem Wort gelten, das der Beherrscher der Erde sagte: „Was Gott verbunden hat, soll der Mensch nicht trennen" (Matthäus 19,6), zur Verwirrung des Teufels. Höre: Die Erde bringt das Grün des Grases hervor, bis der Winter sie endlich überwindet. Und der Winter nimmt die Schönheit jener Jugendfülle hinweg. Und jene kann das Grün ihrer Jugend künftig nicht enthüllen, als sei sie gleichsam niemals eingetrocknet, weil der Winter sie davonnahm.

Deshalb darf eine Frau sich nicht mit ihrem Haar erhöhen und schmücken und aufrichten durch die Kostbarkeit einer Krone oder eines goldenen Gegenstandes – außer mit dem Willen ihres Mannes gemäß dem, was diesem in rechtem Maß richtig erscheint.

Das betrifft nicht die Jungfrau. Diese steht vielmehr in der Ursprünglichkeit und Unversehrtheit des schönen Paradieses, das niemals trocken war, sondern stets im Grün der Jugendblüte bleibt. Der Jungfrau ist nicht die Bedeckung ihres jugendlichen Haares vorgeschrieben, sondern sie bedeckt es aus eigenem Willen in tiefer Demut, da ja der Mensch die Schönheit seiner Seele versteckt, damit sie nicht wegen des Hochmuts der Habicht raube.

Die Jungfrauen sind im Heiligen Geist und in der Morgenröte der Jungfräulichkeit der Unschuld vermählt. So schickt es sich, daß jene vor dem höchsten Priester wie ein Gott geweihtes Brandopfer erscheinen. Deshalb gebührt es sich dank der Erlaubnis und dank der Enthüllung im mystischen Atem des Fingers Gottes, daß die Jungfrau ein weißes Kleid anlegt, worin sie ein deutliches Zeichen der Verlobung mit Christus sieht, damit ihr Sinn in Unversehrtheit gefestigt werde und sie auch betrachte, wer jener sei, dem sie verbunden ist, wie es geschrieben steht: „Sie haben seinen Namen und den Namen seines Vaters an der Stirn geschrieben" (Apokalypse 14,1).

Und wiederum: „Sie folgen dem Lamm, wohin immer es geht" (Apokalypse 14,4). Gott unternimmt auch bei jeder Person eine genaue Unterscheidung, so daß der geringere Stand nicht über den oberen steigt. So haben es Satan und der erste Mensch getan, die höher fliegen wollten, als sie gestellt waren. Und welcher Mensch sperrt seine ganze Herde in einen Stall, also Rinder, Esel, Schafe, Böcke, so daß sie sich nicht unterscheiden? Deshalb herrsche Unterscheidung auch darin, daß nicht unterschiedliche Leute in eine Herde zusammengeführt sich in Überheblichkeit und in der Schande der Unterschiedlichkeit zerstreuen, und zumal, damit nicht die Ehrbarkeit der Sitten dort zerstört werde, wenn sie sich wechselseitig im Haß zerfleischen, weil der höhere Stand über den unteren fällt und der untere über den höheren steigt, weil Gott das Volk auf Erden wie im Himmel unterschieden hat, indem er nämlich Engel, Erzengel, Thronende, Herrschende, Cherubim und Seraphim trennt. Und diese alle werden von Gott geliebt, haben jedoch nicht die gleichen Namen. Der Hochmut liebt die Fürsten und Edlen wegen ihrer Überheblichkeit und haßt sie wiederum, wenn sie diese unterdrücken. Und es ist geschrieben: „Gott verachtet die Mächtigen nicht, da er auch selbst mächtig ist" (Iob 36,5). Er selbst aber liebt nicht Personen, sondern die Werke, die Geschmack von ihm haben, wie der Sohn Gottes sagt: „Meine Speise ist, daß ich den Willen meines Vaters erfülle" (Johannes 4,34). Wo Demut ist, wird Christus immer bewirtet. Und deshalb ist es nötig, daß jene Menschen unterschieden werden, die mehr Ehre als Demut anstreben, da sie erkennen, was höher als sie ist. Auch wird ein krankes Schaf entfernt, damit nicht die ganze Herde angesteckt werde. Gott hat den Menschen guten Verstand eingegossen, und ihr Name möge nicht zerstört werden. Gut ist es, daß der Mensch nicht auf einen Berg zielt, den er nicht bewegen kann, sondern im Tal verharrt, langsam lernend, was er fassen kann.

Dies ist vom lebenden Licht und nicht von einem Menschen gesagt. Wer es hört, sehe und glaube, woher es kommt.

[Briefwechsel zwischen Tenxwind von Andernach, der Vorsteherin eines reformierten Nonnenklosters, und der Äbtissin Hildegard von Bingen; Mitte 12. Jh.]

Horst Fuhrmann

Barbarossa, das Kaisertum – die Deutschen als Ärgernis

Ethnische Stereotypen

„Wer hat denn die Deutschen zu Richtern über die Völker bestellt? Wer hat den plumpen und ungebärdigen Menschen diesen Einfluß gegeben, daß sie nach Gutdünken den Führer über die Häupter der Menschensöhne bestimmen?"

Dieses Zitat ist so etwas wie ein locus classicus, wenn man die Verruchtheit der Deutschen schon im Mittelalter belegen will. „Plump" (bruti) und „ungebärdig" (inpetuosi) seien sie, schreibt Johann von Salisbury (1115–1180) im Jahre 1160 an einen englischen Freund, und die den Deutschen zugeschriebenen ethnischen Eigenschaften sind bezeichnend: „Plump", das Adjektiv des Unvernünftigen, wird häufig Tieren beigelegt, und wer denkt nicht an das französische Schimpfwort für den Deutschen, den „boche", den vernunftschwachen Holzkopf („boche" von „tête boche" = harter Schädel)? Johann war stolz auf seine intellektuellen Stationen in Paris und Chartres, als dessen Bischof er 1180 starb; seine Werke und Briefe erweisen ihn, gestützt auf den fleißigen Gebrauch von Anthologien, als einen Mann zwar flacher, aber breiter Bildung, vollgesogen mit den damals umlaufenden Ansichten, so daß man ihn mit Recht einen „Spiegel der damaligen Welt" (Ch. Brooke) genannt hat. „Plump" dürfte im französisch-englischen Raum ebenso ein Schmähwort für die Deutschen gewesen sein wie „ungebärdig", das fast als ein Synonym für den von der Antike überkommenen „furor teutonicus" erscheint: von Lucan und Claudian in der Antike gebraucht, wird es erst auf der Wende vom 11. zum 12. Jahrhundert auf die Deutschen angewendet und blieb ihnen für alle Zukunft treu.

Überhaupt ist es die Zeit des Investiturstreits und der Kirchenreform, der Kreuzzüge und der beginnenden Scholastik, die Jahrzehnte vor und nach 1100, als eine erhöhte Mobilität der Menschen einsetzte, die allmählich ethnische Stereotypen entstehen ließ. Angesichts dieser Beobachtung kann man fragen, ob die häufig vorgebrachte Behauptung richtig ist, Völker fänden zum Frieden, wenn sie einander besser kennenlernten. Was die Deutschen betrifft, so dürfte die Abneigung ihrer Nachbarn größer gewesen sein als die Zuneigung: „Das mittelalterliche Europa liebte die Deutschen nicht", so faßt der amerikanische Mediävist James W. Thompson (1928) seine Forschungen über die Einstellung Europas gegenüber den Deutschen im Mittelalter zusammen, „die Italiener haßten sie, die Franzosen ließen ihren Mut gelten, aber verabscheuten ihre Manieren, die Engländer waren eifersüchtig auf sie, die Slawen empfanden beides, Furcht und Haß, während die Deutschen die Slawen verschmähten und verachteten." Wenn wir diese Völkerliste betrachten – Thompson belegt die Urteile jeweils mit Zitaten aus mittelalterlichen Quellen –, so wird hier manches heute noch umlaufende Urteil sichtbar. Damals schon, im Hochmittelalter, kam die Redensart von der „perfidia Anglorum" auf, von der Treulosigkeit der Engländer, und für den Italiener Donizo († nach 1136) sind die Deutschen, die „Alemanni", weinselig, ausschweifend, sie sprechen eine unverständliche Sprache und ziehen im Streit das Schwert, das sie in die Eingeweide der Gefährten stoßen. Die Hauptvorwürfe sind eine bis zur Grausamkeit gehende Ungezügeltheit und geistige Plumpheit – von den „stulti Alemanni", so heißt es, von den „tumben Deutschen" sprächen die Römer. Die „unerträglichen Deutschen" (importabiles Alemanni), so Odo von Deuil († 1162), der Berichterstatter des Zweiten Kreuzzugs, „bringen alles durcheinander", wie der gleichfalls im Heiligen Land sich auskennende Jakob von Vitry († 1240) die Deutschen „unbeherrscht" und „anstößig bei ihren Gelagen" nennt. Kennzeichen der Italiener sind Unzuverlässigkeit und Geiz; den Stadtrömern speziell wird Hochnäsigkeit und Raffgier vorgeworfen.

Aber während ein dauernder und unaufhebbarer Nationalhaß zwischen Italienern und Deutschen kaum aufkam, baute sich spätestens vom 12. Jahrhundert an eine, wie man sie genannt hat, „Erbfeindschaft" zwischen den Deutschen und den Franzosen auf. [. . .]

Staufische Kaiserüberheblichkeit

„Plump" und „ungezügelt" seien die Deutschen: Mit diesen Bezeichnungen bewegt sich Johann von Salisbury innerhalb der damals üblichen Schmähnomenklatur. Beachtenswerter ist seine Zurückweisung des Kaisertums des deutschen Königs, vorgebracht in einer durch biblische Anklänge pathetisch gefärbten Sprache, denn die Formulierung, wer denn „die Deutschen zu den Richtern der Völker bestellt" habe nimmt eine im Alten Testament wiederholt gestellte Frage auf, die ihre klassische Form in 2. Moses 2,14 hat: „Wer hat dich zum Fürsten und Richter über uns bestellt?" So wird Moses gefragt, als er den Streit zwischen Juden schlichten will, so fragten auch die Kölner Bürger, als ihnen der heilige Anno zum Erzbischof (1056–1075) bestimmt wird: „Wer hat ihn zum Herrscher und Richter über uns eingesetzt?", und so fuhr der Abt Wibald von Stablo († 1158) einen Priestermönch an, der sich gegenüber seinem Kirchenvolk einiges herausnahm: „Wer hat dich zum Herrscher über das Volk bestimmt?" Auch im nächsten Satz unterlegt Johann seine Sprache mit biblischen Anklängen, wenn er fragt, wie die Deutschen dazu kämen, den „Führer" (princeps) – den Papst – „über die Häupter der Menschensöhne" einzusetzen. Die biblisch getönte Sprache dürfte absichtsvoll gewählt sein; mit dem Richteramt über die Völker und der Frage der Papsteinsetzung ist ein Vorgang der Heilsgeschichte angesprochen, und indem Johann den Deutschen und ihrem König das Verfügungsrecht bestreitet, bezweifelt er die von den Deutschen behauptete Weltordnung.

Gerade damals, um 1160, bauten die Staufer an einer großen Reichs- und Kaiseridee; das Reich erhielt ebenso den
Mantel der Sakrosanktität (imperium sacrum) wie die Gesetze der Kaiser (leges sanctae imperatorum); den Kaiser
stattete der „Erzpoet" – ein anonymer Dichter aus dem
Umkreis des Erzkanzlers Rainald von Dassel († 1167) – in
seinem mitreißenden Kaiserhymnus mit christologischen
Zügen aus: „Kaiser unser, sei gegrüßt, Herrscher hier auf
Erden" (Salve, mundi domine, cesar noster ave, / cuius bo-
nis omnibus iugum est suave); des Kaisers Joch sei sanft, wie
Christus von sich gesagt hat: „Mein Joch ist sanft, und meine Last ist leicht" (Matth. 11, 30). Ein szenisches „Spiel vom
Antichrist", der „Ludus de antichristo", aufgezeichnet in
einer Handschrift aus dem Kloster Tegernsee, läßt den deutschen König als Endkaiser auftreten, der den rebellischen
König von Frankreich unterwirft und nur durch die Wunder des Antichrist überwunden wird. Aber nicht nur in der
Selbstdarstellung und in der Poesie gilt die Vorrangstellung
des Königs der Deutschen; bei einer Zusammenkunft mit
dem französischen König spricht, so wird berichtet, der
Erzkanzler des deutschen Reiches Rainald von Dassel, den
Johann von Salisbury sehr wohl kennt, von den Provinzkö-
nigen, den „reges provinciarum", die unter dem Kaiser ständen, und die Vorstellung wird gepflegt, die anderen Könige
seien lediglich „Kleinkönige" (reguli). Zur gleichen Zeit, da
diese Reichs- und Kaiseridee blühte, machte Johann von Salisbury den Deutschen den Vorrang streitig: Die Deutschen
sind in ihrer Anmaßung ein Ärgernis.

Die Begründung des römischen Kaisertums

Wie kamen überhaupt die Deutschen zu ihrem Kaisertum?
Das Kaisertum Karls des Großen (768-814) knüpfte an das
antike Kaisertum an; „Renovatio Romani Imperii" lautete
die Aufschrift auf einer kaiserlichen Bulle, und unter be-

wußter Vermeidung des Römernamens begegnet im amtlichen Sprachgebrauch die Wendung „der das Römische Reich Lenkende" (Romanum gubernans imperium): Auch wenn es sich um ein römisches Kaisertum handelt, so ist das Kaisertum nicht bei den Römern. Papst Leo III. (795–816) hatte Karl den Großen am Weihnachtstage des Jahres 800 in der römischen Peterskirche zum Kaiser gekrönt, so daß der Papst als Stifter dieses Kaisertums erscheinen konnte, aber Karl der Große hatte jeden Hinweis auf eine Herleitung aus diesem Akt vermieden. Vielleicht ist in diesem Sinne der mysteriöse Satz Karls des Großen zu deuten, den sein Biograph Einhard († 840) überliefert, er – Karl – hätte trotz des hohen Feiertags die Peterskirche in Rom nicht betreten, wenn er vom Vorhaben des Papstes vorher gewußt hätte. Man versuchte, den Anteil des Papstes durch Eigenhandlung zu überdecken. Noch zu Karls Lebzeiten krönte sich sein Sohn Ludwig der Fromme (814–840) 813 selbst zum Kaiser, und Ludwig vollzog bei seinem Sohn Lothar I. (840–855) die Kaiserkrönung. Doch es trat jeweils eine Krönung durch den Papst hinzu, so daß für alle Zukunft die päpstliche Krönung als das konstitutive Element angesehen werden konnte. So verstanden mußte, wer Kaiser werden wollte, nach Rom ziehen und sich vom Papst krönen lassen.

Mit dem Kaisertum war kein realer Machtzuwachs verbunden, wohl aber ein auf das Abendland ausgedehntes Ansehen und je nach hegemonialer Stärke auch Autorität. Jedoch das von den karolingischen Herrschern getragene Kaisertum konnte weder die fränkische Gesamtherrschaft sichern, noch gab es klare Anwartschaften, so daß so etwas wie ein Wettbewerb eintrat und nicht immer der Mächtigste das Kaisertum gewann. Kaiser Lothar I. war lediglich König des Mittelreiches, einer „Kegelbahn", wie man sein Herrschaftsgebilde von Friesland bis Norditalien abschätzig nannte, sein Nachfolger Ludwig II. (855–875) nur Herrscher von Italien, und bei seinem Tod 875 eilte der für das Kaisertum gar nicht vorgesehene Westfranke Karl der Kahle nach Rom, denn der Handstreich, der den ostfränkischen Konkurrenten ausschaltete, war mit dem damaligen Papst, mit Johannes VIII. (872–882), abgesprochen. Als der ostfränkische Kaiser Karl III. (888), der Dicke, 887 von den Großen seines, des ostfränkischen Reiches förmlich abgesetzt wurde, sank das Ansehen des Kaisertums und des Kaisertitels noch weiter. Es schloß sich die Zeit der meist italienischen „Kleinkaiser" an, wie man sie genannt hat. Als der letzte in der Reihe der Unbedeutenden 928 starb, Ludwig III., der Blinde, König der Provence, ein wahrer Schattenkaiser, den ein kaiserlicher Konkurrent im Jahre 901 gefangengenommen und geblendet hatte, nahm kaum jemand Notiz von dessen Tod und von der nun anschließenden „kaiserlosen Zeit".

Auch wenn das Kaisertum an der Wende vom 9. zum 10. Jahrhundert schwache Repräsentanten hatte, so pflegte man doch zur gleichen Zeit in Rom und Italien die Erinnerung an ein mächtiges Kaisertum, wie an einer eigenen Schrift „Über die Kaisermacht in der Stadt Rom" („Libellus de imperatoria potestate in urbe Roma") oder beim neapolitanischen Priester Auxilius († nach 912) ablesbar ist, der Kaiserrecht anmahnt, wie es der große Konstantin ausgeübt habe. Es hielt sich auch die Vorstellung von der Schutzpflicht des Kaisers gegenüber Rom und dem Papst, für die sich ein reguläres Privilegienformular herausbildete.

Ein Papst, der die Kaiserwürde vergab, hatte mehr zu bieten als einen klingenden Titel, aber er mußte gewärtig sein, sich einen lästigen Konkurrenten in die Stadt zu holen, einen Schutzherrn und Drangsalierer in einer Person. Dieses gegenseitige Mißtrauen ist ein Wesensmerkmal des abendländischen Kaisertums, und es wurde üblich, daß der Papst sein Krönungsversprechen gegen Sicherheitseide des künftigen Kaisers eintauschte. So war es in karolingischer Zeit, und so wurde es 962 neu begründet.

Am Tag Mariae Lichtmeß 962, am 2. Februar, einem Sonntag, krönte, nachdem ein Sicherheitseid geleistet war, Papst Johannes XII. (955–964) den deutschen König Otto I. (936–973) zum Kaiser und stiftete damit eine Tradition, die mit Veränderungen zwar, aber im Bewußtsein seiner Kontinuität bis 1806, bis zur Auflösung des Alten Reiches, anhielt. Otto I., dem freilich erst eine spätere Zeit den Namen des „Großen" verlieh, war damals sicherlich der mächtigste Herrscher im Abendland. Er war Schlichter und Richter im französischen Thronstreit, trug die langobardische Königskrone und hatte in der Schlacht auf dem Lechfeld 955 die in jährlichen Beutezügen weit nach Westen vordringenden Ungarn so vernichtend geschlagen, daß diese ihre Überfälle einstellten und in Pannonien seßhaft wurden. Die Antike kannte den Satz "Den Kaiser macht das Heer" (Imperatorem facit exercitus), und Widukind von Corvey tituliert in seiner Sachsengeschichte von 955 an, seit der Lechfeldschlacht, König Otto I. als Kaiser, während er die päpstliche Kaiserkrönung in Rom 962 ignoriert. Man hat daraus geschlossen, daß damals Gedanken eines romfreien Kaisertums umliefen, aber die Idee eines römischen Kaisertums war stärker. [. . .]

Hätte nicht statt des deutschen Königtums zum Beispiel das französische mit der Kaiserwürde verbunden werden können? In der Tat: Zwei Jahrhunderte später hätte ein anderer nach einer Schutzmacht suchender Papst Johannes XII. einen erstarkten König von Frankreich aus dem kapetingischen Hause zu Hilfe rufen können, und die europäische Geschichte wäre anders verlaufen. Der französische, nicht der deutsche König nannte sich „rex christianissimus". In Avignon residierte der Papst im 14. Jahrhundert, nicht in Mainz, Köln oder Trier.

Für die deutsche Geschichte hatte die Kaiserkrönung Ottos I. durch Papst Johannes XII. etwas Unabänderliches.

Von nun an war der deutsche König mit seiner Erhebung ein „imperator futurus", ein „künftiger Kaiser", und hatte einen Romzug einzuplanen, um sich vom Papst krönen zu lassen. [...]

Der Zwang der Romfahrt

Hierin lag das Problem: Dem deutschen Königtum wurden durch die Wahrnehmung der Kaiserwürde Kräfte abgezogen. Man bedenke nur die Anstrengungen, die die deutschen Könige der Kaiserkrönung und des „regnum Italiae" wegen, das zum Imperium gehörte, unternommen haben. Alle deutschen Könige von Otto I. bis Friedrich Barbarossa, bis in die Lebenszeit Johanns von Salisbury, von 962 bis 1190, sind – außer Konrad III. (1138–1152), der über der Vorbereitung eines Romzugs starb – nach Rom gezogen und haben sich vom Papst zum Kaiser krönen lassen. Schon der zeitliche Aufwand war überwältigend, vom Kräfteverschleiß ganz abgesehen: In den rund 230 Jahren zwischen jenem ominösen Jahr 962 und dem Tod Friedrich Barbarossas im kleinasiatischen Flusse Saleph 1190, den er in Wahrnehmung der kaiserlichen Aufgabe als Führer der abendländischen Christenheit erlitt, waren die deutschen Könige über fünfzig Jahre auf Romfahrt, in Italien oder in Rom, etwa ein Viertel der Regierungszeit. [...]

Machen wir die Gegenprobe. Strebten in Konkurrenz andere Könige nach Italien, Rom und dem Kaisertum? Das Ergebnis: Kein einziger englischer oder französischer König hat je in diesen Jahrhunderten Rom aufgesucht, nicht einmal als Pilger, der in Rom sterben wollte, wie es einige angelsächsische Könige des Frühmittelalters gehalten haben. [...]

Freilich muß auch bedacht werden, daß sich das deutsche Reich mit seinem König für das mit Italien und Rom verbundene Kaisertum anbot. Kein anderes Königreich hatte im Hochmittelalter einen so günstigen Zugang wie das deutsche.

War aber der Papst auf den deutschen König als Kaiser festgelegt? Konnte er nicht einen anderen König als den deutschen zum Kaiser krönen? Es gibt manche Andeutungen, daß solche Gedanken umliefen, aber die Tatsache gilt, daß kein nichtdeutscher König Kaiser wurde. Und weil dem so ist, weil ein Papst stets den deutschen König zum Kaiser krönte, schrieb sich seit Innozenz III., seit etwa 1200, der Papst das Recht zu, die Geeignetheit, die „Idoneität", des deutschen Königs, der ein „imperator futurus" ist, zu prüfen. Die Verbindung des deutschen Königs mit dem Kaisertum und über das Kaisertum mit dem Papsttum wurde als geradezu gottgegeben aufgefaßt.

Die Frage des Johann von Salisbury, wer denn die Deutschen zu Richtern über die Nationen bestellt habe, ist – wenn darunter das Kaisertum zu verstehen ist – klar zu beantworten. Es war der Zufall und das Papsttum, es war die hegemoniale Stellung des deutschen Königs im 10. Jahrhundert und der Hilfewunsch des bedrängten Papstes Johannes XII.

Das Kaisertum brachte von der ersten Stunde an dem deutschen König Mißhelligkeiten: Als Gerichtsherr war er den Römern nicht genehm, und schon Otto I. rechnete mit unliebsamen Überraschungen. Von ihm ist ein einziger wörtlicher Ausspruch zur Krönungszeremonie von 962 überliefert, gerichtet an seinen sächsischen Schwertträger, den Grafen Ansfrid: Wenn er – Otto – am Apostelgrab in der römischen Peterskirche bete, solle Ansfrid immer sein Schwert über seinem Haupte halten; er wisse, welche trüben Erfahrungen seine Vorgänger mit der Treue der Römer gemacht hätten; Ansfrid könne nach Rückkehr in das Lager beten, soviel er wolle. Fast alle frisch gekrönten Kaiser hatten mit Verschwörungen und stadtrömischen Aufständen zu tun, und gerade Friedrich I. Barbarossa, gegen den sich die Ausfälle Johanns von Salisbury richten, mußte sich am

Krönungstag, am 18. Juni 1155, gegen blutige stadtrömische Überfälle wehren.

Das Kaisertum: eine machtlose Macht?

Was ist ein Kaiser? Die Selbstbezeichnung hilft wenig. Otto I. nannte sich „imperator augustus", bald sprach man vom „Romanorum imperator" und schließlich vom „Romanorum imperator augustus"; unabhängig von einer Kaiserkrönung nannte sich der deutsche König seit dem endenden 12. Jahrhundert in den Urkunden „Romanorum rex et semper augustus": König der Römer und stets „Mehrer des Reiches", wie es später auf deutsch hieß. An dem Titel werden keine Rechte oder Ansprüche sichtbar, und doch wollte man immer wieder welche ausmachen. Da ist die Verbindung des Kaisertums mit dem Titel und dem Stand eines „patricius Romanorum", mit dem die Schutzpflicht und die Herrschaft über die Stadt Rom angezeigt war. Von hier leitete sich auch die Beteiligung des deutschen Königs und künftigen Kaisers an der Papsterhebung ab, deren selbst das nicht gerade königsfreundliche Papstwahldekret von 1059 gedenkt, auch wenn die Art der Beteiligung offenbleibt. Zur Definition des Kaisers gehört auch, daß er über mehrere Reiche herrsche, und man sah dies erfüllt in der dem deutschen König zugeordneten „Ländertrias" Deutschland, Italien und Burgund. Man erwartete vom Kaiser die Verteidigung des christlichen Glaubens ebenso wie des „Imperium christianum": der dem römischen Bischof anhängenden lateinischen Christenheit. Auf der Suche nach gewissen Vorrechten fand man die Formel, daß es zwar einen rechtlich gesicherten kaiserlichen Weltherrschaftsanspruch nicht gegeben habe, die Könige des Abendlandes hätten sich aber seiner „auctoritas" – nicht seiner „potestas" – gefügt (R. Holtzmann). Aber gerade das, die freiwillige Unterstellung unter das Kaisertum, fand nicht statt, und wo kaiserlich gesinnte Schriftsteller Führungsansprüche anmeldeten, fanden sie außerhalb des Reiches keine Resonanz.

Aber das gilt es festzuhalten: Trotz aller vagen Umschreibung der kaiserlichen Stellung – eine andere lautet: das Kaisertum sei eine „nicht ausgeübte soziale Macht" (D. Berg) – erschien das Kaisertum unverzichtbar. Es gehörte zur geistig-geistlichen Ausstattung des Mittelalters, und die hierarchische Ordnung war so fest in den Gehirnen verankert, daß Papst Gregor VII. (1073–1085) – wahrlich kein Kaiserfreund – von Gott als dem „summus imperator" und vom Teufel als dem „König" (rex super omnes filios superbie") spricht. Zur festen Überzeugung gehörte auch, daß das „Imperium ohne Ende", ein „Imperium sine fine" sei. Papias im 11. Jahrhundert, Verfasser eines Glossars, erklärt „imperium" mit den Worten „perpetuum regnum", „ständige Herrschaft".

Das Kaisertum war angelegt, Ärger zu erregen, und der deutsche König, künftiger oder wirklicher Kaiser, mußte den Ärger austragen. [...]

Deutscher Kaiser – Römischer Papst

Der Hauptärger bestand zwischen Kaiser und Papst. Heinrich III. (1039–1056), ein König von tiefer, fast finsterer Gläubigkeit, leitete die Kirchenreform ein, indem er drei Päpste, die in ihrer Lebens- und Amtsführung den Reformvorstellungen nicht entsprachen, 1046 in Sutri und in Rom absetzen ließ und aus seinem Gefolge den Bischof von Bamberg zum Papst bestimmte. Aber diese auf Besserung bedachte Aktion wurde in kirchlichen Kreisen sogleich als Übergriff des deutschen Herrschers angesehen: Als „nichtswürdigster Kaiser" wird Heinrich III. beschimpft und in Gegensatz gebracht zum „allerfrömmsten Kaiser Konstantin", der die Unabsetzbarkeit der Bischöfe und damit auch des Bischofs von Rom respektiert habe. Fünf Deutsche kamen in der kurzen Zeit zwischen 1046 und 1058 auf den Papstthron, alle bis auf Leo IX. (1049–1054) mit auffällig kurzen Pontifikaten, so daß der fromme und arglose Petrus Damiani († 1072) es als Merkmal des Papstamtes ansah, daß seine Inhaber märtyrerhaft schnell ihr Leben verlören. In Rom indes liefen damals Gerüchte um, man habe beim Ableben der deutschen Päpste mit Gift ein wenig nachgeholfen. Als man den Sarkophag des in seiner Heimatkathedrale Bamberg beigesetzten Papstes Clemens II. (1046–1047) vor einigen Jahrzehnten öffnete und das Skelett untersuchte, stellte sich ein den Giftmord nicht ausschließender hoher Bleigehalt der Knochen heraus.

Es mögen die vielen Ärgernisse zwischen dem Papst und dem deutschen König und Kaiser in den Jahrzehnten vor Friedrich Barbarossa beiseite bleiben: der Streit Heinrichs V. mit Paschal II. 1111 bei Ponte Mammolo, als der Papst gefangengehalten wurde; die Auseinandersetzung um die Mathildischen Güter nach 1115; die vom deutschen König bis 1121 ständig neu aufgestellten Gegenpäpste usw. In diesen Auseinandersetzungen ging es jeweils um reale Macht: um Besitz oder um Durchsetzung von Interessen.

Die Aushöhlung des Kaisertums

Wesentlich schwerwiegender als die politischen Zusammenstöße wogen die Versuche, das Ansehen des Kaisertums herabzusetzen, denn es lebte von seiner Würde, von seiner Reputation. Sein übergreifender, sein universaler Charakter wurde zurückgewiesen, und das sowohl von den Inhabern weltlicher Gewalt wie vom Papsttum. Um jeden Anspruch einer Überordnung auszuschalten, verkündete man den Grundsatz „Rex est imperator in regno suo" (Der König ist Kaiser in seinem Reich), und die aufblühende Jurisprudenz im anglofranzösischen Raum errichtete auf diesem Satz im

12. und 13. Jahrhundert ein eigenes Gedankengebäude. Jeder König sei höchster Souverän in seinem Reich und habe keinen Herrn – auch nicht im Sinne höherer Dignität – über sich.

Aber auch das Bild von der höchsten irdischen Gewalt wurde in jener Zeit durch neue Lehren gestört. Die Allegorie von den zwei Schwertern, die Christus beim letzten Abendmal den Jüngern reicht, in Lukas 22, 38, wurde im Umkreis Bernhards von Clairvaux so gedeutet, daß nicht nur der „gladius spiritualis" das geistliche Schwert, sondern auch der „gladius materialis", das weltliche Schwert, dem Papst zusteht, der es dem Kaiser weiterreicht, und dieser habe seine irdische Gewalt „ad nutum", auf Wink des Papstes einzusetzen. Das allegorische Bild fand weite Verbreitung.

In der päpstlichen Hauskapelle war in den dreißiger Jahren des 12. Jahrhunderts ein Gemälde angebracht, das den Kaiser in devoter Haltung als Lehnsmann des Papstes zeigte, und Friedrich I. Barbarossa forderte in den fünfziger Jahren die Tilgung: Mit dem Bild habe es angefangen und schreite fort zur Verminderung der kaiserlichen Autorität. [...]

Der Kaiser: eine heilsgeschichtliche Figur

„Wer hat die Deutschen zu Richtern über die Völker bestellt?" Dieser empörte Ausruf Johanns von Salisbury richtete sich gegen den deutschen Kaiser Friedrich I., der auf dem von ihm einberufenen Konzil von Pavia im Februar 1160 „seinen" Papst Viktor IV. bestätigen ließ, entsprechend dem von ihm beanspruchten und vom antiken Kaisertum abgeleiteten Recht, eine Kirchenversammlung einzuberufen. Barbarossa befand sich auf dem Höhepunkt seiner Macht und seines Ansehens: Er verstand sich als Nachfolger der antiken römischen Kaiser, an deren Recht und Gesetzgebung er anknüpfte; Bologna und das Studium der Jurisprudenz standen unter seinem Schutz; er war dabei, den norditalienischen Widerstand zu brechen und die Regalien einzufordern usw.

Johanns von Salisbury Zurückweisung einer supranationalen Stellung des deutschen Kaisers war nicht die einzige Stimme des Protestes. Herbert von Bosham, Thomas Bekkets Sekretär, verweigerte dem deutschen König den Kaisertitel, da er lediglich „rex Alemannorum" sei. Es deutet sich eine Entwicklung an, bei der der Kaisertitel mit dem Königstitel verbunden wurde und dabei seine imperiale Ausstrahlung verlor. Wie es die Goldene Bulle 1356 formuliert: Mit seiner Wahl ist der deutsche König automatisch und ohne päpstliches Zutun „rex Romanorum in imperatorem promovendus", ein König der Römer, der zum Kaiser befördert werden muß; von außerdeutschen Rechten ist nicht die Rede. 1530 krönte zum letzten Mal ein Papst den deutschen König zum Kaiser; danach wurde der deutsche König bereits mit seiner Wahl „römischer Kaiser", ein unbedeutendes Kaisertum, das allerdings der päpstlichen Bestätigung und Krönung nicht bedurfte. Kaum jemand stieß sich daran.

Wenn man unter dem „Ärger mit den Deutschen" jene Auseinandersetzungen um das Verhältnis zwischen geistlicher und weltlicher Gewalt versteht, die ständigen Reibereien zwischen dem Papst und dem deutschen König und Kaiser, so liegt der Grund für den Streit nicht unbedingt und nicht allein im deutschen Wesen, mag es auch damals schon als „plump" und „ungebärdig" empfunden worden sein. Die historische Situation fügte es, daß der deutsche Herrscher mit dem Kaisertum, das seiner Qualität nach stets römisch, nicht deutsch war, eine übergreifende, eine heilsgeschichtliche Rolle spielte, denn nach der eschatologischen Lehre von den vier Weltreichen war das römische das letzte vor dem Jüngsten Gericht; der römische Kaiser war der Endkaiser. Die Welt war eingeteilt: Das Papsttum den

Italienern, die Wissenschaft den Franzosen, das Kaisertum aber den Deutschen, so sah es ein Jahrhundert später der Kölner Kanoniker Alexander von Roes († nach 1288). In Gottes Weltplan erfüllte der deutsche König als Kaiser der Römer eine Sendung, und von daher besaß er eine gewisse Legitimation, Ärgernisse zu erregen.

Was später geschah: dafür kann Barbarossa nichts.

Horst Wenzel

Verständigung nach innen, Abgrenzung nach außen – „höfische" Sprache

Im Verlauf des 12. und im frühen 13. Jahrhundert läßt sich in Frankreich und in Deutschland eine verstärkte Ausdifferenzierung der Adelsgesellschaft und die zunehmende Ausbildung von territorialen Herrschaftszentren beobachten. Mit der Häufung von Zentralfunktionen beginnt der dynastische Adel, die Organisation des königlichen Hofes nachzuahmen und die frühen Formen der Verwaltung auf die Schrift zu stützen. Die Schrift behauptet sich im Mittelpunkt der Herrschaft zugleich als vorrangiges Instrument politischer Organisation und als Medium herrschaftlicher Repräsentation. Sie schreibt, so resümiert Eric A. Havelock, der die Erforschung der Schriftlichkeit entschieden gefördert hat, die Diskurse der Macht und der offiziellen Identität. ‚Schreiben' heißt, ‚festschreiben, sichern, dokumentieren', heißt ‚kontrollieren, beherrschen, ordnen, kodifizieren'; ‚Schreiben' heißt aber auch ‚darstellen, vor Augen stellen, demonstrieren' und ‚dem Gedächtnis übereignen'. Für die Selbstorganisation des dynastischen Adels, der sich mit der Durchsetzung eigener Herrschaftsfunktionen auch öffentlichkeitswirksam darstellt, erhält die Schrift in diesem Sinne eine doppelte Funktion der Herrschaftssicherung und ihrer repräsentativen Inszenierung. An den höfischen Zentren zeigt sich das Bemühen, gestützt auf die Schrift, Standards einer repräsentativen Selbstdarstellung auszuformen und ein höfisches Symbolsystem zu etablieren, mit dem der Adel sich nach innen verständigt und nach außen abgrenzt. Die Erziehung im Haus der adligen Familie wird ergänzt und überhöht durch eine zweite, höfisch orientierte Sozialisation, durch höfische Lebensformen und Sprachregelungen, die insgesamt den Selbstdeutungs- und Darstellungszusammenhang des ‚höfischen Adels‘ gewährleisten. Stützen sich die frühen Formen der Verwaltung auf die lateinische Schrift, so entwickelt sich im öffentlichen Raum des Hofes zunehmend auch die Volkssprache zur Literatursprache. Dabei wird die Schrift allerdings nicht benutzt, um den Primat der körperorientierten face-to-face-Kommunikation abzuschwächen oder zu verdrängen, vielmehr stützt die Schrift die Sensibilität und Differenzierungsfähigkeit für die etablierten Formen der sozialen Interaktion. Die volkssprachlichen Texte beschreiben bevorzugt Situationen, in denen die Beteiligten von Angesicht zu Angesicht agieren, und sie zeigen dabei eine besondere Aufmerksamkeit für die Formen und Funktionen der sensorischen Orientierung. Die handschriftliche Kommunikation des Mittelalters bleibt hinorientiert auf die Kommunikation im Raum der wechselseitigen Wahrnehmung, auf die Konfigurationen handelnder Personen und auf die körpergebundenen Codes verbaler und nonverbaler Verständigung.

An den besonders anschaulichen und reichen Zeugnissen der höfischen Dichtung werden die Verständigungsprobleme einer Gemeinschaft erkennbar, die ihr wichtigstes Interaktionsmedium auch weiterhin in der Kommunikation von Angesicht zu Angesicht besitzt, in den Prozessen des Hörens und Sehens im größeren Ensemble der multisensorischen Wahrnehmung. Zu den Bedingungen, unter denen die Hofgesellschaften im 12. und 13. Jahrhundert zu Trägern und Zentren eines volkssprachlichen Literaturbetriebs werden, schweigt die höfische Literatur. Lateinische Urkunden und Chroniken anderseits geben wenig Aufschluß über die Kulturbedeutung, die dem Hof für die volkssprachlichen Laien zukommt. Das Spannungsverhältnis zwischen der höfischen Dichtung und der lateinischen Historiographie wird von Klaus Schreiner dahingehend definiert, daß der literarisch dargestellte Hof Maßstäbe setzt und Werte veranschaulicht, während der historisch-politische Hof sich als ein „komplexes Herrschafts- und Sozialgebilde" konstituiert, „in dem kulturelle, soziale und politische Strukturelemente eng miteinander verbunden" sind. In Schreiners Argumentation begegnen wir einer tendenziellen Gleichsetzung von Historiographie und lateinischer Sprache einerseits, Dichtung und volkssprachlicher Literatur andererseits, die unter dem Aspekt von Schriftlichkeit und Mündlichkeit zu überprüfen wäre. Weder ist die lateinische Literatur exklusives Medium der Historiographie (Quelle) noch die volkssprachliche Dichtung ausschließlich ein Medium der schönen Utopie (Fiktion). Ungeachtet dessen läßt sich der komplexe, von Schreiner dreifach ausdifferenzierte Begriff des Hofes *(curia)* für den Literarhistoriker als Arbeitsbegriff übernehmen:

„Der aus räumlichen, sachlichen und personellen Elementen zusammengesetzte Begriff ‚Hof' bezeichnete [...] das feste Haus (domus) oder die bewehrte Pfalz (palatium), in der geistliche und weltliche Herren Schutz suchten, regierten und Feste feierten, eine in Ämtern ausdifferenzierte Herrschaftsinstitution sowie einen hierarchisch gegliederten Personenverband, aus dem sich der engere und weitere Hof mit jeweils besonderen rechtlichen und sozialen Abstufungen aufbaute".

Obwohl die Grenzen fließend sind, die den ‚engen und weiten Hof' mit dem Land, der Kirche und der Stadt verbinden, manifestiert sich in der Literatur des Adels eine besondere ‚höfische' Sprachregelung. Hier scheint sich ein grundsätzlicher Zusammenhang von Sprache und Gesellschaftsstruktur zu bestätigen, wonach eine gegebene Sozialstruktur die typischen Verwendungen der vorhandenen kommunikativen Mittel in typischen Situationen regelt, „begonnen mit den frühen Phasen des Spracherwerbs [. . .] bis zur institutionellen Festlegung semantischer, syntaktischer und rhetorischer Elemente der Kommunikation". Für die Selbstdeutung und Selbstdarstellung einer Sozietät liefert die Sprache bedeutende Regulative:

„Die Regelungen können aus streng bis lose gehandhabten negativen und positiven Selektionsregeln bestehen. Dazu gehören Verbote wie Worttabus, Verpönungen bestimmter Stilvarianten in gewissen Situationen oder gegenüber bestimmten Personentypen, Gebote für den Gebrauch bestimmter Sprachformen oder ganzer Sprachgeschichten wie in der verbindlichen (symmetrischen oder asymmetrischen) Benutzung statusbedingter Anredeformeln, Stilvarianten usw."

In Übereinstimmung mit dieser Beschreibung demonstrieren die schriftlichen Zeugnisse der aristokratischen Laienkultur, daß viele der Regulative, mit denen und in denen der avancierte Adel seinen Anspruch auf gesellschaftlichen Vorrang deutlich macht, in einer ‚höfisch' verfeinerten Sprache formuliert werden. Schon bei Wilhelm IX. von Aquitanien (1071–1127), der gemeinhin als der erste Troubadour bezeichnet wird, verbindet sich die Vorstellung eines höfisch Liebenden damit, daß er sich in angenehmer Weise benimmt und daß er sich davor hütet, bei Hof in unhöfischer Weise zu sprechen *(E que's gart en cort de parlar Vilanamens).* Diesen Gegensatz von ‚höfisch' und ‚unhöfisch' nennt auch Gottfried von Straßburg im „Tristan" (um 1210) als Maßstab, nach dem er seine Sprache wählt und organisiert:

ich spriche ouch deste minner ê
von iegelîcher sache,
ê ich iu daz maere mache
unlîdic unde unde unsenfte bî
mit rede, diu niht des hoves sî.

(Lieber will ich weniger berichten, als daß ich die Erzählung grob und unerträglich mache durch eine Sprache, die dem Anspruch des Hofes nicht gerecht wird.)

Mit der Vorbildlichkeit der höfischen Sprach- und Verhaltensregeln wird der Vorrang des Hofes manifest als höchster Sozialisationsinstanz des Adels und folgerichtig auch die Grundherrschaft dem politisch und moralisch maßgeblichen Zentrum nachgeordnet:

Swer ze *hove* wil wol gebârn,
der sol sich *deheime* bewarn
daz er nien tuo unhüfschlichen.

(Wer sich *bei Hofe* angemessen verhalten will, der soll auch *in seinem Hause* darauf achten, daß er nichts Unhöfisches tut).

Dementsprechend warnt der alte Helmbrecht seinen bäuerlich erzogenen Sohn vor höfischen Ambitionen:

lieber sun, nû erwinde
hinz hove dîner verte.
diu hovewîse ist herte
den die ir von kindes lit
habent niht gevolget mit.

(Lieber Sohn, richte Deine Schritte nicht zum Hof. Die höfische Lebensform ist schwer für alle die, die nicht von Kindesbeinen an daran gewöhnt sind.)

Drastischer äußert sich Freidank mit der Meinung, daß ein im Haus erzogenes Kind bei Hof leicht als ein Rindvieh gelte: *Man hât ein heime gezogenkint/ ze hove dicke für ein rint.* Der Hof (*ze hove*) steht in diesem Sinne als Abbreviatur für die vorbildliche, für die erstrebenswerte Lebensform, die korrespondiert mit dem Anspruch des Adels, seinen gesellschaftlichen Vorrang durch besondere *tugent* zu bestätigen; *deheime* oder *ze hûse* vertreten den Bereich der notwendigen Lebenssicherung, des Ländlichen, Defizitären, um dessen Ausgrenzung und Überwindung sich der avancierte Adel kümmern muß. Die Behauptung des sozialen Vorrangs nötigt die Adligen zu Abgrenzungen gegenüber ihrem ‚natürlichen' Sein. Das unmittelbare Ausleben der Affekte gilt als Regelverstoß, als Statusgefährdung oder Statuspreisgabe, die den Herrn der bäuerlichen Sphäre nähern würde:

> bi zuht die edeln man ie kande:
> unzuht ist noch gebeurische schande.
> gebeuwer und herren kint,
> wo die glicher tugende sint,
> do ist daz lemerin worden bunt.

(Die Adligen hat man seit je an ihrer Erziehung erkannt: Disziplinlosigkeit/Rohheit ist ein bäuerliches Laster. Wo sich die Kinder der Herren und der Bauern nicht mehr unterscheiden lassen, ist das weiße Lamm buntfarbig geworden.)

Deshalb muß der Adel Abstand halten, – Abstand zur bäuerlichen Sprache und zu bäuerlichem Handeln. Er muß Grenzen ziehen und auf Distinktionen achten, die sichtbar sind und hörbar werden. [...]

Daß die deutsche Hofterminologie im Zusammenhang mit der lateinischen gesehen werden muß, darauf hat Peter Ganz verwiesen. Danach wird das Adjektiv *curialis* erst im 11. Jahrhundert in Deutschland gebräuchlich. Es „bezieht sich zunächst ganz neutral auf die *curia* des Kaisers oder Königs, eines Bischofs oder Magnaten und bedeutet dann ‚zum Hof, zur Hofhaltung gehörend'". Als Substantiv gebraucht, bezeichnet *curialis* das „Mitglied der Kurie eines Königs oder eines großen Herrn" und wird darum zunächst ohne Wertung auch im weiteren Sinn zur Benennung des Adligen verwandt. Die Bedeutung des Adjektivs erweitert sich schließlich zu ‚dem Hof gemäß', ‚aristokratisch', ‚vornehm', beschreibt das Wesen einer *disciplina curialis,* die „sich von der *rusticana simplicitas* absetzt, d. h. von dem, was im Mittelhochdeutschen später als *dörperheit, dörperîe* oder auch *vilanîe* bezeichnet wird." In diesem Sinne bezeichnet *hövesch* auch im Deutschen ein Ideal aristokratischen Verhaltens. Zwar konnten *hövesch* und *hövescheit* primär in der Bedeutung, ‚was zum Hof und zur höfischen Gesellschaft gehört' auf alle zeremonialen Umgangsformen und auf die ganze materielle Ausstattung des adligen Lebens angewandt werden, meistens trat jedoch, so Bumke, die soziologische Bedeutung von *hövesch* hinter der ideologischen zurück:

„‚Höfisch' wurde zum Programmwort für ein Gesellschaftsideal, in dem äußerer Glanz, körperliche Schönheit, vornehme Abstammung, Reichtum und Ansehen mit edler Gesinnung, feinem Benehmen, ritterlicher Tugend und Frömmigkeit verbunden waren."

Folgerichtig ist unhöfisches Verhalten *(dörperheit, vilanîe)* nicht allein der bäuerlichen Lebenssphäre zuzuordnen. So reagiert der junge Erec im gleichnamigen Roman Hartmanns von Aue (ca. 1180) auf die verbalen Attacken eines fremden Grafen mit einer Zurechtweisung, die seinen eigenen Vorrang mit der besseren Erziehung an einem überlegenen Hof begründet:

‚ir enthöveschet iuch', sprach Êrec

‚an mir harte sêre.

von wem habet ir die lêre

daz ir scheltet einen man

der ie ritters namen gewan?

ir sît an *swachem hove* erzogen.

nû schamet iuch: ir habet gelogen.

ich bin edeler dan ir sît'.

(„Ihr vergeßt höfische Lebensart", sagte Erec, „mir gegenüber. Wer hat Euch beigebracht, einen Mann zu beschimpfen, der ritterlichen Standes ist! Ihr müßt an einem *schlechten Hof* erzogen worden sein. Schämt Euch Eurer Verleumdungen. Ich bin von höherem Adel als Ihr.")

Die Nähe der feudalen Grundherrschaft zur agrarischen Lebensweise erklärt die häufige Gleichsetzung des ‚Unhöfischen' mit der Sphäre des Bauern, der jedoch primär als negative Exempelfigur aristokratischer Selbstdeutung literarisiert wird. Höfische Vorbildlichkeit wird ihrem Anspruch nach grundsätzlich beschrieben durch die Distanz des Adels zu *dörperheit* und *vilanîe*. Dementsprechend fordert Walther von der Vogelweide als Spezifikum des Hofes: *tanzen, lachen unde singen, âne dörperheit.* Dergleichen Zeugnisse belegen, daß das Leben am Hof einem integrierenden, differenzierenden und distanzierenden Reglement unterworfen wird. Sprache und Zeremoniell sichern die Vergegenwärtigung des kollektiven Sinnvorrats und die Verpönung der abgewehrten Standards.

Karl Bosl
Armut, Arbeit, Emanzipation

Neben Herrscher, Herrschaft, Kaiser, Reich, Universalismus, die von oben Gesellschaft und Kultur Europas in der Aufbruchzeit ein unauslöschliches Stigma aufprägten, wurden von unten drei dominante Realfaktoren von Wirtschaft, Gesellschaft, Herrschaft [...] bewußtseinsbildend und menschlich-konstitutiv: Armut, Arbeit, Emanzipation. In ihnen kam am sinnfälligsten das Erwachen eines neuen Menschen und neuer menschlicher Werte zum Durchbruch und schaffte sich Ausdruck in den menschlichen und literarischen Bewegungen des 11. bis 14. Jahrhunderts, und zwar als Inhalt des gesprochenen und geschriebenen Wortes und des gelebten Lebens, als dynamisch-explosive Kraft geschichtlichen Fortschritts. Armut, Arbeit, Emanzipation waren vor allem die Gegenpositionen zu den archaischen Formen von Herrschaft, Macht, Reichtum, Verfügungsgewalt über unfreie Arbeitskraft, Ordnung, Uniformität, Symbolismus im Denken und Leben. Arbeit war in der archaischen Gesellschaft ein verachtetes Übel, die Oberschichten eine „leisure class" (Veblen); Arbeit deklassierte, war Pflicht des Leibeigenen und der Abhängigen, der Unterschichten in den familiae von König, Adel, Kirche. Die

Entfaltung von Bürgertum und Stadt, der europäischen Urbanität, fiel zusammen mit der Freisetzung von Arbeit und Besitz in Stadt und Land. [...] Befreiung von leibeigener Zwangsarbeit, Emanzipation der arbeitenden Menschen aus dem Arbeitszwang der familia, freie Verfügungsgewalt über die eigene Arbeitskraft und den Arbeitsertrag brachten einen gewaltigen Antrieb und Aufschwung von Wirtschaft und Gesellschaft. Eine spätere Folge dieser ersten Freisetzung war die Befreiung von Heiratszwang und Inwärtseigen, d. h. die persönliche Freiheit und Befreiung aus der familia des Stadt-, Grund- und Leibherrn. Die befreite Oberschicht, die Ministerialen, waren im besonderen Leistungsträger und bildeten als die ersten Neureichen und Verwaltungspatrizier mit spezifischer, gehobener Tätigkeit von Fernkaufleuten und Geldverleihern (Bankiers) die Spitzengruppe der aufsteigenden urbanen Schicht. Freisetzung von Arbeit förderte in der Stadt vor allem eine selbständige Handels- und Gewerbetätigkeit auf eigene Rechnung; die arbeitenden, produzierenden, warenverteilenden Menschen sammelten Geld; man arbeitete auf Profit, berechnete Chancen und Risiken seiner Tätigkeit, begann zu planen.

Die „Leistung" und der Gewinn, nicht nur asketischfrommes Leben und Kriegführen, wurden jetzt ein gesellschaftlicher Wert. Das und die Erweiterung der Interessen, des Horizonts schufen ein wachsendes Prestige der Mittelklassen und ein neues „unfeudales" Ethos. Es gab genug Anstöße für individuelle und gruppenmäßige-genossenschaftliche Initiativen, für eine Expansion auf vielen Gebieten, und es wurden neue Modelle des Schaffens gesetzt. Daß Arbeit, Initiative und Leistung ein neues Menschsein entbanden, spürt man am stärksten in der inneren Nötigung der „freien" Kirche nach Reform und neuen Trägern, Formen, Idealen der Seelsorge und der Religiosität. Diese machten „Arbeit" zum neuen ethischen und religiösen Leitbild. Die Regularkanoniker und vor allem die Augustiner

Chorherren haben als Werkzeuge des Reformpapsttums im 12. Jahrhundert europaweit eine neue Pfarr-, Wander- und Massenseelsorge für die neuen urbanen Gesellschaftsschichten und die mobilen Massen aufgebaut. Das alte Mönchsideal der Selbstheilung tritt hinter das erneuerte augustinische Ideal der caritas = der tätigen Liebe und Fürsorge für alle zurück. [. . .]

Laisierung, Individualisierung, Humanisierung, weltliche Heiligkeit in Form der Theokratie traten als Ergebnisse einer Entwicklung im 12. Jahrhundert zutage, die nicht nur durch das Auseinandertreten von geistlicher und weltlicher Macht ausgelöst wurde, sondern eigentlich durch eine neue religiöse Ethik der aufsteigenden bürgerlichen Laienschichten [. . .] eingeleitet, wenn auch nicht begründet wurde. Diese Laien, die keine Proletarier, sondern arrivierte, auch reiche, aber tätige Leute waren, wollten keine beweibten Geistlichen als Seelsorger haben und lehnten simonistische Priester als unwürdig ab, das Sakrament zu spenden; sie waren spiritualistisch in ihren Auffassungen von Religion und Kirche und antiklerikal in ihren Forderungen nach „unkirchlichen" Seelsorgern. [. . .] Die mobilen Massen und ihre Führer steigerten zusehends die Kritik an der reichen Macht- und Herrschaftskirche und zwangen die Kirche zur Diskussion darüber. Die Kirche bot das Ideal der caritas, die „Arbeit" als Weg individueller Selbstheiligung und die Verbindung individueller Armut mit kollektivem Reichtum (Gerhoh von Reichersberg) als neue Werte und Lebensformen an und übernahm für sich das Ideal der „Armut" = paupertas. Doch das überzeugte am Ende des 12. Jahrhunderts die unbefriedigten Massen nicht mehr; deshalb ging die Seelsorge abermals an neue Kräfte über, an die Bettelbrüder, vor allem des heiligen Franz von Assisi, die sich als die echten und totalen pauperes Christi = Armen Christi empfanden und durch ihre neue soziale Religion mit dem radikalen Armutsgebot für Mönch und Kloster die radikalen, unruhigen Massen beruhigten und in der Kirche hielten, die sich primär als die „Armen Christi" verstanden. Dieser neue religiös-ethische Aktivismus trug dem gesellschaftlichen Wandel und dem Prestigebewußtsein neuer Schichten in Stadt und Land Rechnung.

Peter Blickle

Staatsaufbau von unten?

Die Zeit vom ausgehenden 13. bis zur Mitte des 16. Jahrhunderts läßt sich kennzeichnen als der wiederholt unternommene, mehrfach jedoch gescheiterte Versuch, auf dem Prinzip der Gemeinde und dem Zusammenschluß mehrerer Gemeinden einen Staat aufzubauen. Dieses kommunal-bündische Modell ist gewissermaßen ein dritter Weg jenseits der bisher zu sehr als exklusiv betonten Alternative Reich – Territorialstaat, Kaiser – Landesfürst.

Eine der frühen Realisierungen des kommunal-bündischen Modells stellt die *Schweizer Eidgenossenschaft* dar. 1291 erneuerten die drei Waldstätte Uri, Schwyz und Unterwalden einen älteren, möglicherweise schon in die Mitte des 13. Jahrhunderts zurückreichenden Bund. Bei den Waldstätten handelt es sich um bäuerliche Gemeinden mit staatlichen Funktionen, die darüber hinaus durch ihre Unmittelbarkeit zum Reich politisch in höherem Maße als andere bäuerliche Gemeinden handlungsfähig waren. 1291 versprachen sich die drei Orte wechselseitige Hilfe bei Gewalttaten innerhalb und außerhalb der einzelnen Länder, Schlichtung von Streitigkeiten zwischen den Ländern, gemeinsames Vorgehen bei Fehde, Brandstiftung und Raub und schließlich die Wahl einheimischer Richter. 1315 wurden Zusatzbestimmungen getroffen, denen zufolge kein Land ohne Zustimmung der anderen einen Herrn anerkennen sollte und alle Orte auf eine gemeinsame Außen- und Bündnispolitik verpflichtet wurden. Es ging also um die Erhaltung von Frieden und Recht innerhalb des Bundes der drei Waldstätten und Sicherung des institutionellen Rahmens in Form der Eidgenossenschaft. Was anderwärts der Landesfürst an staatlichen Funktionen ausübt, übernimmt hier die Korporation der drei Länder. Der Anschluß der Städte um die Mitte des 14. Jahrhunderts und damit die Erweiterung des Bundes zur sogenannten achtörtigen Eidgenossenschaft brachte, unter verfassungsrechtlichen Aspekten betrachtet, keine neuen Elemente in den politischen Verband der Eidgenossenschaft, sicherte ihm allerdings faktisch seine Dauerhaftigkeit durch das wirtschaftliche, politische und militärische Gewicht vor allem der Reichsstädte Zürich und Bern. Der Zusammenschluß von ländlichen und städtischen Gemeinden beweist, daß sich die unterschiedlichen Formationen von Gemeinde prinzipiell vertrugen.

Etwa zeitgleich mit der Eidgenossenschaft entstand durch den Zusammenschluß von nahezu autonomen Kirchspielgemeinden 1283 die „universitas terrae Dithmarciae". Die Kirchspiele in *Dithmarschen* verfügten über Gerichtsbarkeit, Satzungshoheit, ja sogar über die Entscheidung über Krieg und Frieden. Die Oberhoheit des Bischofs von Bremen war zu einer Formalität verkümmert. Nichts beweist das deutlicher als der Umstand, daß Dithmarschen 1420 von Kaiser Sigmund auf den Reichstag geladen wurde. Folglich galt für die Reichskanzlei Dithmarschen als reichsunmittelbar, und sein Status innerhalb des Reiches wurde mit jenem von Reichsständen und Reichsstädten gleichgesetzt. Die universitas Dithmarschen schuf sich 1447 ein Landrecht, mit ihm wurde ein Obergericht über allen Kirchspielgerichten geschaffen und eine politische Repräsentation für die Zuständigkeitsbereiche Außenpolitik und Wehrwesen errichtet. Im Gegensatz zur Eidgenossenschaft konnte sich Dithmarschen als autonomer politischer Verband gegen die Stände im Norden des Reiches nicht behaupten. Zwar gelangen dem Land mehrere überzeugende Siege über fürstliche Heere, doch 1559 unterwarf Adolf von Holstein Dithmarschen und beendete damit gleichzeitig die Eigenstaatlichkeit des Landes. Weniger innere Verfallserscheinungen führten zur Auflösung des Landes als Staat, als vielmehr die Unverträglichkeit mit einer überwiegend und zunehmend feudal strukturierten Umwelt.

Ähnliches gilt für den kurzlebigen *Bund ob dem See.* Er gründete auf einem Bündnis des Landes Appenzell mit der Reichsstadt St. Gallen 1405. Vorangegangen waren Widerstandsaktionen der Appenzeller Bergbauern gegen ihre Klosterherrschaft St. Gallen. Die Folge waren zwei Schlachten 1403 und 1405, in denen die schwäbischen Städte bzw. der Herzog von Österreich die Appenzeller wieder unter die äbtische Herrschaft zu zwingen hofften. Das Gegenteil wurde erreicht; die Appenzeller bewährten sich in beiden Schlachten, eine faktische Loslösung von St. Gallen war die Folge. Der 1405 geschlossene Bund breitete sich rasch aus. Nahezu alle ländlichen und städtischen Gemeinden des Rheintals und Vorarlbergs schlossen sich an. Die Verfassung des Bundes ob dem See entsprach in ihren Grundzügen denen der Schweizerischen Eidgenossenschaft. Damit war ein staatlicher Verband im Bodenseeraum entstanden, der das feudale Prinzip nicht nur negierte, sondern in seinem Einflußbereich erfolgreich bekämpfte: Der radikale Burgenbruch begleitet die Ausdehnung des Bundes von seinem Kern in Appenzell/St. Gallen zu seinen Rändern am Arlberg, im Allgäu und in Oberschwaben.

Der schwäbische Adel fühlte sich von diesem expansiven jungen Staatswesen elementar bedroht; unter Aufbietung all seiner Kräfte gelang es ihm, zur Abwehr der Bedrohung eine Organisation in Form der „Gesellschaft mit St. Jörgenschild" zu gründen, die geeignet war, den Adel vom Schwarzwald bis an den Lech gegen die Appenzeller zu mobilisieren. 1408 kam es bei Bregenz zur Schlacht und zum militärischen Sieg des Adelsheeres. Der Bund ob dem See brach zusammen.

Den letzten, bedeutendsten und bedrohlichsten Versuch, das kommunale Prinzip als staatliche Organisationsform durchzusetzen, sollte die *Revolution von 1525,* der sogenannte Bauernkrieg, darstellen.

Horst Fuhrmann

Die selbstmörderische Antiquiertheit des Ritters

Vom kämpfenden Ritter läßt sich vom 13. Jahrhundert an mit fortschreitender Zeit immer weniger Erhebendes berichten. Seine schwerfällige Ausrüstung ließ ihn hilflos werden, wenn er vom Pferde fiel oder der Gegner die Regeln des duellhaften Kampfes nicht achtete. Der junge deutsche König Wilhelm von Holland brach 1256 im Kampf gegen die Friesen mit seinem Pferd im Wintereis ein. Die Friesen erschlugen den schwer beweglichen in seiner Rüstung Stekkenden wie einen Hund. Und der kindliche König Konradin verlor 1268 sechzehnjährig die Schlacht bei Tagliacozzo, weil er in einen Hinterhalt fiel: eine Kriegslist, die sein französischer Gegner in den Kämpfen im Heiligen Land von den Arabern gelernt hatte und entgegen dem ritterlichen Sittenkodex einsetzte.

Furchtbar war auch die Bogenwaffe für die anstürmende ritterliche Kavallerie. Der neue, im 13. Jahrhundert aufgekommene Plattenpanzer hielt zwar den Pfeil ab, der mit dem kleinen Handbogen geschleudert wurde. Doch die Geschosse der Armbrust und des englischen Langbogens, aus bestem elastischen Eibenholz geschnitzt, den man mit dem unteren Ende in den Boden stemmte und mit der Kraft des ganzen Körpers spannte, durchschlugen den Panzer. Die grausame Wirkung der von den ritterlichen Kämpfern verschmähten Bogenwaffen wurde in einer großen Schlacht des Hundertjährigen Krieges zwischen England und Frankreich offenbar: in der Schlacht bei Crécy (nördlich der Somme) 1346.

Die Franzosen standen den Engländern mit fünffacher Übermacht gegenüber. Die Engländer hatten, um nicht überrannt zu werden, der Kern-Reiterei gut ausgebildete Armbrust- und Bogenschützen als Flankenschutz beigegeben. Jeder dieser Bogenschützen – es waren die Kräftigsten im Aufgebot – war in der Lage, in etwa einer Minute sechs gezielte und wirksame Schüsse auf eine Entfernung von mindestens 200 Yards (= 183 m) abzugeben. Im Pfeilhagel dieser Bogenschützen blieben die Angriffe der stolzen französischen Ritter stecken, und in dem Gewirr von blutenden und sich aufbäumenden Menschen- und Pferdeleibern verfing sich Angriff um Angriff. Als offenbar wurde, daß die Schlacht für die Franzosen verlorenging – sie dauerte nur anderthalb Stunden –, ließ sich der blinde König Johann von Böhmen, der auf französischer Seite stand, aufs Pferd heben und von seinem Knappen in den Kampf führen, um getreu seinem Ritterideal zu sterben; er wurde sogleich, samt seinem Knappen, von Kämpfern aus der Umgebung des englischen Heerführers erbarmungslos erschlagen.

Niederlagen brauchten für den Ritter nicht tödlich zu enden. Ein gefangener Ritter bedeutete ein wertvolles Pfand, die teure Ausrüstung, aber auch der Ritter selbst, wenn er aus reicher Familie stammte, brachten Geld. Es entwickelte sich im Spätmittelalter so etwas wie ein Gewerbe, das von den Angehörigen gefangener Ritter hohe Lösegeldsummen eintrieb. Als Meister solcher Eintreibungspolitik hatte sich früh der deutsche Kaiser Heinrich VI. erwiesen. Der englische König Richard Löwenherz, der berühmte Kriegsheld des dritten Kreuzzugs, das Urbild eines Ritters ohne Furcht und Tadel, war 1192 von Herzog Leopold V. von Österreich gefangengenommen worden, obwohl Richard als Heimkehrer aus dem Heiligen Land so etwas wie freies Geleit besaß. Zusammen mit Leopold V. (1177–1194) betrieb der deutsche Kaiser eine unbarmherzige Erpressung und ließ den hohen englischen Gefangenen erst frei, als die riesige Lösegeldsumme voll bezahlt war: 150 000 Mark Silber, was einem Schatz von 35 000 kg Silber entsprach. Auf viele Jahre war die englische Krone verarmt und verschuldet, und die englischen Barone konnten dem König in der „Magna Charta" 1215 lehnsrechtliche Freiheiten abtrotzen.

Nicht immer kam der Ritter mit der Zahlung von Lösegeld davon. In einer erbitterten Schlacht, in der nicht Ritterehre gegen Ritterehre stand, wurde ein verwundeter Ritter von Fußvolk oder Troßknechten häufig grausam umgebracht; sein geschundener Leib versprach kein Überleben und damit kein Geld, wohl aber die kostbare Rüstung. Da die meisten Körperteile durch die Rüstung geschützt waren, wurde dem hilflos auf der Erde liegenden Ritter ins Gesicht oder in die Kehle gestochen oder der ungeschützte Unterleib durchstoßen. „Ins Gras beißen", das tat der Ritter bei seinem schmerzhaften Sterben, und das Bild kommt in der Tat aus dem mittelalterlichen Rittermilieu. Die wertvolle Rüstung wurde dem toten Ritter abgezogen, der Leichnam nackt liegengelassen. Die großen Bürger- und Bauernheere der Schweizer kümmerten sich nicht um Ritterehre und Rittersitte, als sie 1315 bei Morgarten und 1476 bei Murten auf die habsburgischen und burgundischen Ritterheere trafen. Mit ihren Langspießen im geschlossenen Verband, mit den furchtbare Wunden schlagenden Hellebarden hielten sie sich die geharnischten Reiter vom Leibe und spießten sie mit ihren Waffen auf. Ein geübtes Landsknechtfähnlein anzugreifen, das ein dichtes, die Spieße auf die Angreifer richtendes Karree bildete, war ein geradezu selbstmörderisches Unterfangen, und so hat die Frundsbergschen Söldner bei ihrem Marsch durch Italien auch kein Ritterheer aufgehalten.

Fast wie im Gesellschaftsspiel war der Ritter an bestimmte Gefechtsvoraussetzungen und Übereinkünfte gebunden. Wo diese nicht bestanden, waren Niederlage und möglicherweise Tod fast unausweichlich. Ein dänisches Ritterheer zog auf schmalem Weg im Februar des Jahres 1500 durch die moorigen und gefluteten Wiesen bei Meldorf gegen die Dithmarschen Bauern. Mit langen Stangen und Spießen setzten die Dithmarscher ähnlich Stabhochspringern über Fleete und Gräbern und stießen die zwischen dem Troß und den zurückdrängenden Söldnern eingekeilten dänischen

Ritter von ihren Pferden, erschlugen sie oder ließen sie in den Gräben jämmerlich ertrinken. Allein von der hochadligen dänischen Familie der Ahlefeldts sollen damals 16 Mitglieder umgekommen sein.

Klaus Bergdolt
Der Schwarze Tod

Über Venedig und Friaul gelangte der Schwarze Tod im Frühjahr 1348 auf österreichisches Gebiet. „Die Pest schob sich kriechend nach Kärnten vor, um dann heftigst in der Steiermark zu wüten", heißt es lakonisch in der Chronik von Stift Neuberg, dessen Chorherren fast ausnahmslos umkamen. Die Landwirtschaft wurde vernachlässigt, das Vieh streunte auf den Feldern. „Niemand hatte Lust, sich um die Zukunft zu kümmern." Selbst die Tiere verhielten sich auffällig, als ob sie die Gefahr ahnten. Wölfe, die aus den Alpen kamen, um Schafe zu reißen, kehrten um und flohen, „wie von einem unsichtbaren Warnsystem aufgeschreckt, in die Wildnis zurück".

Im Sommer hatte die Pest von Trient aus über die Brennerstraße, das Pustertal und den Reschenpaß Bayern und Tirol erreicht. Bozen, Innichen und die Städte im Vintschgau bildeten Stationen auf ihrem Weg. Kein Wunder, daß, wie der Regensburger Domherr Konrad von Megenberg berichtet, „viel läut in dem geperg sturben". Den zweifelhaften Ruhm, als erste deutschsprachige Stadt nördlich der Alpen von der Epidemie heimgesucht worden zu sein, erntete Mühldorf am Inn, wo am 29. Juni 1348 die ersten Seuchenopfer begraben wurden. Innerhalb weniger Monate starben 1400 Menschen „unter der bereits zuvor dezimierten Einwohnerschaft". Auch in Braunau, München und Landshut wütete die Pest, wobei es bis heute umstritten ist, ob diese

Städte wirklich schon 1348 vom Schwarzen Tod überrascht wurden. Nach Konrad von Megenberg kam sie erst 1349 „gegen Paiern und ze Pazzaw und viel verrer". Wie die italienischen Ärzte war sich der Domherr sicher, daß „der gemain sterben kom(t) [...] von dem vergifteten Luft", was man „an viel ding" erkennen könne. In Mühldorf scheint die Pest freilich zunächst zum Stillstand gekommen zu sein. Der größte Teil Bayerns wurde erst 1349 heimgesucht. Doch notierten deutsche Chronisten bereits 1348 dieselben Krankheitssymptome wie ihre italienischen Kollegen. Nach Goswin, dem Mönch der Abtei Marienberg im Vintschgau, handelte es sich zweifelsfrei um die Pest: „Besagte Seuche war unheimlich. Die einen hatten geschwollene Drüsen in der Leistengegend und starben unter starker Benommenheit innerhalb von drei Tagen. Die anderen hatten Blut im Speichel und Auswurf. Und wer sich an solchen Drüsensekreten oder solchem Blut infizierte, starb".

Knapp und bündig unterschied auch ein Bozener Chronist die beiden Hauptmanifestationen der Seuche. Die Menschen starben demzufolge „entweder zu den Drüsen oder rachneten Blut". 1349 grassierte die Pest „aufs grausamste in Wien". Einige glaubten, dort die *Pestjungfrau* gesehen zu haben. Erhob sie ihre Hand, bedeutete dies die Infektion eines Menschen. Einer blauen Flamme gleich flog sie durch die Lüfte, „und oft sah man sie dem Mund von Toten entweichen". Ein allzu verständliches Kausalitätsbedürfnis setzte, wie auch in Frankreich und Italien, der Phantasie der Zeitgenossen kaum Grenzen.

Ende 1348 war der Schwarze Tod von der Lombardei ins Tessin gelangt, worauf er seine Ausbreitungsgeschwindigkeit nach Norden verlangsamte. Das Kloster Disentis wurde immerhin im selben Jahr, Pfäfers bzw. St. Gallen erst 1349 heimgesucht. In die Westschweiz gelangte das „große Sterben" von Avignon aus durch das Rhônetal. „Das sterbot kam von der sunnen undergang und gieng gegen der sunnen ufgang", erklärt Konrad Justinger in der *Berner Chronik*.

Genf und Bern wurden überrollt. 60 Personen sollen am Tag gestorben sein. So willkürlich und rhetorisch solche Zahlen im 14. Jahrhundert gehandhabt wurden, lassen sie doch die unerhörten Menschenverluste ahnen. Im Dezember 1349 muß die Pest in Bern bereits abgeklungen gewesen sein, denn am Stefanstag, „ze stund *nach* dem großen Tode", zogen die Bewohner „fröhlich" in ein kleines Scharmützel. In der Abtei Engelberg starben die Mönche im September, Zürich war nach der Klingenberger Chronik am 11. September erreicht („An der herbst ze unser Herren Felix und Regual dult do was der gross tod hie und in vil landen"). In einer Rapperswiler Chronik wird auf die schreckliche Kontagiosität der Pest hingewiesen, die „viele Städte, Dörfer, Klöster, Landstriche und Inseln [...] menschenleer" zurückließ. Die Beobachtung, daß ein Gesunder sterben mußte, wenn er „in die Nähe eines Kranken oder mit dessen Atem oder Ausdünstung oder Kleidung in Kontakt kam", verrät die zeittypische Synthese von ärztlicher Alltagserfahrung und der Seuchentheorie der Schulmedizin. Es war richtig, daß der Kontakt mit Kranken lebensgefährlich war, doch nicht wegen deren Ausdünstungen, sondern, im Fall der Lungenpest, durch die Gefahr der Tröpfcheninfektion oder, bei der Beulenpest, durch das Risiko des Flohbisses. Die Chronik von Rapperswil verrät, daß sich hier, wie in Italien, die Totengräber weigerten, „selbst bei hoher Belohnung" Leichname zur Kirche und zur Beisetzung zu transportieren. Dies war nur allzu verständlich, waren doch die meisten Gelehrten fest davon überzeugt, daß von den Toten giftige Stoffe in die Luft abgegeben wurden.

Im Winter 1349 war „ain großer tod zu Costentz", bereits im Sommer ein „groß luttensterbeit" in Basel, und zwar „von Eschsemertor untz an das Rintor, die selbi gas durch nider [...]". 14000 Menschen sollen in der Stadt umgekommen sein. Voraus gingen dem Schwarzen Tod am Oberrhein grauenvolle Judenverfolgungen, die unzählige Opfer forderten. Von Avignon aus waren zudem die Geißler durch die Burgundische Pforte nach Norden gewandert und schürten hier die Angst, indem sie die nahende Pest als Strafe Gottes darstellten. Es war nicht die Seuche allein, die den Jahren zwischen 1348 und 1351 vielerorts apokalyptische Züge verlieh.

Von Basel aus erreichte der Schwarze Tod Mühlhausen und das Elsaß. Matthias von Neuenburg, Kanoniker am Straßburger Münster, erkannte, daß es sich um ein tödliches, alle Menschen bedrohendes Ereignis handelte, „wie es seit der Sintflut nicht mehr vorkam". Er fügte hinzu: „Einige Länder wurden völlig entvölkert. Die Gelehrten konnten freilich, obgleich sie vieles behaupteten, keine sichere Ursache anführen, außer daß die Pest Gottes Willen entsprach[. . .]". [. . .] Über Colmar erreichte sie am 8. Juli 1349 Straßburg, wo sie bis Oktober reiche Ernte hielt. Ein Geißler klagte dort, daß nunmehr in ganz Europa, von Zypern bis Padua, von Rom bis Lyon, „der dirte mensch nit lebet". [. . .]

An Ostern erreichte die Pest Frankfurt. Bittprozessionen hatten sie nicht abwenden können. Bereits vor ihrer Ankunft starb dort der erwählte deutsche König Günther von Schwarzburg. „Er herrschte (nur) zwei Monate und drei Tage", lesen wir in den *Annales Francofurtani*. „Zur Krönung als Kaiser gelangte er nicht mehr [. . .]". [. . .]

Inzwischen hatte sich die „große Pest" erneut in Bayern und Tirol ausgebreitet. 1349 bat Hugo von Reutlingen die Madonna noch um Verschonung seiner Stadt, doch dezimierte die Seuche zu dieser Zeit bereits viele Städte an der Handelsstraße nach Schwaben. In Augsburg, Ulm, Esslingen und Stuttgart beklagte man viele Opfer, ebenso in Mainz, Kassel und Limburg. Kreuznach und Sponheim folgten. Köln war im Dezember erreicht, als Wilhelm von Gennep Bischof geworden war. Eine lokale Chronik beschrieb das „grosse sterfde an den drosen".

Unter den großen Städten des Reichs blieben 1348 bis 1350 Nürnberg und Würzburg merkwürdigerweise ebenso verschont wie Prag und viele Orte Böhmens und Schlesiens. Anfang 1350 erschien der Schwarze Tod in Thüringen. [...]

1351 konnte man nirgends mehr in Deutschland vor ihr sicher sein. Die Erfahrung sprach sogar dafür, daß Ortschaften, die bisher verschont geblieben waren, irgendwann umso heftiger – und meist völlig unerwartet – heimgesucht wurden (so übrigens Prag 1359, wie ein Hirtenbrief des Erzbischofs Ernst aus diesem Jahr beweist). Der Kaiser, die Kurfürsten und Landesherren flohen von Ort zu Ort, überzeugt davon, daß das beste Mittel gegen die Seuche die Flucht darstellte. Reisende und Fremde waren deshalb überall verdächtig. Der Kontakt mit Unbekannten bedeutete ein unabwägbares Risiko. Die *pestilentia totius mundi* hatte innerhalb von zwei Jahren, wie Frankreich und Italien, auch Deutschland verändert, und niemand konnte mehr ausschließen, daß das Ende der Menschheit bevorstand.

Joachim Leuschner

Reichsdualismus: Die Goldene Bulle von 1356

Karl IV. hatte dem Reich nicht nur Frieden und einen gewissen Ausgleich der Mächte und Kräfte verschafft, obwohl er seine kleinen und kleinsten friedlichen Erwerbungen an Elbe und Main fortsetzte, sondern gab dem Reich zum ersten Male so etwas wie eine allgemeine Ordnung, eine Art Verfassung, die freilich erst nach dem Ende des Mittelalters so recht als „Grundgesetz" angesehen und durchgesetzt werden konnte: die „Goldene Bulle" von 1356. Sie zog nicht nur einen Schlußstrich unter die verfassungspolitischen und theoretischen Kämpfe der letzten Zeit Ludwigs IV.; sie machte aus Deutschland nicht nur rechtlich ein kurfürstliches Reich und begründete den viel berufenen

Dualismus, sondern auch, so unsystematisch sie gegliedert war, so unvollständig in ihrem Inhalt, eine dauerhafte Ordnung vor allem für die Königswahl. Kein einheitliches Verfassungsdokument im modernen Sinne ist die Goldene Bulle, sondern ein Bündel von Gesetzen und Verordnungen, die zum Teil auf ältere und jüngere Vorlagen, auf Vorurkunden zurückgehen, und nun, auf zwei Reichstagen im Beisein von Fürsten, Grafen, Freiherrn, Edelleuten und Städten beraten, verabschiedet und mit dem kaiserlichen goldenen Siegel ausgefertigt wurden: am 10. Januar 1356 in Nürnberg der erste, der Hauptteil, an Weihnachten 1356 in Metz der zweite, die Kapitel 24 bis 31.

Mit Vorspruch und breiter, hochstilisierter Einleitung beginnt das Ganze, und sogleich wird das Hauptthema angeschlagen: die Uneinigkeit des Reiches und seiner Fürsten soll durch die Einhelligkeit der sieben Kurfürsten – der Säulen des Reiches, der „sieben in der Einigkeit des siebenfältigen Geistes strahlenden Leuchter" – bei der Wahl gewahrt werden. Die Einheitlichkeit der Wahl also und ihre Ordnung sind der Hauptgegenstand der Goldenen Bulle, ihr Hauptzweck. Kontinuität der Wahl und damit auch Kontinuität der Reichseinheit sollten 1356 erreicht werden. Indem sie endgültig an das Kurkolleg gebunden und dieses dafür besonders bevorrechtigt wurde, bekam das Reich seit jenem Jahre nun auch rechtlich, was bis dahin nur faktisch sich herausgebildet hatte, einen oligarchischen Grundzug, eben den Dualismus zwischen Kaiser und Reich, der sich sowohl in der Person und dem Amt des deutschen Königs wie in den Kurfürsten verkörperte. [...]

Mit der Wahl stand und fiel die Kontinuität des Deutschen Reiches, das zunächst aus Übereinkunft der Stämme bestand. Waren trotz den Dynastienwechseln vom 10. bis 12. Jahrhundert die Wahlen im Prinzip Einhelligkeitswahlen, zugleich auch Huldigung der Fürsten, so war die Königswürde, als Voraussetzung für das Kaisertum, in besonderer Weise geheiligt und an kirchliche Bedingungen gebunden. Es hatte sich mit dem Prinzip der einhelligen Fürstenwahl der Gedanke der Idoneität, der besonderen Eignung verbunden, ein Gedanke, der im sogenannten Investiturstreit bereits anklang und unter Papst Innozenz III. in strenger Form entfaltet worden war. Diese Prinzipien haben als theoretische Grundlegung dabei mitgewirkt, als sich im 13. Jahrhundert das Kolleg der Kurfürsten ausbildete, die zugleich die Inhaber der Erzämter der Reiches waren. Selbst wenn ihre Wahl zwiespältig war wie 1257, strebten sie noch immer Einstimmigkeit an. Aber de facto griffen sie doch einen neuen Gedanken auf, das Mehrheitsprinzip. Das wurde nun 1356 Recht und Gesetz. Die Goldene Bulle bestimmte endgültig, daß die Wahl des Königs eine Mehrheitswahl des Kurkollegs sein sollte. [...]

In vielen anschaulichen Einzelbestimmungen wurde der Wahlvorgang im Detail festgelegt. Sowie der Erzbischof von Mainz, dem eine besondere Stellung zukommt, von dem Tode des Kaisers erfahren hat, soll er mit der Todesanzeige alle Mitkurfürsten zur Wahl einladen und den Termin nennen. Binnen drei Monaten sollen sie sich in der Wahlstadt versammeln: Lange Vakanzen sollen ausgeschlossen werden. Nicht länger als dreißig Tage darf der Mainzer mit dem Wahlausschreiben warten. Versäumt er es, ist er nachlässig, dann haben sich die Kurfürsten aus eigener Initiative innerhalb der drei Monate nach Frankfurt zu begeben. [...]

Die Wahl selbst begann mit der Messe vom Heiligen Geist in der Frankfurter Bartholomäuskirche, die wegen ihres hohen Ranges auch nach der Einführung der Reformation in der Reichsstadt katholisch geblieben ist. Danach sprechen die Kurfürsten ihren Wahleid: Die Geistlichen kreuzen die Hände vor der Brust, die Weltlichen berühren das bei Johannes 1, 1 aufgeschlagene Evangelium mit den Händen; unbewaffnet, selbstverständlich, sollen sie dabei sein. Danach tritt man in die Wahl ein. Sie soll binnen dreißig Tagen vollzogen sein, wenn nicht, dann sollen, wie die Kardinäle beim Konklave seit der Ordnung von 1274, die Kurfürsten nur Brot und Wasser zu sich nehmen. Abreisen darf keiner, bis nicht die Mehrheit sich auf einen König geeinigt hat. Wer verspätet kommt, kann der Wahl beitreten. Was aber die Mehrheit beschließt, soll als Einstimmigkeit gelten: Noch immer hält man wenigstens mittelbar am Einstimmigkeitsgedanken fest. Der Mainzer hat die Stimmen abzufragen, zuerst den Erzbischof von Trier – der an Rang zweite nach dem Mainzer, der früher das Erststimmrecht besessen hatte –, dann den Erzbischof von Köln, der den neuen König später in Aachen krönen wird; danach den König von Böhmen, den vornehmsten, ranghöchsten der Kurfürsten, an vierter Stelle den Pfalzgrafen bei Rhein, fünftens den Herzog von Sachsen, sechstens den Markgrafen von Brandenburg. Als letzter gibt der Mainzer selbst seine Stimme ab; sie ist die wichtigste, denn sie kann bei Stimmengleichheit den Ausschlag geben.

Ist der König gewählt – „ein gerechter, guter und nützlicher Mann" soll er sein –, dann muß er als erste königliche Handlung vor allen anderen Reichsgeschäften die Privilegien der Kurfürsten bestätigen, und das muß er mit Brief und Siegel noch einmal erneuern, sowie er zum Kaiser gekrönt worden ist. Eine große Reihe von besonderen Ehrenrechten und Zeremonialvorschriften betont den Vorrang der Kurfürsten vor allen übrigen und bestimmt die Rangordnung im Kurkolleg selbst. [. . .] Wichtiger noch sind die im engeren Sinne verfassungsrechtlichen Bestimmungen über die Kurfürsten. Dreierlei tritt deutlich hervor: Primogenitur und Erblichkeit, Unteilbarkeit der Kurlande und die Bindung der Kurstimmen an das Land. Die Kurlande der weltlichen Fürsten sind im Mannesstamm erblich; jeweils der Erstgeborene erbt, wenn er mit 18 Jahren mündig ist. Einzelne Bestimmungen befassen sich mit dem Fall, daß eine Linie oder gar die ganze Familie ausstirbt. Erblichkeit und Leihezwang, damals schon seit über 150 Jahren umstrittenes fürstliches Recht, wurden in der Goldenen Bulle für die weltlichen Kurlande rechtlich fixiert. Von da an sind sie auch endgültiges Gewohnheitsrecht für alle großen Reichslehen geworden. Die Kurlande sind zweitens unteilbar. Sie müssen es deswegen sein, weil die Kurstimme (drittens) am Lande hängt. Wer das Kurland rechtmäßig besitzt, hat das Stimmrecht bei der Königswahl. So hoch werden die Kurfürsten über alle erhoben, daß ein Angriff auf sie ein Majestätsverbrechen ist. Sie haben in vielem eine königgleiche Stellung. [. . .]

Das Reich der Goldenen Bulle ist nicht nur ein rechtlich vielgestaltiges Corpus aus Gewalten, Organen, Institutionen und Ständen, an deren Spitze der König steht, der noch immer als der einzige rechtmäßige Anwärter auf die Kaiserkrone angesehen wird. Das Reich ist zugleich oligarchisch, kein Einheitsstaat. Unter und in gewisser Weise zugleich neben dem König stehen die Kurfürsten, übrigens auch dann noch hervorgehoben, als die übrigen Reichsfürsten wichtige Vorrechte, welche die Goldene Bulle noch den Kurfürsten zusprach, wie Erblichkeit, Primogenitur oder schon Unteilbarkeit des Landes ebenfalls erwarben. Das Reich ist schließlich auch kein nationaler Staat, dessen Anfänge etwa in Frankreich, England oder Ungarn in jener Zeit zu beobachten sind. Auch dieser Grundgedanke der spätmittelalterlichen deutschen Verfassung, der bis zum Ende des Alten Reiches Gültigkeit hatte, findet in der Goldenen Bulle Ausdruck in dem letzten, in dem Sprachenkapitel. Das Heilige Römische Reich, heißt es da, hat „für verschiedene, nach Bräuchen, Lebensweise und Sprache unterschiedene Nationen Gesetze" und muß entsprechende „Regierungshandlungen vornehmen". Daher sollen die Kurfürsten mehrere Sprachen können, nicht nur die deutsche, die sie von Kindheit an gelernt haben, sollen die Söhne oder Nachfolger der Kurfürsten beherrschen, sondern von ihrem siebten Lebensjahr an bis zum vierzehnten sollen sie im Lateinischen, Italienischen und (Böhmisch-)Tschechischen unterrichtet werden, in den Sprachen, in denen die „allerwichtigsten Reichsgeschäfte verhandelt werden".

Manfred Vasold

Folgen des großen Sterbens

Die Folgen des dramatischen Bevölkerungsrückgangs in der
Mitte des 14. Jahrhunderts auf Wirtschaft und Gesellschaft
wurden bislang in der Historiographie sehr unterschiedlich
eingeschätzt. Während die einen sagen, er habe „den mächtigen Aufschwung von Handel und Industrie, die glänzende
Entwicklung der deutschen Städte nicht aufhalten können"
(Robert Hoeniger) oder er sei zumindest „seltsam unbe-
stimmt" (Nancy Siraisi) gewesen, nennen ihn andere Historiker „eines der einschneidendsten Ereignisse der gesamten
europäischen und auch speziell deutschen Geschichte"
(Friedrich Lütge). „Im Geschichtsbild mancher Historiker,
insbesondere deutscher", nimmt der Schwarze Tod „noch
nicht den Platz ein, der ihm gebührt", urteilt Wilhelm Abel.
Richtig ist sicherlich, daß viele deutsche Historiker sich
mehr der Ideengeschichte als der Gesellschafts- und Wirt-
schaftsgeschichte verschrieben haben und daher in ihren
Darstellungen des späten Mittelalters der Besteigung des
Mont Ventoux durch Petrarca mehr Raum schenken als
dem Massensterben.

Die Pest von 1348/50 hatte zur unmittelbaren Folge den
Rückgang der Bevölkerung, und dieser wiederum hatte eine
Reihe weiterer Folgen – richtig ist freilich, daß der Bevölkerungsrückgang schon zuvor einsetzte und sich bis in die
zweite Hälfte des 15. Jahrhunderts hinzog; der Bevölke-
rungsstand von etwa 1320 war vermutlich erst wieder in der
zweiten Hälfte des 16. Jahrhunderts erreicht, also rund ein
Vierteljahrtausend später.

Sehr deutlich lassen sich die Folgen des Massensterbens in
der Landwirtschaft verfolgen, denn mit der Landwirtschaft
hatte, zumindest mittelbar, jeder zu tun. In der zweiten
Hälfte des 14. Jahrhunderts kam es, um erneut mit Abel zu
sprechen, zu einer „Agrarkrise". Wenn die Nachfrage sinkt,

dann sinken – bei gleichbleibendem Angebot – in der Regel die Preise, und da nach 1350 die landwirtschaftlichen Produkte infolge des Massensterbens weniger gefragt waren, sanken auch die Preise. Sie gingen nicht sofort zurück, sondern erst im letzten Viertel des Jahrhunderts, blieben dann aber, zumindest in Deutschland, bis ins dritte Viertel des 15. Jahrhunderts sehr niedrig. [...]

Woher rührt die Verspätung des Preisverfalls? Von Italien und England ist bekannt, daß es erst einmal – nach 1350 – zu einer Teuerung kam, für Nahrungsmittel und andere Dinge, wohl deswegen, weil jetzt die Menschen fehlten, die diese Dinge bereitstellen sollten. Die Pest unterbrach ja nicht nur die Nachfrage, sie störte auch die Angebotsseite, nämlich die Feldarbeit, den Transport der Nahrungsmittel in die Städte. In Teilen Norditaliens blieb in Pestzeiten, auch später noch, das Getreide ungeschnitten auf den Feldern stehen. Außerdem verteilte sich nach dem Sterben die gleiche Menge an Geldmitteln auf deutlich weniger Köpfe, was – nach der Fisherschen Verkehrsgleichung – eine Steigerung der Preise erwarten läßt.

Die fortgesetzten Seuchen – was ja nichts weiter heißt als: die anhaltend hohe Sterblichkeit – brachten es mit sich, daß die Nachfrage und die Preise nicht nur einmal absackten – es kam buchstäblich zu einer „Dynamik der Schrumpfung" (Abel). Der Preisverfall wurde allerdings dadurch gemindert, daß die Anbauflächen zurückgingen – die Bauern konnten nicht mehr alle Feldarbeit verrichten, also ließen sie einzelne Felder, wohl eher die schlechteren, brach liegen, ließen sie „wüst" werden, wie man sagt. Es kam zu Flurwüstungen und auch zu Dorfwüstungen, wo man gleich infolge des Bevölkerungsrückganges ganze Dörfer aufgab, was die Produktion und das Angebot drosseln half. Trotz des Produktionsrückganges blieben die Preise für Agrarprodukte relativ niedrig.

Die Flurwüstungen waren von Region zu Region sehr unterschiedlich; sie machten in Teilen Deutschlands vierzig

Prozent und mehr aus; vielleicht geht man nicht ganz fehl, wenn man sagt, daß wohl ein Viertel oder etwas mehr der bisherigen Anbauflächen nach 1350 zumindest zeitweise wüst lagen. Etwa ebenso hoch – oder eher ein klein wenig niedriger, weil die Bauern doch vermutlich eher die schlechten Feldstücke aufgaben – dürfte der Bevölkerungsrückgang um 1350 gewesen sein. [. . .] Wie viele Fluren nun wüst lagen, so lagen bald auch Ortschaften wüst, weil die Bewohner verstorben waren oder die verminderte Bevölkerung es vorzog, künftig in einer Stadt zu leben oder in einem anderen Dorf. Gegen 1300 zählt Deutschland etwa 170 000 Siedlungen – zweihundert Jahre später nur etwa 130 000. Auch die Stadtgründungen gingen nach der Pest deutlich zurück; sie hatten um das Jahr 1300 einen Höhepunkt überschritten. Auch innerhalb der Städte wandelte sich das Bild – wie könnte es anders sein? Viele ältere Städte hatten im Verlauf des 12. oder 13. Jahrhunderts umfangreiche Erweiterungen vorgenommen, neue Mauerringe gezogen oder sie ausgeweitet. Das war nach der Pest nicht mehr nötig; das Weichbild der meisten Städte blieb sodann viele Jahrhunderte lang so gut wie unverändert.

Nach dem Massensterben von Menschen standen einer kleiner gewordenen Bevölkerung pro Kopf mehr Nutztiere zur Verfügung. Daraus kann man auf einen höheren Fleischverbrauch schließen. Allerdings ist es schwierig, diesen Fleischverbrauch auch nur annähernd genau zu erfassen, abgesehen davon, daß auch der Fleischverbrauch vor 1350 sich einer genaueren Schätzung entzieht. Bis vor kurzem herrschte in der Forschung die Auffassung vor, der Fleischverbrauch sei im späten Mittelalter zumindest in Teilen Deutschlands höher gewesen als heute. Vermutlich war er in der damaligen Oberschicht hoch, vor wie nach der Pest, und bestimmt aßen auch die Handwerker, Bauern und Tagelöhner nach 1350 mehr Fleisch als zuvor. Aber mit hundert Kilogramm und mehr – wie heute – scheint der Fleischverbrauch nach jüngsten Forschungen doch gewaltig übertrieben worden zu sein, es scheint eher die Hälfte gewesen zu sein, also etwa fünfzig Kilogramm. An Getreide sollte es nicht gefehlt haben, solange die Bevölkerung – also bis über die Mitte des 15. Jahrhunderts – nicht deutlich zu wachsen begann; der Getreideverbrauch lag bei einem Scheffel oder knapp zweihundert Kilogramm.

Infolge des Massensterbens verfielen nicht einfach die Preise; es entstanden Verzerrungen im Preisgefüge: Die Agrarpreise fielen, die Preise für gewerbliche Produkte stiegen, denn es fehlten die Handwerker, sie herzustellen. Man spricht daher von einer „Preisschere", die sich erst gegen Ende des 15. Jahrhunderts zu schließen beginnt. Außerdem verteilte sich nach dem Schwarzen Tod die gleiche Menge Geld auf weniger Köpfe, und natürlich verdichtete sich der Reichtum gerade dort, wo er schon zuvor sich konzentriert hatte: Die Reichen beerbten ihre reichen Verwandten und wurden noch reicher. Das ließ den Konsum von Luxusgütern steigen; die Mode begann häufiger zu wechseln als zuvor, und je schneller sie wechselte, desto häufiger wurden neue Kleiderordnungen erlassen, um die alten Bekleidungsvorrechte der Privilegierten zu schützen.

Wurde das Leben leichter oder wurde es schwerer für die breiten Massen in Stadt und Land? Das ist nicht leicht zu entscheiden; man muß auch bedenken, daß die stete Nähe des Todes als bedrückend empfunden wurde. Nicht wenige Historiker haben aber auch eine objektive Verschlechterung infolge des Bevölkerungsschwundes festgestellt; die nun in den Städten sich verstärkenden Verfassungskämpfe könnten darauf hindeuten – sie müssen es nicht, sie könnten auch einfach Ausdruck höherer oder enttäuschter Erwartungen sein. Richtig ist sicherlich, daß gegen einzelne Bevölkerungsgruppen, zum Beispiel gegen herumstreunende, müßige Personen die Gesetzgebung jetzt schärfer wurde. Die Lohnforderungen der – rarer gewordenen – Handwerker wurden jetzt mit Maximalgesetzen bekämpft. Die Zünfte begannen sich abzuschließen, weniger offen zu sein für

Neuerungen, nur auf die Erhaltung des Bestehenden zu sinnen.

Auch die bäuerliche Freiheit wurde eingeschränkt. Die Freizügigkeit wurde gedrosselt, um zu verhindern, daß die Bauern abwanderten, in die freien Räume des Ostens. Die Besiedelung des Ostens hörte mit dem Schwarzen Tod auf; es gab in Altdeutschland wieder genügend Land. Die Erwartungen der Bauern wurden nicht erfüllt. In Westeuropa entluden sich diese Spannungen in großen Bauernaufständen: in Frankreich bereits 1358, in England 1381.

Das Überleben der ersten Pestwelle und die zunehmende Konzentration des Reichtums hatten auch Folgen, die sich leichter nachweisen lassen als etwa eine tiefgreifende Religiosität: Die frommen Stiftungen nahmen nach 1350 zu. In vielen Kirchen entstanden jetzt Altäre, die von reich gewordenen Personen gestiftet wurden; sie sind häufiger in Stadtkirchen als in ländlichen Gotteshäusern anzutreffen. Damit wollte der Spender Gott danken – und zugleich die Kirche bitten, ihm beizustehen, damit er auch künftig vor den Übeln der Zeit verschont bleibe. Es wurden vermehrt Seelenmessen bezahlt, um den Stifter und seine Angehörigen zu beschützen. Oft aber fielen der Kirche auch Stiftungen zu, weil kein anderer Erbe übrig blieb als sie. [. . .] Den Klöstern, die von den Erträgen ihres Grundbesitzes leben mußten, erging es oft gerade umgekehrt: Nach 1350 konnten ihre Pächter infolge der gesunkenen Agrarpreise oder der hohen Sterblichkeit ihrer Erntearbeiter die Pachtgebühren nicht mehr bezahlen, und die Klöster konnten sehen, wie sie zu ihrem Pachtzins kamen. Im Kloster St. Peter zu Salzburg häuften sich die Hinweise, daß Pächter seit Jahren den Zins nicht entrichtet hatten.

Nicht immer sind die Folgen der Pest und des Massensterbens leicht auf einen Nenner zu bringen. So gab es nach 1350 eine höhere Religiosität als zuvor, bestimmt aber auch mehr Feindseligkeit gegen die Kirche und ihre Träger, die offenbar selber gegen das Sterben hilflos waren.

Mancherorts, vor allem im Norden Deutschlands, entstanden neue Bruderschaften wie die Elends- und Kalandsgilden, die Celliten, später Alexandriner genannt, oder die Jesuaten, 1360 gegründet, die sich die Pflege von Pestkranken und das Begräbnis von Pesttoten zur Aufgabe machten. [...] Die Folge des Schwarzen Todes ist nicht in einer Erschütterung der Religiosität des einzelnen zu suchen, sondern – im Gegenteil – in einer Erschütterung des kirchlichen Ansehens. Man suchte jetzt mehr und mehr den unmittelbaren Zugang zum Allerhöchsten; man berief sich zunehmend auf die Heilige Schrift, das unmittelbare Wort Gottes. Die Forderung nach einer Reform der Kirche an Haupt und Gliedern war bald zu vernehmen.

Aus dem späten Mittelalter sind aber nicht nur diese Stimmen zu vernehmen, die von gesteigerter Religiosität, von Weltabkehr und Lebensüberdruß zeugen – es mehrt sich zugleich der Ausdruck von Lebenslust, die Sucht nach Luxus und Rausch. Wenn das Leben bald zu Ende sein sollte, warum es dann nicht noch einmal in vollen Zügen genießen? Das Europa der Pest mag „die Mentalität einer belagerten Gesellschaft" (Jean Delumeau) gezeigt haben; aber dies war nur eine Form der Reaktion: Luxus, Spielsucht, Müßiggang und Sünde war ein weiterer Ausdruck der Angst vor dem Sterben.

Evamaria Engel
Zeit der Bürgerkämpfe

1368: Augsburg

Augsburg war eine Stadt, in der bis 1368 die führenden Geschlechterfamilien die Ratsherrschaft ausübten. Gegen deren Ämter- und Finanzpolitik, gegen eine Ungeld genannte

Getränkesteuer und für mehr Durchblick bei den Einnahmen und Ausgaben erhoben sich am 22. und 23. Oktober 1368 die Handwerker der Stadt, deren Anführer uns der Kaufmannssohn und Chronist Hektor Mülich, ein Schwager Jakob Fuggers, namentlich überliefert. Es waren der Weber Weiß, der Bäcker Senzenbach, der Kürschner Witzig, der Salzfertiger Hans Wessispruner, der Bierschenk Sighart und der Fleischer Hans Erringer. Bewaffnet zogen die Handwerker zum Perlachplatz, besetzten und bewachten Tore, Straßen und Rathaus. Als symbolischen Ausdruck der Macht über die Stadt forderten sie die Schlüssel zu den Toren und zum Archiv mit den städtischen Urkunden, ferner Stadtsiegel, Glocke und das Stadtbuch, das 1276 schriftlich fixierte Stadtrecht. In Augsburg wurden 17 Großzünfte gebildet. Das waren keine Zünfte im Sinne handwerklicher Genossenschaften, sondern politische Vereinigungen, in denen alle Bürger Mitglied sein mußten und zu denen meist verwandte Gewerbe und Wirtschaftszweige zusammengefaßt wurden. So gingen die Augsburger Geschlechterfamilien, soweit sie in der Stadt blieben, in die Zunft der Kaufleute, die sich von den übrigen politischen Zünften abhob und stellten meist den Bürgermeister. Der regierende Kleine Rat bestand nunmehr aus den Meistern der 17 politischen Zünfte und aus zwölf weiteren Zunftvertretern. Diese 29 Ratsherren wählten 15 Angehörige der alten patrizischen Familien hinzu. In Augsburg wurde also – wie in anderen oberdeutschen Städten – eine „Zunftverfassung" eingeführt, es herrschte hier, wie es in den Quellen heißt, die „Gemeinde von den Zünften zu Augsburg". Vor Einführung der Zunftverfassung hatte der Augsburger Rat einen Gesandten in Speyer um nähere Auskünfte nachsuchen lassen, war doch in dieser Stadt die Einreihung aller Bürger – auch der aus Münzern und Hausgenossen bestehenden Patrizier – in 15 politische Zünfte 1349 beendet worden; diese besetzten den aus 30 Mitgliedern gebildeten Rat. Es sei betont, daß diese politischen Zünfte im Unterschied zu den Handwerkerzünften die gesamte Bevölkerung einer Stadt umfaßten.

Die Bildung von politischen Zünften, hier Gaffeln genannt, beendete auch Kölner Bürgerkämpfe von 1396, in deren Folge die Geschlechterherrschaft gestürzt wurde. Alle Bürgerrechtsinhaber mußten den 22 Gaffeln angehören, aus denen 36 Vertreter in den Rat gewählt wurden. Diese 36 Gaffelvertreter kooptierten 13 Ratsherren aus beliebigen Gaffeln – das sogenannte Gebrech –, so daß insgesamt 49 Personen den neuen Rat nach 1396 bildeten. Bis zum Ende des Mittelalters hielten aber die führenden Kaufleutegaffeln im Gebrech und vor allem im Bürgermeisteramt eine überragende Stellung. Die am Beispiel Augsburgs, Speyers und Kölns vorgeführte Zunftverfassung oder Zunftherrschaft bedeutete demnach nicht, daß allein Handwerker die politische Macht ausübten. Sie besagt vielmehr, daß der Stadtrat aus den politischen Zünften oder Gaffeln gebildet wurde, unter denen auch das Patriziat die verfassungsrechtliche Stellung einer Zunft besaß.

Kölner Weberschlacht

In den Bürgerkämpfen in Köln zwischen 1369 und 1371 spielten die Weber – bedeutendste Gewerbegruppe in der reichen Textilstadt – eine entscheidende Rolle. Unter ihnen waren arme und reiche Weber, einfache Handwerker und Weber-Verleger. Aus den wechselvollen Kämpfen seien wiederum einige auch in anderen innerstädtischen Auseinandersetzungen wiederkehrende Aspekte hervorgehoben. Der Protest gegen die patrizische Ratsherrschaft in Köln nahm – wie in Braunschweig 1293, Bremen 1365 und Magdeburg 1402 – die Form eines „Bannerlaufs" an, einer Demonstration der Aufständischen mit Fahnen und Waffen durch die Stadt. Ein Holzschnitt aus der 1499 bei dem Drucker und Verleger Johann Koelhoff gedruckten „Chronik von der heiligen Stadt Köln" hält den Bannerlauf im Bild fest. Auch die Bildung eines Weiten Rates aus 50 Mitgliedern der verschiedenen Handwerkerzünfte neben dem weiterbestehenden Engen Rat aus den Geschlechtern ist ein in Bürgerkämpfen oft wiederholter Vorgang; woanders hießen diese stärker demokratischen Einrichtungen einer Art Bürgerschaftsvertretung je nach Zusammensetzung auch Sechziger-Ausschuß, Hundertmänner-Kollegium usw.

Die Kölner Bürgerkämpfe wirkten sich belebend auf die städtische Geschichtsschreibung aus, wie überhaupt ein Zusammenhang zwischen innerstädtischen Aufständen und deren Initialzündung für die historiographische Verarbeitung dieser Ereignisse auch andernorts bestand. Die Geschichtsschreiber der meist deutschsprachigen „Gegenwartschronistik" ergriffen fast immer die Partei des alten, von der Bürgeropposition angegriffenen oder hinweggefegten, letztlich aber meist siegreichen Stadtrates. So preist der Kölner Rentkammerschreiber Heinrich von Lintorf in seinem nicht vollständig erhaltenen Reimgedicht „Weverslaicht" (Weberschlacht) den Sieg der Geschlechter über die Weber im Jahre 1371. Die Augsburger Bürgerkämpfe von 1368 hatten einen anonymen Verfasser zur Abfassung einer Chronik gedrängt. Auch der Autor der Geschichte des Lübecker Knochenhaueraufstandes von 1384 blieb anonym. Der Wismarer Magister und Ratsherr Johann Werkmann hielt die innerstädtischen Auseinandersetzungen in Wismar von 1427 bis 1430 in einer „Historie" fest, und der Hamburger Bürgermeister Hermann Langenbeck schrieb über den Aufstand in der Stadt 1483 in der Hoffnung: „Darut (aus dem Aufstand) vorweser und regerer der städe ok mögen marken und leren, wo men solken mit guder vorsinnigkeit und vernunft möge hindern und vorkamen."

Die 17 Monate während Weberherrschaft in Köln erstickten Kaufleute und Patrizier mit ihren Söldnern und mit Hilfe einiger Handwerkerzünfte im Blute der „Weberschlacht". Sicher wurden nicht alle Bürgeroppositionen so grausam niedergeschlagen wie in Köln, aber in den meisten Städten endeten die Auseinandersetzungen mit einem Sieg der alten Ratsherren oder doch mit einem Kompromiß zwischen ihnen und der bürgerlichen Opposition. In Köln traf die Rache der Sieger vor allem die am Aufstand führend beteiligten Weber: Viele wurden in den Straßenkämpfen erschlagen, andere hingerichtet und vertrieben, ihre Zunfthäuser zerstört, Zunftprivilegien aufgehoben, Tuch, Waffen und Weberhäuser beschlagnahmt, Geldbußen auferlegt. Die Webstühle für Wolltuch begrenzte man in der Stadt auf 200 und pro Wolltuch erhob man 1 Mark Tuchsteuer. Physische Vernichtung ging mit politischer Entmachtung – in den Weiten Rat zogen Kaufleute ein – und wirtschaftlichem Ruin der Weber einher.

1374 bis 1386: Braunschweig

Einige Kennzeichen der Braunschweiger Bürgerkämpfe zwischen 1374 und 1386 sind uns bereits durch die Schilderung der innerstädtischen Auseinandersetzungen in Erfurt, Magdeburg, Augsburg und Köln bekannt. Nach Auffassung des Chronisten hetzte der Teufel die Handwerker und kleinen Kaufleute gegen den Rat in Braunschweig. Die hohe finanzielle Belastung der Bürger mit einer Kornsteuer löste den Aufstand aus. Durch eine Fehde mit dem Magdeburger Erzbischof und den Erwerb von Schlössern und Burgen – bis 1374 kam die Stadt in den Pfandbesitz von 16 Schlössern und Burgen – war Braunschweig in eine Finanzkrise geraten. Eine Verfassungsurkunde beendete 1386 die Bürgerkämpfe. Der Breite der Oppositionsbewegung gegen die landbesitzenden Geschlechterfamilien entsprach die soziale Zusammensetzung des neuen Stadtrates von 1386, in den neben 56 Fernhändlern, Gewandschneidern, Wechslern und Goldschmieden auch 47 Handwerker einzogen und in dem alle fünf Weichbilde, nicht nur die durch die Konzentration großer Vermögen vornehmere Altstadt, vertreten waren. Dennoch gehörten die 103 Ratsherren zu den reichen und reichsten Bürgern der Stadt. Im „Schichtbuch" des auf seiten des patrizischen Rates stehenden Hermann Bote fand die Braunschweiger Schicht von 1374 ihren historiographischen Niederschlag. Doch die Braunschweiger Ereignisse bringen neue Aspekte in die Charakterisierung innerstädtischer Auseinandersetzungen ein. Der blutigen Rache der Kölner Geschlechter an den Aufständischen 1371 entsprach das nicht minder gewaltsame Vorgehen der Braunschweiger oppositionellen Kräfte gegen den Rat 1374. Acht Ratsherren wurden geköpft, andere gefangengenommen oder aus der Stadt vertrieben, ihr Besitz geplündert und konfisziert, ihre Häuser niedergebrannt. Aber „das Allerschlimmste war" – so meint der Lübecker Chronist Detmar –, „daß sie an viele Zünfte aller Städte Briefe sandten [...] Mit diesen Sendschreiben reizten sie die Bürger anderer Städte gegen ihren Rat auf [...] Wegen dieser und anderer Eigenmächtigkeiten wurden sie aus der Hanse der Kaufleute ausgeschlossen, man durfte ihre Waren weder kaufen noch verkaufen." Ein Brief der Braunschweiger Bäckerzunft an ihre Handwerksfreunde in Lüneburg, Lübeck und Hamburg aus dem Jahre 1374 ist erhalten, in dem die Handwerker das ihnen, den Kaufleuten und der ganzen Gemeinde vom Rat zugefügte Unrecht und die finanziellen Bedrückungen darstellen und gegen den Ausschluß Braunschweigs aus der Hanse protestieren. Da um und kurz nach 1375 Bürgerkämpfe in Hamburg, Lüneburg, Lübeck, Nordhausen, Danzig und Stade ausbrachen, ist – neben den örtlichen Ursachen natürlich – mit dem ansteckenden Beispiel der Braunschweiger zu rechnen. Auch andernorts zündeten Beispiele. Im Jahre 1409 zogen drei Lübecker, „die dort das Unglück hatten brauen helfen", nach Wismar und hetzten die Bürger gegen ihren Rat auf. Anschließend machten sie dasselbe in Rostock.

Der fünfjährige Ausschluß Braunschweigs aus der Hanse, der Entzug der hansischen Privilegien und der Boykott durch die anderen Hansestädte trafen Stadt und Kaufleute schwer. „Also daß kein Kaufmann in Flandern, England, Dänemark, Norwegen, Novgorod noch in irgendeiner anderen Stadt, die im Recht des Kaufmanns steht, Gemeinschaft oder irgendwelchen Handel mit ihnen (den Braunschweigern) haben soll, weder zu Lande noch zu Wasser" – so beschloß es der Hansetag am 24. Juni 1375. Die Stadt wurde schwach, Rat und Bürger arm, kommentiert ein Chronist die Folgen dieses Vorgehens.

Bürgerkämpfe und Städtebünde

Der Ausschluß einer Mitgliedstadt aus der Hanse wegen eines Bürgeraufstandes weist auf eine wichtige innere Funktion des hansischen Städtebundes: den Schutz der patrizischen Ratsherrschaft. Im Falle Braunschweigs verhandelten Vertreter Hamburgs, Lübecks und Lüneburgs im Auftrage der Hanse zwischen den Aufständischen und den aus Braunschweig vertriebenen Ratsherren. Die alten Machtverhältnisse wurden restauriert, die Vertriebenen wieder in die Stadt geführt und ihnen Schadenersatz geleistet. Zur Sühne und zum Seelenheil der getöteten Ratsherren errichtete man dem Stadtheiligen St. Auctor eine Kapelle, in der jährlich zweimal der Toten mit Vigilien und Seelenmessen gedacht wurde. In Magdeburg stiftete man zur Sühne für die Ereignisse von 1330 eine Matthäuskapelle. Als 1445 eine neue „Schicht" zwischen Rat und Gemeinde von Braunschweig drohte, gelobten die Ratsherren, dem hl. Auctor einen silbernen, mit Gold und Edelsteinen verzierten neuen Sarg zu stiften, wenn Gott den Rat vor dem Aufstand bewahre. Und tatsächlich: Dank dieses Versprechens wurde – nach Meinung des mittelalterlichen Chronisten – der Rat gerettet und mußte sein Gelöbnis einlösen; St. Auctor bekam einen neuen, kostbareren Sarg!

Die Hanse griff – wie andere Städtebünde – auch bei weiteren Bürgerkämpfen in Hansestädten zugunsten gefährdeter patrizischer Stadträte ein. [...]

Gelang in den vom Fernhandel wirtschaftlich und sozial geprägten Hansestädten nach Bürgerkämpfen meist die Wiederherstellung der Macht reicher Kaufleutefamilien, und kam in vielen anderen Städten ein kürzer oder länger wirksamer Kompromiß zwischen Ratsgeschlechtern und Bürgeropposition durch Erweiterung des alten oder Einsetzung eines neuen Rates oder einer Bürgervertretung zustande, so erkämpfte in nur wenigen deutschen Städten die bürgerliche Opposition einen vollen Sieg. Nach der Nordhäuser Schicht von 1375 konnte der alte patrizische Rat, dessen Zunft-, Wirtschafts- und Steuerpolitik und dessen Beziehungen zu den Honsteiner Grafen die Bürgerkämpfe verursacht hatten, seine alte Macht nicht wiedererlangen. In den neuen Stadtrat zogen Vertreter der Handwerkerzünfte ein. Aber nur neun Innungen waren ratsfähig, während die kleineren gewerblichen Vereinigungen und die Gemeinde auch hier politisch minderberechtigt blieben. Vielleicht sollte die in Nordhausen am Ende des 14. Jahrhunderts errichtete Rolandsäule – der Sinngehalt dieser Standbilder wird in der Forschung unterschiedlich gedeutet – den Sieg der bürgerlichen Opposition verkörpern und den wiederhergestellten Frieden in der Stadt demonstrieren, wie 1459 die Aufstellung eines neuen Rolands in Magdeburg mit einem Bürgeraufstand zusammenhing.

Bürgerkämpfe und plebejische Schichten

Das 15. Jahrhundert fügte den innerstädtischen Auseinandersetzungen keine grundsätzlich neuen Züge hinzu. In den Quellen zwar schlecht faßbar, scheinen aber die unteren Schichten der Stadtbevölkerung einen größeren Anteil an den Kämpfen genommen zu haben, wenn sie meist auch keine eigenen Forderungen stellten und bei der Verteilung der Ratsstühle leer ausgingen. Schon die Stralsunder Bürgerkämpfe der neunziger Jahre des 14. Jahrhunderts zeichneten sich durch eine stärkere Beteiligung von Plebejern aus. In der Halberstädter Schicht von 1423 bis 1425 reichte der Widerstand gegen den Rat von oppositionellen Ratsherren über die Masse der Bürger bis zu den Schustergesellen und dem „losen Haufen". Mit Unterstützung König Sigmunds, der Hanse, des Thüringer Dreistädtebundes, Braunschweigs – es war mit Halberstadt zu gegenseitiger Hilfe bei Aufruhr verbündet –, Magdeburgs, Halles, Hildesheims, Quedlinburgs und Ascherslebens sowie des Bischofs von Halberstadt wurde die Schicht niedergeschlagen.

Die Massenbasis in den Wismarer Bürgerkämpfen zwischen 1427 und 1430 unter Führung des Wollenwebers Klaus Jesup stellte nach dem Zeugnis des Magisters Johann Werkmann das „ghemene, simpele, lose volk". Konkret nennt er „ammetknechte", also Gesellen, ferner „dreger, bruwerknechte, arbeideslude, ut kelleren (Kellern) vnde boden (Buden)" unter den Aufständischen, die nach seinen Angaben 1000, an anderer Stelle 3000 und 4000 Menschen gezählt haben sollen. Auch in Wismar war es vor allem die Besteuerung, die – neben außenpolitischen Fehlschlägen im Krieg gegen Dänemark – so viele Menschen im Kampf gegen den Stadtrat vereinte.

Ursachen und Anlaß der Bürgerkämpfe

In der Finanzpolitik der Ratsgeschlechter lag eine entscheidende Ursache oder doch häufig das auslösende Moment für den Ausbruch von Bürgerkämpfen im 14. und 15. Jahrhundert. Finanzielle Mißwirtschaft des Rates oder durch Krieg, Fehden und Landkäufe verursachte Schulden konnten eine Stadt in den Ruin führen. Mißbräuche im Zoll-, Münz- und Steuerwesen ließen die Forderungen nach mehr Durchsichtigkeit und nach Kontrolle der Finanz- und Steuerpolitik des Rates aufkommen. Häufig mußten sich gerade die minder bemittelten Teile der Stadtbevölkerung über ihre finanzielle Mehrbelastung oder über die eigennützige Verwendung öffentlicher Gelder im Interesse der Ratsfamilien beklagen.

Weitere Angriffspunkte kamen hinzu. In der einen Stadt kritisierten genossenschaftliche Verbände die Beschränkung ihrer Autonomie, in der anderen kämpften Handwerker um die Zulassung von Zünften. In den meisten Kommunen ging es gegen die Cliquen- und Vetternwirtschaft des Rates, in vielen auch gegen Amtsmißbrauch durch Richter und Ratsherren. Hier forderte die bürgerliche Opposition die Aufsicht über Tore, Stadtschlüssel und Siegel, dort strebte sie nach einer Rechtspflege ohne Ansehen der Person. Seltener formuliert finden sich Forderungen auf dem Gebiet von Handel und Handwerk, häufiger schon werden außenpolitische Fehler oder Versäumnisse der Ratsherren angeprangert. Grundsätzlich nicht angetastet wurde von den oppositionellen Kräften die wirtschaftliche Macht der politisch herrschenden Kreise. Überall richtete sich der Hauptstoß gegen die politische Allein- oder Vorherrschaft der Ratsgeschlechter, die die Stadtämter besetzten, die Finanzen und den städtischen Grundbesitz verwalteten, die Innen- und Außenpolitik bestimmten.

Inwieweit mentale Faktoren Bürgerkämpfe beeinflußten, bedarf stärkerer Berücksichtigung bei weiteren Untersuchungen. In Memmingen soll in den siebziger Jahren des 15. Jahrhunderts das überhebliche Gebaren eines Patriziers zu Erregung und Empörung unter den Zünftlern beigetragen haben. Als der Stadtrat beschloß, daß die Bürger einem fürstlichen Besucher entgegenreiten sollten, lehnte ein Patrizier das mit der Begründung ab, er habe kein Pferd; man solle aber einen Zunftmeister für ihn satteln, auf dem wolle er hinausreiten.

Nigromantie in der klerikalen Unterwelt

Johannes von Salisbury erzählt in seinem *Policraticus* ein
Erlebnis aus seiner Jugend. Er lernte damals bei einem Priester Latein, als Unterrichtstext wurden die Psalmen benutzt.
Nun war aber der Lehrer zufällig Adept in der Kunst der
Wahrsagerei, und er mißbrauchte seine Stellung dazu, Johannes und einen anderen, älteren Schüler als Hilfskräfte bei
seinen Experimenten zu verwenden. Er salbte etwa die Fin-
gernägel der beiden Buben mit Chrisam, in der Hoffnung,
daß sich darin Bilder spiegeln würden, die man deuten
könnte. Auch eine auf Hochglanz polierte Metallschale
wurde bisweilen als magischer Spiegel verwendet. Nachdem
verschiedene nicht näher bezeichnete „magische Vorberei-
tungszeremonien" absolviert waren und man die Requisiten
gesalbt hatte, sprach der Priester Namen aus, „die ich, der
ich doch ein unwissendes Kind war, wegen des Schreckens,
der von ihnen ausging, nur als Namen von Dämonen deuten
konnte". Der andere Schüler behauptete nun, er sehe „etwas
wie nebelhafte Gestalten", Johannes selbst aber sah nichts
dergleichen, woraus der Lehrer schloß, daß er ganz unbe-
gabt für diese Kunst sei. Johannes bemerkt zu der Geschichte, er habe die Erfahrung gemacht, daß fast alle Leute, die
solche Künste trieben, in ihrem späteren Leben mit Blind-
heit oder anderen Gebrechen geschlagen würden. Er kenne
nur zwei Ausnahmen von dieser Regel – eine davon jener
Lateinlehrer –, und diese Leute hätten ihre Sünden bereut
und seien fromme Mönche oder Kanoniker geworden, aber
auch sie hätten zur Buße für ihre Verbrechen Leiden ertra-
gen müssen.

Was können wir mit der Information, daß jener Priester
Dämonennamen benutzt habe, anfangen? Man könnte vielleicht glauben, es handle sich hier um kindliche Phantaste-
reien oder um ein in der Erinnerung stark dramatisiertes,

aber doch harmloses Kindheitserlebnis, wenn da nicht jenes Münchener Zauberbuch [ein Manuskript aus dem 14. Jahrhundert] wäre, das im Detail Beschwörungszeremonien beschreibt, die der, von welcher Johannes berichtet, genau gleichen und die zu demselben Zweck ausgeführt werden. Die Magie des Münchener Handbuchs ist explizit dämonistisch, und wir müssen annehmen, daß auch die Zeremonien, die der Lehrer des Johannes ausführte, dämonischen Mächten galten. Wir haben es also offenbar mit einem Fall von Nigromantie zu tun, einer Wissenschaft, die in der klerikalen Unterwelt des späteren Mittelalters in Blüte gestanden zu haben scheint. [...]

In seiner ursprünglichen Form („Nekromantie") und Bedeutung bezeichnete „Nigromantie" ein Verfahren der Zukunftsdeuterei *(mantia)*, bei dem man die Geister von Toten *(nekroi)* herbeirief. Circe war die Nekromantin par excellence der antiken Welt, der biblische Archetyp dieser Gattung ist die Hexe von Endor. Wenn mittelalterliche Autoren diese Geschichten interpretieren, so kommen sie immer zu dem Ergebnis, daß die Toten nicht in Wirklichkeit zum Leben erweckt worden seien, vielmehr hätten böse Geister die Gestalt jener Abgeschiedenen angenommen und sich für sie ausgegeben. Der Begriff wurde dann erweitert und auf sämtliche magische Praktiken angewendet, bei denen Dämonen beschworen wurden; dieser Gebrauch des Worts war seit dem Hochmittelalter in Europa allgemein üblich. „Nigromantie" hieß nur jene Magie, die *explizit,* ihrem eigenen Verständnis nach, dämonistisch war – im Unterschied auch zu den Formen der Magie, die, jedenfalls nach dem Urteil mancher Kritiker, den Umgang mit Kräften dämonischen Ursprungs *implizierten.* Sogar Personen, die lediglich ein Amulett am Körper trugen oder irgendeine Zauberformel aussprachen, konnten implizit dämonistischer Machenschaften verdächtigt werden, der *Nigromant* dagegen wandte sich mit seinem Anliegen wissentlich und direkt an Dämonen oder gar an den Teufel selber, und er tat dies, indem er diese Geister mit den bekannten oder mit exotisch-fremden Namen anrief.

Wer waren diese Nigromanten? Sowohl in den Legenden wie auch in Rechtsquellen sind es vor allem Kleriker, die solcher Praktiken verdächtigt werden. Wenn wir hier den Ausdruck „Kleriker" verwenden, so ist uns bewußt, daß es sich um einen recht unscharfen Begriff handelt; dies gilt sowohl für das lateinische *clericus* wie auch für die verschiedenen vulgärsprachlichen Formen des Worts. Im weitesten Sinn genommen kann der Terminus fast jedes männliche Wesen, das nur irgendwie mit dem geistlichen Stand zu tun hat, bezeichnen: Selbst ein Halbwüchsiger, der die Tonsur erhalten hat zum Zeichen, daß er einmal Priester werden will, könnte so genannt werden. In engerem Sinn jedoch meint der Begriff jene Leute, die zumindest die niederen Weihen erhalten haben, die also „Ostiarius", „Lektor" oder „Akoluth" sind. Diese Weihegrade waren ursprünglich mit spezifischen Funktionen und Aufgaben verbunden, im späteren Mittelalter jedoch hatten sie nur mehr den Charakter bloßer Zwischenstationen auf dem Weg zum Priestertum, Stationen, die aber auch für jene erreichbar waren, die gar nicht die Absicht hatten, bis ans Ende der Karriereleiter emporzusteigen. Eine der niederen Weihen war die zum Exorzisten; im Verlauf der entsprechenden Zeremonie wurde dem Kandidaten zum Zeichen seiner Würde ein Buch überreicht, das die für Dämonenaustreibungen nötigen Formeln und Gebete enthielt. Vielleicht bekam der Kandidat in seinem ganzen Leben nie Gelegenheit, einen wirklichen und legitimen Exorzismus zu zelebrieren, aber er konnte leicht auf die Idee verfallen, seine Macht über Dämonen, die ihm nun einmal gegeben war, zu mißbrauchen und in nigromantischen Zeremonien nutzbringend einzusetzen. Es war an den mittelalterlichen Universitäten üblich, daß *alle* Studenten die niederen Weihen erhielten und somit „Kleriker" wurden. In manchen Quellen werden aber auch Leute mit dem Terminus bezeichnet, die überhaupt keine Weihen erhalten haben und die lediglich einem Priester bei der Bewältigung liturgischer und praktischer Aufgaben behilflich sind.

Weitere Schwierigkeiten, genau festzustellen, was im Einzelfall mit dem Begriff gemeint ist, ergeben sich daraus, daß es im Mittelalter keine standardisierte Ausbildung zum Priesterberuf gab und daß die Kontrolle, die bei der Ordination stattfand, generell lax war. Wer im mittelalterlichen Europa Geistlicher werden wollte, besuchte kein Priesterseminar, um dort eine theologische Ausbildung zu absolvieren und sich auf seinen Beruf vorzubereiten; eine solche Institution war damals unbekannt. Aspiranten, die es sich leisten konnten, studierten an Universitäten, aber obwohl die Bischöfe seit dem 13. Jahrhundert zum Studium ermutigten, blieb das doch weiterhin eher die Ausnahme als die Regel. Die Ausbildung der Leute, die nicht genug Mittel oder nicht den Ehrgeiz hatten, die Universität zu besuchen, ähnelte normalerweise einer Handwerkerlehre: Sie traten in den Dienst eines Pfarrers, lernten von ihm, was für die verschiedenen Zeremonien nötig war, und stellten sich dann dem Bischof zur Priesterweihe vor. Man erwartete von ihnen Grundkenntnisse der lateinischen Sprache, der Liturgie und der Dogmatik, aber bei den Prüfungen nahm man es keineswegs überall ganz genau: Kritiker führten immer wieder Klage darüber, daß allzu viele ungeeignete Kandidaten durchschlüpften. [...]

Viele, die lediglich niedere Weihen besaßen und kein Amt in der Kirche ausübten, nahmen dennoch Privilegien des Klerus für sich in Anspruch, sogar dann, wenn sie in weltlichen Berufen, etwa als Kaufleute oder Handwerker, arbeiteten. Es scheint auch vorgekommen zu sein, daß Leute ohne jede Qualifikation zum geistlichen Beruf sich als Kleriker ausgaben, um in den Genuß gewisser Privilegien zu kommen, vor allem dann, wenn es galt, Immunität vor der weltlichen Gerichtsbarkeit zu erlangen. [...]

Sogar ein Mann, der wirklich zum Priester geweiht war, hatte keineswegs immer ein ordentliches Amt in einer Gemeinde. Im Spätmittelalter stifteten fromme Leute oft Stellen für „Meßpfaffen", die Seelenmessen zu lesen hatten, damit die Seele des Stifters nach seinem Tod schneller aus dem Fegefeuer erlöst werde. Es gab viele Priester, die ihr Einkommen aus derartigen Stiftungen bezogen und die somit gewissermaßen halb-offizelle Ämter innehatten. Ein Meßpfaffe hatte mindestens einmal pro Tag für den Stifter zu beten und außerdem jeden Morgen oder so oft, wie es eben mit dem Auftraggeber vereinbart war, eine Seelenmesse zu lesen. Wenn er diese Pflichten erfüllt hatte, blieb ihm normalerweise der Rest des Tages zur freien Verfügung. Nicht wenige brachten ihre reichlich vorhandene Freizeit mit Aktivitäten zu, die ihrer Umgebung mißfielen. Gewiß, es gab auch andere und weniger exotische Beschäftigungen für einen solchen Kleriker, als mit nigromantischen Studien seine Mußestunden auszufüllen, aber vielleicht war dies doch eine der interessantesten. Manche dieser Priester gaben vielleicht nebenher noch jungen Burschen aus der Gemeinde Lateinunterricht – wer es freilich für ausgemacht hält, daß eine solche Beschäftigung die Kleriker davor bewahrte, auf Abwege zu geraten, täte gut daran, Johannes von Salisbury zu lesen.

Auch Mönche trieben bisweilen ihr Wesen in dieser klerikalen Halbwelt. [. . .] Und ohne Zweifel gab es auch einige Nicht-Kleriker, die dämonistische Praktiken trieben. Nigromantische Beschwörungen sind bisweilen in Schriften überliefert, die ansonsten medizinischen Themen gewidmet sind, woraus man folgern könnte, daß es an der Medizin interessierte Geistliche oder aber weltliche Fachmediziner waren, die diese Bücher benutzten. Wie auch immer, es scheint festzustehen, daß jedenfalls der größte Teil der Nigromanten aus der Schicht der Leute kam, die im einen oder im anderen Sinn des Wortes als „Kleriker" bezeichnet werden können.

Was haben alle diese Leute – Weltpriester, Männer und Halbwüchsige mit niederen Weihen, Benediktiner und Bettelmönche – gemeinsam? In dem Zusammenhang, der uns interessiert, ist das Wichtigste wohl dies, daß sie alle wenigstens ein gewisses Maß an Schulbildung besaßen und daß sie eben ihrer Bildung wegen gefährdet waren. Sie kannten die Riten, die beim Exorzismus zelebriert wurden, hatten vielleicht astralmagische Experimente oder magische Praktiken anderer Art gesehen und konnten so relativ leicht auf die Idee kommen, es einmal mit einer Dämonenbeschwörung zu versuchen. Sie brauchten nur Zugang zu irgendwelchen nigromantischen Büchern und eine Portion Neugierde zu haben – mehr war nicht nötig, um in jene Untergrund-Szene aufgenommen zu werden. [...]

Die moralistische Literatur stellt die Beschäftigung mit der Nigromantie oft als typische Jugendsünde dar: Junge Leute lassen sich von dieser Wissenschaft faszinieren, aber wenn sie etwas älter werden, verlieren sie bald das Interesse; trotzdem ist die Sache nicht harmlos, denn sie hinterläßt tiefe Spuren bei diesen Menschen. Der dominikanische Reformer Johannes Nider (gest. 1438) berichtet von einem gewissen Benedikt, einem Mann, von dessen Leben auch noch andere Quellen Nachricht geben. Er war in seiner Jugend ein notorischer Nigromant, außerdem fahrender Sänger und Schauspieler, ein Mann „von gigantischer Körpergröße und schrecklichem Aussehen", der ein liederliches Leben führte und nur seinen „dämonischen, nigromantischen Büchern" gehorchte. Durch die Kraft des Gebets jedoch konnte ihn seine Schwester den Klauen der Dämonen entreißen. Reuig geworden zog er umher und bat bei etlichen Klöstern, die für ihre strenge Zucht bekannt waren, bußfertig um Aufnahme, aber sein übler Ruf und seine Erscheinung verschafften ihm wenig Sympathie. Schließlich nahm ein Kloster in Wien ihn auf, und er wurde im Lauf der Zeit zu einem gar heiligmäßigen Mann und berühmten Prediger, aber die bösen Geister plagten ihn doch sein Leben lang. Was immer der historische Kern dieser Geschichte sein mag, die Nider zu einem moralischen *exemplum* geformt hat, so ist doch die zweifache Botschaft, auf die es dem Autor ankommt, klar zu erkennen: Selbst ein ganz und gar hartgesottener Dämonenbeschwörer kann Gnade und Heil finden. Wer sich in jungen Jahren der Schwarzen Kunst verschrieben hat, bleibt, auch wenn er bereut und umkehrt, stets gefährdet.

Es ist unmöglich festzustellen, ob sich die einzelnen Fälle, von denen Legenden oder Rechtsquellen berichten, wirklich und genau so zugetragen haben. [...]

Mögen Einzelfälle auch zweifelhaft sein, so bleibt aber doch die Tatsache bestehen, daß es Quellen aus jener Zeit gibt, die authentische Anweisungen für eindeutig nigromantische Handlungen überliefern und in denen außerdem auch noch kommentierte Randbemerkungen erhalten sind, aus denen hervorgeht, daß irgend jemand diese Instruktionen auch ausgeführt hat. Die Anweisungen setzen Vertrautheit mit dem Lateinischen und mit liturgischen Formen voraus, was darauf hindeutet, daß sie für ein Publikum von Klerikern geschrieben wurden. Die Legenden und Anklageschriften nehmen es mit der historischen Wahrheit gewiß nicht immer ganz genau, aber in dem einen Punkt treffen ihre Verdächtigungen und Vermutungen doch wohl zu: Sie hatten den richtigen Personenkreis im Visier, wenn auch vielleicht nicht immer die richtigen Individuen. [...]

Die Zwecke, denen die Nigromantie dienen soll, sind Legion. Eine Beschwörungszeremonie des Münchener Handbuchs beispielsweise ruft einen Dämonen herbei, der dem Nigromanten ohne weitere Umstände Meisterschaft in sämtlichen Künsten und Wissenschaften verleiht – offenbar war der Erfinder des Verfahrens ein ehrgeiziger, aber nicht eben studierfreudiger Akademiker. Die Zwecke, die mit Hilfe der Schwarzen Magie erreicht werden sollen, lassen sich grob in drei Kategorien einteilen. Erstens wird Macht über den Geist oder den Willen anderer Menschen angestrebt: Sie sollen dem Wahnsinn verfallen, von Liebe oder Haß entflammt oder günstig gestimmt werden, sie sollen sich zu dieser oder jener Handlungsweise bewegen oder nicht bewegen lassen. Nicht nur auf Menschen, sondern auch auf Geister und Tiere kann auf solche Weise Druck ausgeübt werden. [...]

Zweitens dient die Nigromantie dazu, Trugbilder zu erzeugen. Der Magier kann ein Boot oder ein Pferd erscheinen lassen, die ihn an jeden gewünschten Ort tragen. Er kann durch Beschwörungen ein glänzendes Fest herbeiprojizieren, wo in Herrlichkeit getafelt und getanzt wird. (Wenn in der Schönen Literatur derartige Wunderdinge beschrieben werden und die Autoren bemerken, diese verdankten sich „großer Kunstfertigkeit oder der Nigromantie", so ist nicht notwendigerweise anzunehmen, daß sie scherzen.) Auch bei der Erweckung von Toten ist Illusion im Spiel: Wenn man dem Leichnam einen geweihten Ring an den Finger steckt, so werden sechs Dämonen herbeigerufen, die in den Körper fahren und ihn lebendig erscheinen lassen, und zwar jeder dieser Geister einen Tag lang. Wenn man einem Lebenden denselben Ring ansteckt, so erscheint diese Person tot, bis man ihn wieder abzieht.

Drittens wird von der Nigromantie erwartet, daß sie Geheimes oder Verborgenes in Vergangenheit, Gegenwart oder Zukunft aufdeckt. Das Münchener Handbuch beschreibt im Detail divinatorische Verfahren, die denen, die wir aus dem Bericht des Johannes von Salisbury kennen, sehr ähnlich sind. Es gibt auch Sprüche, die dazu dienen, Diebesgut wiederzubeschaffen, einen Dieb oder Mörder zu überführen, herauszufinden, ob ein abwesender Freund krank ist oder gesund, oder ganz allgemein, um Gewißheit in ungewisser Lage zu erlangen. Alle diese Informationen werden von Geistern geliefert, deren Bild einem jungfräulichen Knaben (nur ausnahmsweise auch einem Mädchen) erscheint, und zwar in einer Kristallkugel, einem Spiegel, auf der Klinge eines Schwerts oder einem mit Öl gesalbten Schulterblatt eines Widders oder auf dem Fingernagel des Knaben. Wenn es darum geht, einen Dieb zu entdecken, kann sich auch unmittelbar das Bild des Gesuchten auf der spiegelnden Oberfläche zeigen. In einem Fall wird mitgeteilt, was der Knabe sagen soll, wenn ein Geist in Gestalt eines Königs auf seinen Fingernagel kommt: Er soll ihn dann auffordern, vom Pferd zu steigen und seinen Thron zu holen und Platz zu nehmen; er soll den Geist fragen, ob er hungrig sei, und wenn ja, so soll er ihm einen Widder vorsetzen lassen; wenn der König gespeist hat, soll der Knabe ihn auffordern, seine Krone abzunehmen, die rechte Hand auf den Kopf zu legen und zu schwören, er werde die Wahrheit sagen. Es ist wohl durchaus denkbar, daß für einen mittelalterlichen Leser die Vorstellung eines derartigen Dialogs zwischen einem Buben und einem undeutlichen Bildchen auf dem fettigen Fingernagel nichts Komisches an sich hatte, vielleicht hat er eher Schrecken oder Faszination oder beides empfunden. Eine andere Beschwörung kann angeblich bewirken, daß dem Magier „Engel" im Traum erscheinen, die über vergangene, gegenwärtige und zukünftige Ereignisse Aufschluß geben.

So kompliziert nigromantische Techniken auch manchmal auf den Betrachter wirken mögen, lassen sie sich doch in wenige Hauptbestandteile zerlegen: Magische Kreise, Beschwörungen und Opferhandlungen sind die elementaren Mittel in diesem Zweig der Magie. [...]

Arno Borst

Konzil in Konstanz

Ulrich Richentals deutschsprachige *Chronik des Konstanzer Konzils* erzählt in der älteren Fassung von der Papstwahl, die am 8. November 1417 in dem als Konklave eingerichteten Konstanzer „Kaufhaus" begann:

„Nun ist zu berichten vom Beginn der Wahl, nach einer Aufzeichnung, die mir nachher (Peter von Lemberg) der

Notar des Erzbischofs (Nikolaus Tramba) von Gnesen gab; er war mit ihm im Konklave dabei. Es war so eingerichtet, daß zum Papst gewählt sein sollte, wer zwei Drittel der Kardinäle und von jeder Nation ebenfalls zwei Drittel für sich hätte. In der Zwischenzeit liefen die Notare hin und her von einem Wähler zum anderen; vor allem der Erzbischof von Gnesen und (Johann von Wallenrode) der Erzbischof von Riga bemühten sich. Sie konnten keine Einigung erreichen, und viele bekamen Stimmen. Einer hatte zwölf Stimmen, einer neun, einer sechs, einige vier, so daß die Wahl nicht zustande kam. Das ging bis zum Vorabend von Sankt Martin (10. 11.). Dann kam die Nation der *Germani* zu einem Beschluß: Nachdem das Konzil in ihr Land und ihren Herrschaftsbereich gelegt worden sei, wollten sie die Wahl auf keine Weise stören. Sie ließen ihre Kandidaten fallen und wollten keinen aus ihrer Nation zum Papst wählen, damit man nicht behaupten könne, er sei unter Druck ins Amt gestoßen worden. Sie kamen zu den Italienern und teilten ihnen ihre Absicht mit, daß sie die Wahl keinesfalls stören wollten. Darüber freuten sich die *Italici* sehr. Als nun die *Anglici* das vernahmen, kamen sie alsbald zu den Deutschen und Italienern und beschlossen dasselbe. Darüber freuten sich die drei Nationen sehr.

Nun wandten sich die *Germani* und *Anglici* an die *Italici* (!) und Spanier und baten sie um Gottes und des Rechtes willen: Sie selbst seien zurückgetreten und wollten keinen Papst aus ihren Reihen wählen, das sollten die anderen auch tun. Die wollten nicht. Die von Spanien meinten, sie hätten in ihrem Bereich sieben Königreiche, die alle christlich seien, und wenn jetzt keiner aus ihrer Nation Papst würde, so erregte das den Unwillen der Könige, und dann würde es noch viel schlimmer als je zuvor. Genauso antworteten die *Gallici*, das heißt Franzosen: Sie besäßen die höchste Schule in Paris, ferner seien ihr König und die Angehörigen ihrer Nation die mächtigsten Fürsten und die besten Christen, und sie wollten auch einen Papst aus ihrem

Kreis haben. So verblieb man an diesem Tag bis in die Nacht [...]

Die anderen Konzilsteilnehmer, der Patriarch (Jean Mauroux, Titularpatriarch von Antiochia), die Erzbischöfe, Bischöfe und dazu die gesamte Geistlichkeit machten jeden Tag eine Kreuzprozession vom Münster bis zum Fischmarkt vor das Rathaus, gleich beim Kaufhaus. Dabei zog immer unser Herr der König (Sigmund) mit und alle Fürsten, Herren und Prälaten, geistliche und weltliche. Und wenn sie vor das Kaufhaus gekommen waren, knieten sich alle davor nieder, und der Patriarch fing an zu singen, so leise, daß man ihn nicht gut hören konnte; er sang die Wechselstrophe ,Komm, Heiliger Geist' und ein Gebet dazu. Am Dienstag (9. 11.) und Mittwoch (10. 11.) zogen sie an der Stadtmauer entlang zum Dominikanerkloster und danach ins Münster zurück. An Sankt Martins Tag (11. 11.) nach dem Gottesdienst zogen sie wieder mit dem Kreuz vor das Kaufhaus, und als man die Wechselstrophe gesungen und das Gebet gesprochen hatte, zogen sie an den Schranken ums Kaufhaus vorbei, die Marktstätte hinauf und wieder in das Münster.

Währenddessen blieben die zwei Nationen *Germani* und *Anglici* fest bei ihrer Meinung und sprachen zu den Spaniern und Franzosen: Wenn die Wahl scheiterte, so wäre daran niemand anders schuld als sie, und das würde ihnen zu ewigem Fluch gereichen, daß sie die heilige Christenheit so in Verzug gebracht hätten. Sie betrieben die Sache am Vorabend von Sankt Martin (10. 11.) die ganze Nacht durch und immer mit großer Hartnäckigkeit. Damit brachten sie die Spanier und die *Gallici* auch so weit, daß sie sich anschließen wollten. Doch das zog sich bis zum Morgen von Sankt Martins Tag hin. Gerade zwischen der zehnten und elften Stunde, als man mit dem Kreuz vor dem Kaufhaus kniete und die Wechselstrophe sang, waren auch alle 53 Wähler in der Kapelle im Kaufhaus versammelt und feierten Gottesdienst. Und nach der Messe sangen auch sie leise die

Wechselstrophe ‚Komm, Heiliger Geist‘ und das Gebet dazu. Danach einigten sie sich sogleich, und in der elften Stunde an Sankt Martins Tag, noch bevor das Kreuz wieder in das Münster gebracht worden war, schrie und rief man aus dem Konklave: ‚Wir haben einen Papst, Otto von Colonna!‘ Da lief jedermann vor das Kaufhaus, Frauen und Männer, wohl mehr als 80000 Menschen.

Da geschah ein großes Wunder mit den Vögeln. Bevor die Herren in das Kaufhaus eingezogen waren, saßen auf dem Dach des Kaufhauses jede Nacht Raben und Dohlen, Krähen, Saatkrähen und andere derartige Vögel. Und sobald die Herren eingezogen waren, kam keiner von diesen Vögeln mehr. Danach und bis zur Wahl des Papstes lag Nebel um das Haus. Er löste sich um Mittag auf, und nun kamen ganz viele kleine Vögel, Meisen, Zeisige, Buchfinken, Distelfinken, Blaumeisen, Dompfaffen und alle Arten kleiner Vögel, immer eine Schar nach der anderen, an die 2000. Und sie flogen auf das Kaufhausdach, so daß es ganz bedeckt war mit kleinen Vögeln. Alle sahen es und wunderten sich darüber sehr. Da hieß man alle heimgehen und etwas essen; nach dem Imbiß sollten alle in das Münster kommen, und um ein Uhr nachmittags sollten sich alle Fürsten, Herren und Prälaten, geistliche und weltliche und jedermann versammeln. Und nach Mittag in der ersten Stunde läuteten alle Glocken, und es versammelten sich alle Herren, der Patriarch, alle Erzbischöfe und Bischöfe mit der gesamten Geistlichkeit, unser Herr der König, alle Fürsten, Herren, Grafen, Ritter und Knechte, die Stadträte und alle Bürger mit den Zunftkerzen, die Domherren mit ihren Kerzen.“

Richental hat nicht durchschaut, was da vor seinen Augen geschah. Wer ihm aber Oberflächlichkeit vorwirft, muß auch fragen, welcher Zeuge denn sonst das Ereignis vom Martinstag 1417 begriff. Wir kennen heute die Einzelheiten der Papstwahl durch das Tagebuch des Kardinals Fillastre und Berichte des aragonesischen Gesandten Malla genauer, als sie Richental, wohl durch Bestechung, vom

Konklavisten des Gnesener Erzbischofs erfuhr. Aber auch für uns bleibt derselbe Rest unerklärt, den Richental als naive Erzählung umschreibt. Doch rücken wir zunächst die kirchenpolitischen Fakten zurecht, die dem Konstanzer Bürger weniger wichtig waren als der Prozessionsweg, Dienstag und Mittwoch rechts herum, Donnerstag links herum.

Das Konstanzer Konzil hatte das Papstschisma von 1378 und die daraus folgende Spaltung der Christenheit zu heilen. Die Zeitgenossen schrieben die Hauptschuld daran dem Kardinalkollegium zu, das seit der Doppelwahl von 1378 keine Eintracht mehr zuwege brachte und von weltlichen Fürsten, vorweg vom deutschen König Sigmund, erst zur Einigung gezwungen werden mußte. Drei streitende Päpste waren schließlich ausmanövriert, aber wer sollte den einen Papst der Zukunft wählen? Wieder die Kardinäle? Sigmund und die Engländer sprachen dagegen; die Italiener, die von den 23 Kardinälen 15 stellten, sprachen dafür. Die Franzosen, die sieben Kardinäle hatten, machten am 22. Oktober 1417 einen Kompromißvorschlag, dem in der Woche darauf alle Nationen, schließlich sogar die Kardinäle beitraten: Papst sollte sein, wer zwei Drittel der Kardinalsstimmen auf sich vereinigte; aber zusätzlich sollten von jeder der fünf Konzilsnationen sechs Delegierte mitwählen, und auch von jeder Nation sollten zwei Drittel für den Gewählten stimmen. Denn die Konzilsnationen repräsentierten die europäischen Fürsten (beileibe nicht die Völker; Hauptvertreter der deutschen Nation war der Pole Tramba). Das Wahlverfahren zeugt vom Mißtrauen aller gegen alle, und italienische Kardinäle rechneten es vor: Drei Deputierte einer verstockten Nation konnten ein einträchtiges Votum der übrigen 50 Wähler blockieren. Aber anders war nicht zu erreichen, daß die Mehrheit der kirchlichen und weltlichen Regenten Europas den neuen Papst und die Einheit des Christenvolkes unterstützte.

Alle richteten sich auf ein langes Konklave ein, als sie am Montagnachmittag in das neue Lagerhaus am See zogen, dessen Obergeschoß behaglich hergerichtet war. Trotzdem froren manche Südländer und dachten schaudernd an einen Winter im Konklave, zumal es jetzt schon regnete und nebelte – Konstanzer kennen das. Der erste Wahlgang, am Mittwochvormittag, ergab in der Tat breite Stimmenstreuung auf sechs Kandidaten. Richentals Gewährsmann ist insofern ungenau, als weder ein Deutscher noch ein Spanier irgendwelche Chancen besaß; die meisten Stimmmen, und zwar aus allen Wählergruppen, fielen von Anfang an auf Otto Colonna, es waren nur nicht genug. Der zweite Wahlgang, am Donnerstagmorgen, zeigte, daß sich zwar alle Engländer, die meisten Italiener und einige Deutsche Colonna zuwandten, aber die Franzosen und ein Teil der Spanier hartnäckig bei französischen Kandidaten blieben. In dieser festgefahrenen Lage am 11. November um 10 Uhr waren es nun nicht die Deutschen und Engländer, die den Umschwung herbeiführten, sondern die Kinder von Konstanz, und das ist die Situation, die draußen der Bürger Richental miterlebte, ohne es recht zu merken.

An der Spitze der täglichen Prozession vom Münster zum Kaufhaus zogen etwa 200 Sängerknaben und sangen mit hohen Stimmen den aus der Karolingerzeit stammenden Pfingsthymnus „Komm, Schöpfer Geist", dessen erste Strophe meist kniend gesungen wurde. Man hatte sie im Konklave schon am Dienstag singen hören, am Mittwoch auch, aber da war man drinnen gerade beim Auszählen der Stimmen, in Hochspannung. Am Donnerstag kamen sie wieder, und wieder hatte man drinnen einen Wahlgang beendet; aber diesmal horchten die ratlosen Wähler alle auf und sahen sich an. Sie meinten Engelsstimmen zu hören und fielen auf die Knie, manche weinten, einige begannen mitzusingen. Das mochte man nicht laut tun, damit draußen nicht der Eindruck entstünde, die Wahl sei gelungen; doch mit gedämpften Stimmen sangen die 53 Wähler nun auch „Komm, Schöpfer Geist". Der älteste Kardinal sprach ein Gebet zum Heiligen Geist. Dann ging es schnell. Die letzten Zögernden übertrugen ihre Stimme auf Colonna; auch die halsstarrigen Franzosen besannen sich nicht länger, als man gebraucht hätte, um zwei Vaterunser zu beten. Dann war Colonna gewählt und nahm den Namen des Tagesheiligen an, noch bevor draußen die Prozession zum Münster zurückgekehrt war. Es war eines der kürzesten Konklave der Kirchengeschichte, und Martin V. wurde sofort allerseits anerkannt. Denn der aragonesische Gesandte Malla, der im Konklave für seinen König mitgewählt hatte, schrieb seinem Herrn beschwörend: „Ich sage Euch, Herr, wahrhaftig, ich glaube, dies war ein außergewöhnlicher Eingriff des Heiligen Geistes, der da erschien"; Alfons V. antwortete, die Eintracht aller Papstwähler habe ihm große, außergewöhnliche Tröstung und Freude gebracht und bringe sie noch. Und Colonna war der Favorit der Spanier nicht gewesen!

Richental sagt kein Wort vom Heiligen Geist. Fast möchte man meinen, er sei unter die Ornithologen gegangen und habe nur noch Vögel gezählt. Symbolik lag ihm fern, sonst hätte er das Tier des Heiligen Geistes, die Taube, sicher in Konstanz auch fliegen sehen. Aber warum kamen anstelle der schwarzen Satansvögel die Singvögel in hellen Scharen und dann die Menschen, nicht 80 000, wie Richental im Taumel meinte, aber zu Tausenden? Das war nach fast vierzig Jahren Spaltung der Welt eine Prozession der Schöpfung, der Tiere und der Menschen in allen ihren Gruppen, eine Versammlung des Gottesvolkes, die mit einem Schlag alle Nebel zerteilte. Die Freude hielt nicht lange an. Der Hundertjährige Krieg zwischen Frankreich und England ging weiter; die Konzilsväter zerstreuten sich und hinterließen, König Sigmund an der Spitze, den Konstanzern nur Schulden; der graue Alltag der etwa 6–8000 Einwohner zählenden Reichsstadt machte sich nach Jahren des großen Fremdenverkehrs und Geschäfts bedrückend breit. Richental, Sohn eines Konstanzer Stadtschreibers, zehrte noch zwanzig Jahre vom Vermögen des Vaters und von der Erinnerung an das Konzil. Er übte anschließend kein öffentliches Amt und keinen Beruf mehr aus und dürfte schon deshalb in seiner Vaterstadt nicht hoch geschätzt worden sein. Er saß und schrieb zwischen 1424 und 1433 nieder, was er in den vier aufregenden Jahren auf den Straßen von Boten und Schreibern erfahren hatte. Es wurde die einzige Konzilschronik des Mittelalters daraus, ein ungenaues, oberflächliches Machwerk mit vielen farbigen Einzelheiten über Bagatellen – und mit einem verschämten Bericht vom Wunder des Gottesvolkes.

Heide Wunder

Die „Familiarisierung" von Arbeit und Leben

Die Institution Ehe ist zwar alt, aber erst im 16. Jahrhundert wurde sie die vorherrschende Lebensform für Männer und Frauen im „mittleren" Lebensalter. Bis zur Reformation war ein Teil der erwachsenen Männer und Frauen für ein eheloses Leben bestimmt, zumindest zu einem Leben, in dem es keine legitimen, formal erbberechtigten Kinder geben konnte und sollte. Mönche und Nonnen kamen zunächst aus adeligen, später auch aus patrizischen und bürgerlichen Familien, die ihre Kinder wohl versorgen wollten, aber nicht alle standesgemäß verheirateten konnten. Der Zölibat für den Weltklerus wurde erst im 11. Jahrhundert gefordert. Ebenfalls lebenslange Ehelosigkeit war die Regel bei ländlichen Eigenleuten, die keinen Landbesitz erlangten, langjährige Ehelosigkeit bei jungen Kaufleuten und Handwerksgesellen, bis sie selbständige Kaufleute und Meister geworden waren. So erklärt sich die Institution der Prostituierten in mittelalterlichen Städten, die von den städtischen Obrigkeiten zum Schutz der Bürgertöchter vor männlicher Aggression eingerichtet und in den Frauenhäusern ihrer Kontrolle unterstellt wurde. Es ist also davon auszugehen, daß nur eine kleinere Zahl von Frauen und Männern heiraten konnte und daß die Ehe eine Lebensform neben anderen darstellte.

Heiratsbeschränkungen, die wirtschaftlich begründet waren und rechtlich festgeschrieben wurden, gab es bis in die jüngste Vergangenheit, aber es lassen sich Zeiten ausmachen, in denen die Heiratsmöglichkeiten jeweils nach neuen Kriterien erweitert wurden: Im 11./12. Jahrhundert basierte die Welle der Stadtgründungen und des Landesausbaues mit verdichteten dörflichen Siedlungen auf den selbständigen Familienwirtschaften von Handwerkern, Kaufleuten und Bauern. Seit dem ausgehenden 14. Jahrhundert wurde es zunehmend möglich, eine Ehe auch auf der Grundlage von agrarischer oder/und gewerblicher Lohnarbeit zu begründen. Das bedeutet, daß soziale Gruppen, die bislang ehelos gelebt hatten, in die Lage versetzt wurden, sich aus den Großhaushalten zu lösen, sich zu emanzipieren und als Ehepaare eigene Haushalte zu begründen, ein Vorgang von größter Tragweite für die Herausbildung der frühmodernen Gesellschaft.

Eheschließungen waren eingebunden in eine sittliche Ordnung der Geschlechterbeziehungen, die entscheidend von den Wertsetzungen der christlichen Religion bestimmt wurde. Im hohen Mittelalter setzte die Kirche die Konsensehe durch, d. h. daß für die Gültigkeit einer Eheschließung nur die Zustimmung von Braut und Bräutigam, nicht aber der Konsens der Eltern oder der Herrschaft erforderlich war. Die kirchlich geforderte Konsensehe richtete sich gegen die „Unzucht" des nicht-ehelichen Zusammenlebens und ermöglichte abhängigen und unfreien Menschen ein legitimes Zusammenleben als Mann und Frau sowie eine legitime Nachkommenschaft. Damit hat die Kirche dazu beigetragen, den gesellschaftlichen Wandel seit dem hohen Mittelalter zu fördern. Zugleich hat sie normativ durchgesetzt, daß die Einehe nicht nur für Frauen, sondern ebenso für Männer gelten solle. Schließlich hat die Erhebung der

Ehe zum Sakrament im Jahr 1184 ihre Unauflöslichkeit bewirkt.

Die kirchlichen Normen für das sittliche Zusammenleben der Geschlechter in der Ehe entsprachen zwar zu einem Teil den Interessen der Laien, standen ihnen jedoch auch entgegen. So spielte die Konsensehe im Prozeß der Neuentstehung des europäischen Städtewesens zwar eine wichtige Rolle, nach der Etablierung der Bürgergemeinden und der stadtbürgerlichen Gesellschaft wurde sie jedoch von den Bürgern, wie zuvor schon vom Adel, als ambivalent erkannt. Widersprach es doch bürgerlichen Interessen, daß ihre Söhne und Töchter ohne Zustimmung von Eltern oder Vormündern eine Ehe eingehen konnten, weil der Status der folgenden Generation entscheidend über Eheschließungen und die damit verbundene Transferierung von Besitz und Vermögen bestimmt wurde. Daher lehnten sie die Konsensehe ab und drohten Töchtern im Falle einer „Winkelehe" oder „Entführung" mit Enterbung.

Nur auf den ersten Blick erscheint es zufällig oder paradox, daß die kirchliche Reformbewegung etwa gleichzeitig mit der Aufwertung der Ehe die Ehelosigkeit aller Kleriker forderte und damit die Abgrenzung zwischen dem geistlichen Stand und dem Laienstand über Ehe/Ehelosigkeit herstellte. Der geistliche Stand wurde zum besonders gottgefälligen Stand, der seine zölibatär lebenden Angehörigen über alle Laien erhob. Für geistliche Frauen wurde der Stand der Jungfräulichkeit sogar zur Voraussetzung dafür, die Nachteile ihres Geschlechts als „Nachkomminnen Evas" ausgleichen zu können. Ehe als Lebensform der Laien wurde somit abgewertet. – Im hohen Mittelalter hatte sich damit eine normative Doppelstruktur der Geschlechterbeziehungen herausgebildet; die Rangordnung Ehe/Zölibat wurde jedoch von Kirche und Laiengesellschaft sehr unterschiedlich beurteilt. Weiter bestehen blieb das Konkubinat als Rechtsform für das Zusammenleben von Männern mit Frauen niedrigeren Standes, mit der Konsequenz, daß diese

Frauen für sich und ihre Kinder keine rechtlichen Ansprüche auf Versorgung und Erbe erheben konnten. [...]

In der Laiengesellschaft bewirkte die Neustrukturierung der Wirtschaft eine weitere Ausdehnung der Ehe als Lebensform, aber auch eine Erhöhung der sittlichen Anforderungen für die Eheführung. Faßbar werden diese Entwicklungen durch eine Reihe von Indizien: Im 15. Jahrhundert häuften sich die Klagen von Frauen wegen nicht eingehaltener Eheversprechen vor den geistlichen Gerichten, die überwiegend zugunsten der Klägerinnen entschieden. Dabei handelte es sich um Paare, die eine „Winkelehe" eingegangen waren, der die „Öffentlichkeit" fehlte und die daher für die Frau erhebliche Unsicherheiten mit sich brachte, wenn der Mann „sich eines besseren besann". Ein weiteres Problem stellten die verlassenen Frauen dar. Angesichts der großen Mobilität der Menschen und der eingeschränkten Kommunikationsmöglichkeiten bereitete es erhebliche Schwierigkeiten, einem flüchtigen Ehemann auf die Spur zu kommen und ihn zur Rückkehr zu bewegen. Da es nach dem Eherecht der Kirche keine Scheidung gab, selbst wenn der Ehemann seit Jahren verschwunden war, durften die verlassenen Ehefrauen nicht wieder heiraten. Viele von ihnen lebten daher eheähnlich mit Männern zusammen und stellten dadurch ein Skandalon für die Gemeinde dar. Was die verschwundenen Ehemänner betrifft, so kann man annehmen, daß viele an ihrem neuen Wohnort sogar erneut eine Ehe eingingen und in Bigamie lebten.

Auf die weite Verbreitung des Konkubinats im 15. Jahrhundert – und nicht nur im Klerus – verweist auch die Forderung vieler Handwerkerzünfte nach der ehelichen und ehrlichen Herkunft der Lehrlinge. Offensichtlich konnte auf diese Weise ein Teil der Bewerber auf die kleiner werdende Zahl der Lehrstellen ausgegrenzt werden. Die Ehre eines Handwerks wurde damit auch über eine „rechte Ehe" definiert. Rechte Ehe hieß, daß sie entsprechend den bürgerlichen Normen geschlossen sein mußte, also mit dem

Konsens der jeweiligen Eltern und der Brautleute. Vom Handwerk ausgeschlossen wurden dadurch nicht nur die Klerikersöhne, sondern auch die nicht-ehelichen Kinder von Handwerkern und Kaufleuten.

Die Unübersichtlichkeit, wer denn nun verheiratet war und wer nicht, hing mit der kirchlichen Konsensehe zusammen, die keiner Öffentlichkeit bedurfte. Um dennoch Sicherheit über eheliche und ehrliche Herkunft zu erhalten, gingen die Zünfte dazu über, von den Lehrlingen und Gesellen Geburtsbriefe zu fordern, die ihre Herkunft bestätigten. Während die Kirche durch die Konsensehe einerseits die Eheschließung erleichterte, errichtete sie andererseits ein kompliziertes System von Ehehindernissen (z. B. verbotene Verwandtschaftsgrade), von denen sich die Wohlhabenden gegen entsprechende Zahlungen dispensieren lassen konnten.

Daß Ehe zu einem wichtigen gesellschaftlichen Ordnungsproblem wurde, läßt sich daraus ersehen, daß die städtischen Magistrate damit begannen, die Ehegerichtsbarkeit an sich zu ziehen. Bereits die im Handwerk geforderten Geburtsbriefe wurden von weltlichen Instanzen ausgestellt, d. h. diese wurden für Eheangelegenheiten zuständig. Noch stärker war ihr Interesse, die Probleme, die sich aus dem Verbot der Ehescheidung ergaben, neu zu regeln, und zwar in dem Sinne, daß eine Wiederverheiratung möglich wurde.

Auf dem Lande sahen sich zumindest die bäuerlichen Besitzer noch mit anderen Schwierigkeiten konfrontiert, weil in vielen Herrschaftsgebieten zusätzlich der leibherrliche Konsens für die Eheschließung erforderlich war. Im deutschen Südwesten spielte er im 15. Jahrhundert eine besondere Rolle beim Versuch der vielen kleineren und größeren Herren, ihre Herrschaftsposition zu stärken. Eine Strategie bestand darin, die ungenoßsame Ehe, d. h. die Ehe zwischen zwei Partnern, die verschiedenen Leibherren unterstanden, entweder zu verhindern oder durch hohe Auflagen zu erschweren. Dabei ging es sowohl um die herrschaftliche Zugehörigkeit des Ehepaares wie um die der aus dieser Ehe hervorgehenden Kinder. Diese Heiratsbeschränkungen brachten nicht nur hohe finanzielle Belastungen für die Eheleute, sondern wurden von ihnen auch als Widerspruch zum göttlichen Recht empfunden. Die Aufhebung dieser Heiratsbeschränkungen gehörte daher im Bauernkrieg zu den programmatischen Forderungen der Bauern in den Zwölf Artikeln von 1525. [...]

Am Vorabend der Reformation gab es also eine Reihe von Problemfeldern, sowohl in den geistlichen wie in den weltlichen Ständen, die dem Thema „Ehe" Brisanz verliehen und nach Neuregelung verlangten: die große Zahl der kanonischen Ehehindernisse, das Konkubinat, die heimlichen oder Winkelehen, die nicht eingehaltenen Eheversprechen, die herrschaftlichen Ehebeschränkungen. Die Regulierung der Geschlechterbeziehungen durch die Konfiguration Zölibat – Ehe – öffentlich kontrollierte Prostitution entsprach nicht mehr den neuen sozialen Realitäten. Die Probleme ließen sich nicht allein dadurch lösen, daß die Normierung und Kontrolle von der Kirche an die weltlichen Obrigkeiten überging. Man bedurfte auch der Orientierungshilfe durch neue Ehekonzepte. Als „kleinbürgerliches" Konzept ließe sich die bereits erwähnte Handwerkerehe werten, die auf dem doppelten Konsens von Brautpaar und Eltern begründet wurde, wozu nach dem Verbot der Prostitution im Verlauf der Reformation noch die „Reinlichkeit des ehelichen Bettes" kam. (Ebenso bedeutsam, wenngleich nicht so ungebrochen wirksam, war das patrizische Modell der Humanistenehe. [...])

Die meisten Frauen wurden durch die Eheschließung nicht „versorgt", vielmehr brachten Braut und Bräutigam gemeinsam das zusammen, was die Begründung einer selbständigen Existenz als Ehepaar ermöglichte. Diese mußte – meist zeitlebens – durch die Arbeit der Eheleute gesichert werden: durch die Haushaltsführung im engeren Sinne, aber bei Gelegenheit und Bedarf durch alle erdenklichen Arbeiten.

Ebensowenig wie die Haushaltsarbeit das Leben von Ehefrauen zwischen Mittelalter und Moderne ausfüllte, hat dies ihre Mutterrolle vermocht. (Vielmehr sind aus den sozialen Positionen und Arbeitsrollen „Mutter" bzw. „Hausfrau" erst im Zusammenhang mit dem wirtschaftlich-sozialen und kulturellen Wandel seit dem 15. Jahrhundert „Mutter als Beruf", „Hausfrau als Beruf" und die normative Vorstellung von der „Hausfrau und Mutter" entstanden.)

In dem komplexen und langfristigen Prozeß der wechselseitigen Bedingtheiten von Arbeiten und Leben – einem Prozeß, der im 11./12. Jahrhundert begann – lassen sich zwei Entwicklungstendenzen unterscheiden: erstens die Verlagerung der Zuständigkeit für die bäuerliche und gewerbliche Produktion sowie für den Handel von den herrschaftlichen Großhaushalten in die kleinen Haushalte, deren Kern das selbständig wirtschaftende Ehepaar mit seinen Kindern bildete; zweitens – eng damit verbunden – die Spezialisierung von Arbeit zum einen in Richtung „Professionalisierung" als selbständige Geschäftsführung und Beruf, zum anderen als hochspezialisierte Lohnarbeit in einem Teilbereich, mit dem Effekt der Disqualifizierung von „ungelernter" Arbeit. Beide Tendenzen implizieren, daß die Entwicklung der Beziehungen zwischen den Eheleuten sowie zwischen Eltern und Kindern, die schließlich die Herausbildung der sozialen Gruppe „Familie" bewirkte, in engem Zusammenhang mit diesen Arbeitsformen zu sehen und zu bewerten ist. Den gesamten Vorgang verstehe ich als Familiarisierung von Arbeiten und Leben, als einen Prozeß, in dem die Warenherstellung zunehmend in Familienhaushalten organisiert wird und in dem zugleich die sozialen und emotionalen Beziehungen der arbeitenden Menschen zur Ausgestaltung der Lebensform „Familie" beitragen.

Mit dem Anwachsen der europäischen Bevölkerung im 11./12. Jahrhundert entstand ein neues Muster für die Beziehung zwischen Arbeiten und Leben. Es war eng gebunden an die Entwicklung der Städte und der verdichteten dörflichen Siedlungen sowie an die Möglichkeit einer größeren Zahl von Männern und Frauen, eine Ehe einzugehen. Das Ehe- und Arbeitspaar bildete den Kern der Neuorganisation des Wirtschaftens in selbstverantwortlichen Haushalten von Handwerkern, Kaufleuten und Bauern, aber auch den Kern für Familie als allgemeiner Lebensform dieser sozialen Gruppen. Während die ältere Fronhofswirtschaft auf die Bedürfnisse einer kleinen Zahl von Grundherren ausgerichtet war und Leben und Arbeiten der abhängigen bäuerlichen Haushalte wie einer großen Zahl lediger Männer und Frauen in den Fronhöfen selbst organisierte, arbeiteten die bäuerlichen und städtischen „Familienwirtschaften" für eine über den Markt vermittelte Nachfrage und mußten außerdem ihre eigene Versorgung (Essenszubereitung, Wäschewaschen usw.) selbst regeln. Die „Emanzipation" aus diesen Abhängigkeiten gelang nicht dem einzelnen, sondern nur dem Ehe- und Arbeitspaar. Wem dies nicht glückte, der mußte sich weiterhin zeitweise oder lebenslang in den Schutz und damit in die Abhängigkeit eines anderen Haushalts begeben, weil es einen Staat, der den einzelnen hätte Schutz garantieren können, noch nicht gab.

In den Städten kam eine Entwicklung zum Abschluß, die bereits lange bei den Zentren geistlicher und weltlicher Herrschaft angelegt war, nämlich die Verselbständigung eines spezialisierten Handwerks und des von Kaufleuten auf eigene Rechnung getragenen interregionalen Güteraustausches. Daß gleichzeitig der Getreideanbau ausgedehnt und die Landnutzung intensiviert wurde, indem man Viehhaltung und Getreideanbau im System der Dreifelderwirtschaft abstimmte, kann als eine Spezialisierung bäuerlicher Arbeit interpretiert werden, die selbst einfachere handwerkliche Arbeiten nurmehr begrenzt zuließ. Stadt und Land waren entstanden. Die Arbeitsteilung zwischen Stadt und Land implizierte Spezialisierung und Intensivierung von Arbeit, die ihrerseits eine neue Arbeitsteilung zwischen Männern und Frauen mit neuen Formen der Arbeit, der Arbeitsorganisation und der sozialen Beziehungen hervorbrachte, nämlich die Familienwirtschaft mit dem Ehepaar als Arbeitspaar und die daran gebundenen Formen der Lohnarbeit.

Hartmut Boockmann (Hg.)

Der „Pauker von Niklashausen"

Erstens untersteht er sich, ununterbrochen vor dem Volk zu predigen und zu sagen, was nun folgt:

Daß ihm die Jungfrau Maria, die Mutter Gottes, erschienen sei und ihm den Zorn Gottes über das menschliche Geschlecht und insbesondere gegen die Priesterschaft offenbart haben soll.

Daß Gott deshalb seine Strafe habe verhängen wollen. Wein und Korn sollten am Kreuztag (3. Mai) erfroren sein. Das habe er durch sein Gebet abgewendet.

Daß im Taubertal ebenso große, vollkommene Gnade und noch mehr als in Rom oder irgendwo sein soll.

Welcher Mensch ins Taubertal kommt, der erhält alle vollkommene Gnade. Wenn er sterbe, fahre er vom Mund zum Himmel auf.

Welcher Mensch nicht in die Kirche (von Niklashausen) gelangen kann, da sie so klein ist, erlange dennoch die Gnade.

Er wolle dafür seine Treue zum Pfand setzen. Und wäre eine Seele in der Hölle, so wollte er sie an der Hand herausführen.

Daß der Kaiser ein Bösewicht sei. Und mit dem Papst ist es nichts.

Der Kaiser gebe einem Fürsten, Grafen und Ritter und Knecht, geistlichem und weltlichem, Zoll und Belastungen über die kleinen Leute – „Oh weh, ihr armen Teufel!"

Die Geistlichen haben viele Pfründen. Das soll nicht sein. Sie sollen nicht mehr haben als von einem zum anderen Mal.

Sie werden erschlagen, und in kurzer Zeit wird es dazu kommen, daß der Priester die Glatze mit der Hand bedekken möchte. Er täte das gern, damit man ihn nicht erkennt.

Daß die Fische in dem Wasser und das Wild auf dem Felde allgemein (zur Verfügung stehen) sollen.

Daß die Fürsten, geistliche und weltliche, auch Grafen und Ritter so viel haben. Hätten das die gemeinen Leute, so hätten wir gleich alle genug, was nun geschehen muß.

Es kommt dahin, daß die Fürsten und Herren noch für Tagelohn arbeiten müssen.

Vom Papst hält er wenig, ebenso vom Kaiser. Denn wäre der Papst fromm und fände man ihn bei seinem Ende so, ebenso den Kaiser, so fahren sie unmittelbar zum Himmel. Findet man sie aber böse, so fahren sie unmittelbar in die Hölle. So daß er nichts vom Fegefeuer hält.

Er will die Juden eher bessern als Geistliche und Schriftgelehrte. Und wenn ihm ein Priester schon Glauben schenke: wenn er wieder nach Hause kommt, bedrängen ihn zwei oder drei und schreien ihm die Ohren voll, so daß es viel böser wird als vorher.

Die Priester sagen, ich sei ein Ketzer, und sie wollen mich verbrennen. Wüßten sie, was ein Ketzer sei, würden sie erkennen, daß sie Ketzer seien und ich nicht. Verbrennen sie mich jedoch: Weh ihnen! Sie werden wohl merken, was sie getan haben, und das wird Schaden für sie bringen.

Zu Holzkirchen hat einer unter dem Volk vor ihm gekniet. Den hat er absolviert und danach nach Niklashausen an den Pfarrer verwiesen.

Die Mutter Gottes wolle zu Niklashausen mehr verehrt werden als irgendwo sonst.

Er sagt, der Bann sei nichts. Und die Priester scheiden die Ehe, was niemand als Gott tun kann.

Das alles und noch mehr haben öffentliche Schreiber und Zeugen gehört und aufgeschrieben.

[Bericht über den Musikanten und Visionär Hans Behem, der mit seinen Predigten in dem fränkischen Dorf Niklashausen tausende von Menschen anzog; 1476.]

Norbert Schindler

Besuchsbräuche im spätmittelalterlichen Karneval

„Zuchend von S. Gallen", hieß es 1484 in einer Schweizer Chronik, „by 300 mannen all in rothen gloggen röklinen und in einem ermel, wyss und schwartz, gen Costentz und hieltend fründschaft und vastnacht mit inen; da ward den unsern gross Ehren thun." Das war bereits der Gegenbesuch, der den kurz zuvor erfolgten Zug der Konstanzer Fastnachtsleute nach St. Gallen erwiderte. Zwischen beiden Städten herrschte im späten Mittelalter ein reger fastnächtlicher Besuchsverkehr, dessen wirtschaftlichen Hintergrund vor allem der Leinwandhandel bildete – war Konstanz doch lange Zeit ein bevorzugter Hafen- und Umschlagsplatz der Sankt Galler Leinwand. Ziehen wir zumindest noch eine etwas spätere Chronikpassage heran, die in die umgekehrte Richtung weist:

„Anno domini 1527 jar am 10 hornung komend etlich burger von Costanz in katzen wis, in grüenen roken, hohen hüeten mit grüenen spiessen und zwenfachen fendli, rot und wiss, daran, zuo etlichen unsern burger; desglichen darvor vor 14 tagen warend si och bi inen gesin [...] Und luffend unser geselen mit in engegen in hosen und blossen hembder, in Moren wis, und schwarz bengel in der hand [...] Da schanktend mine herren erlich an der herberg; die geselen luodend si von ainer trinkstuben in die ander. Es ward spilen erlobt und ander zitliche fröd."

Die Katzen, die auf die patrizisch-vornehme Konstanzer Gesellschaft ‚zur Katz' anspielten, vergnügten sich also mit den Mohren, und dennoch mischen sich sogleich ernstere Untertöne in das burleske Bild. Städtische Fastnachtsabordnungen von eindrucksvoller Größe, die gleichsam uniformiert, bewaffnet und in geschlossener paramilitärischer Formation auftraten: Die Konstanzer Bürger dürften 1484 den Einmarsch der roten Ostschweizer Glockenröcke in der Stärke eines kleinen Heeres vermutlich mit etwas zwiespältigen Gefühlen verfolgt haben – hatte man doch in unliebsamer Erinnerung, wie die wilden innerschweizerischen Freischaren im 15. Jahrhundert immer wieder und gerade zur Fastnachtszeit in durchaus unfriedlicher Absicht vor den Toren aufgetaucht waren und mit der Eroberung des Thurgaus 1460 die Bodenseestadt von ihrem natürlichen Hinterland abgeschnitten hatten. Eine gewisse Militarisierung des Erscheinungsbilds der alemannischen Fastnacht ergab sich schon daraus, daß Fastnachtsaufzüge und die Musterung Wehrfähiger häufig zusammenfielen. Als die Zürcher Fastnachtsabordnung 1503 im durch den Rhein getrennten Doppelstädtchen Laufenburg einkehrte, um sich für den bevorstehenden Empfang in Basel zu stärken, reagierte die rechtsrheinische, habsburgtreue Obrigkeit sichtlich nervös und stellte ihr unter dem Tor 50 oder 60 Geharnischte entgegen. Freundschaft bedeutete eben im Mittelalter nicht mehr als das temporäre Unterlassen von Feindseligkeiten, und deshalb mußte sie durch periodische rituelle Besuche immer wieder neu beschworen werden. Andererseits drohte gerade das spontan überschießende Gemeinschaftsgefühl des Karnevals immer wieder nach innen wie nach außen hin in offene Gewalttätigkeit umzuschlagen. Das ist nichts Besonderes, sondern nur eine der zahllosen Ambivalenzen, die die ‚verkehrte Welt' des Karnevals transportierte. Der Karneval war ein tiefes Gesellschaftsspiel, das in rituellen Verkehrshandlungen unbequeme Wahrheiten zutage förderte, die zwar jeder kennt, über die man aber ansonsten tunlichst schweigt.

Vielleicht ist die Janusköpfigkeit von Krieg und Frieden nirgendwo so gekonnt in Szene gesetzt worden wie in der berühmten Entführung des Bruder Fritschi durch die Basler Fastnachtsbesucher im Jahre 1507. In einem kühnen Handstreich hatten sie, die geladenen Gäste, die Symbolfigur der Luzerner Fastnacht aus dem Umzug heraus gekidnappt und im Triumphzug nach Hause verschleppt. Das war nicht ganz ungefährlich, war doch der Fritschi-Umzug nicht nur Maskenzug, sondern zugleich eine waffenstarrende Musterungs- und Militärparade. Man wird diese freche Herausforderung als einen rituellen Test der Eidgenossenschaft verstehen dürfen, der Basel gerade erst beigetreten war. Der Test erstreckte sich im Grunde gleichermaßen nach beiden Seiten: Die geprellten Luzerner Gastgeber mußten nun zeigen, daß sie brauchbare Bundesbrüder sind, nichts krumm nehmen, sich aber auch nichts gefallen lassen, d. h. sie mußten in ebenso spielerischer Form alle diplomatischen und militärischen Register ziehen, um die Scharte auszuwetzen und ihre Strohpuppe im darauffolgenden Herbst unter „grossem winvergiessen" zurückzuerobern. Begleitet von den Waffenbrüdern der Waldstätten, so kündigten sie drohend an, werden wir „uff frytag nach des heiligen crutzes tag, zu ross, schif und fus, mit anderthalphundert mannen [...] zu uch ziehen", euch anderntags beim frühen Nachtmahl angreifen und „unsern burger erobern". Der Kampf war hart: U. a. mußten 1764 Hühner für das Festgelage ihr Leben lassen. Auf dem Spiel jedoch stand die innere Verbundenheit zwischen den Verbündeten – an ihrem grimmigen Humor erkennen sich die Eidgenossen. Die ganze Paradoxie dieses Städtekampfspiels wird jedoch erst sichtbar, wenn man sich daran erinnert, wie umstritten der Beitritt Basels zur Eidgenossenschaft innenpolitisch war und wie empfindlich das Stadtregiment daher auf jede Kritik an diesem Schritt reagierte. Der dreiste Übergriff entpuppt sich dann als camouflierter Annäherungsversuch, ja als werbende Anpassung an die eidgenössischen Sitten und Gebräuche, zumal er keineswegs Originalität für sich beanspruchen konnte. Die Jungmannschaften der Urkanone hatten vielmehr schon „zum dickern mal", d. h. mehrfach in Luzern den Fritschi gestohlen. Die Neuschweizer demonstrierten also den Altkantonen, daß sie ihnen an Verwegenheit und Kriegstüchtigkeit nicht nachstanden. Außenpolitisch hatte die Fritschi-Entführung den Sinn einer versteckten Offerte, deren Erfolg freilich auf das Gelingen des Handstreichs angewiesen war. Das riskante Basler Kalkül ging voll auf, denn nichts begriffen die kriegsgewohnten Innerschweizer Antipoden rascher als diese integrationistische Pointe, nämlich daß ihre spielerische Schlappe im Grunde ihren Sieg, ihre politische Anerkennung bedeutete. Und innenpolitisch hatte man mit diesem wohlgeplanten populistischen Coup der antieidgenössischen Opposition in der Stadt endgültig den Wind aus den Segeln genommen.

Die spätmittelalterlichen Schweizer Chroniken vermitteln das Bild einer intensiven Fastnachtsdiplomatie zwischen den verschiedenen Städten und Kantonen. Nimmt man die wechselseitigen Besuchsverpflichtungen an Kirchweih und den diversen Schützenfesten noch hinzu, die sich im Feststil kaum voneinander unterschieden, so drängt sich förmlich der Eindruck auf, daß die politische Formierung der Eidgenossenschaft im 15. und 16. Jahrhundert wesentlich von der kulturellen Integrationswirkung dieser Festdiplomatie getragen wurde. Die staatsbildende Festebene wurde wiederum durch eine Unzahl lokaler und regionaler Festnetzwerke untermauert. Schon 1447 sollen ca. 1500 Eidgenossen auf der Zürcher Fastnacht erschienen sein, um nach dem Ende des Alten Zürichkriegs ihr Bündnis zu bekräftigen, und 1488, als zur pompösesten Fastnachtsfeier, die die Stadt je gesehen hatte, auch die Bewohner des Landgebiets geladen waren, sprachen die Chronisten von 4000, ja gar von 6000 Teilnehmern. Das war Heerschau und Gelegenheit zu politischen Verhandlungen zugleich, vor allem aber hatte man miteinander „guot fassnachtspil gehept". Man wird gut daran tun, dies nicht allzu literarisch aufzufassen, ging doch etwa beim Fastnachtsbesuch der Innerschweizer in Basel 1521 für 4900 Pfund Wein auf, mehr als das Weinumgeld, die bedeutendste städtische Steuer, jährlich einbrachte.

Die Fastnacht, bei der es nicht nur das Landvolk, sondern auch die Aristokratie in die Städte zog, um sich an den kollektiven Lustbarkeiten zu beteiligen, war aufgrund des außer Kraft gesetzten ,Ernsts des Lebens' geradezu die ideale Gelegenheit für Geschäfte, Handel und Diplomatie. Da sich in dieser Zeit zwischen den Zeiten die zwischenmenschlichen Kontakte intensivierten und man die Dinge lockerer zu nehmen pflegte als sonst, waren mit dem Fastnachtsfrieden stets auch Hoffnungen auf politische Konfliktlösungen verbunden. Erzbischof Dietrich von Köln etwa hatte 1415 seine Huldigungsfeierlichkeiten wegen der gespannten Situation mit der lokalen Bürgerschaft bewußt in die Karnevalszeit verlegt, „und de stat hulde im und er in wider, alle stosse tueschen (= zwischen) in beiden wurden nidergelacht". Nach dem Ende des sog. ,Markgrafenkriegs' hatte sich der brandenburgische Markgraf Albrecht Achilles, Erzfeind der Stadt Nürnberg, freies Geleit zusichern lassen und war am 3. März 1454 mit großem Gefolge in die Stadt eingezogen, um – gleichsam als Versöhnungsritual – gemeinsam die Fastnacht zu feiern. Man lieferte sich ein Stechen mit einigen Ratsherrn, „heten die vaßnacht und erzaigten sich demütiglich; ob aber der hinter was, was got wol, der ist verswigen". Die Skepsis des Chronisten galt dem Doppelgesicht des Karnevals. Auch die Reichsstadt Regensburg veranstaltete bis ins 16. Jahrhundert hinein regelmäßig exklusive Faschingsmähler und Maskenbälle für Adel, hohen Klerus und einheimisches Patriziat, die deutlich genug auf einen Ausgleich der endemischen Spannungen zwischen Bürgerstadt und Geistlichkeit gerichtet waren. Die fastnächtliche Integrationssymbolik zeigte sich schon daran, daß der Ort der Festivitäten wechselte. Man versammelte sich einmal auf der Ratsstube, dann im bischöflichen Hof oder im Kloster St. Emmeram. Und sie setzte sich in der Aufgabenverteilung fort: Der Rat hatte traditionsgemäß für Wein und Musik zu sorgen, während die Geistlichen die Faschingskrapfen aufbringen mußten. Dennoch blieb der Faschingsfriede brüchig. Die alltäglichen Rivalitäten und Fehden schlugen immer wieder durch, und nicht selten endeten die gemeinsamen Feierlichkeiten in Streitigkeiten und handfesten Übergriffen. Die spielerische Sublimierung der Konfliktpotentiale im gemeinsamen Fest der ‚verkehrten Welt‘ war nur in Grenzen erfolgreich.

Ich habe die spätmittelalterliche Fastnachtsdiplomatie, diese spektakuläre politische Dimension des Karnevals an den Anfang gestellt, um mich von ihren Höhen allmählich in die ‚Niederungen‘ der alltäglichen Fastnachtsverkehrsformen hinabzubegeben. Essen und Trinken, Sexualität und Gewalt – so hat Peter Burke die drei Hauptthemen des Karnevals benannt. Ein viertes, nämlich die Besuchsbräuche, wäre ihnen hinzuzufügen. Fastnacht war ja der Kulminationspunkt jener relativ arbeitsarmen winterlichen Fest- und Mußeperiode, der Zeit der gefüllten Speisekammern, in der man über Land ging und sich gegenseitig besuchte, um die Kontakte zu erneuern und zu pflegen, die dann das Jahr über halten mußten. Erst diese Besuchspraxis und die damit verbundene ‚Arbeit‘ am Netzwerk der sozialen Beziehungen rücken die von Burke bezeichneten Schwerpunkte des Fests in ihr richtiges geselliges Licht. Die von den geistlichen Fastnachtskritikern vielbeanstandeten und meist aus ihrem sozialen Zusammenhang gerissenen üppigen Tafeleien richtete man ja nicht für sich selbst, sondern für die zu diesem Termin erwarteten Gäste und Besucher aus. Erst die Vielfalt der Besuchsbräuche und die dadurch erzeugte Verdichtung der sozialen Kontakte im Karneval läßt die Sozialität dieses Fests sichtbar werden, das in seinen diversen Kontaktriten geradezu eine eigene Kunstfertigkeit der sozialen

Begegnung entwickelte. Hinter diesen spielerisch vorgetragenen Kontaktriten stand, insbesondere in den Städten, ein ausgeprägtes gesellschaftliches Integrationsbedürfnis, und das ist auch der tiefere Grund dafür, daß sich die obrigkeitlichen Einschränkungen bzw. Verbote des Karnevals in der frühen Neuzeit nur langsam durchsetzen konnten.

Ihre spezifische rituelle Verdichtung verdankte die Fastnacht dem schlichten Umstand, daß in ihr verschiedene Rechts-, Brauch- und Festanlässe zusammenfielen. Rechtsordnungen wurden erneuert und mit Mählern besiegelt, grunduntertänige Bauern lieferten ihre Fastnachtshühner beim Grundherrn ab und erwarteten dafür großzügige Bewirtung, Dorfhirten holten sich ihr Scherflein bei denen, über deren Herden sie jahrein, jahraus zu wachen hatten, die Insassen der Spitäler und Armenhäuser mußten beschert werden, Hausfrauen buken Unmengen von Fastnachtsküchlein in Erwartung mehr oder weniger willkommener Besucher, denen man nicht mit leeren Händen begegnen wollte. Der Karneval war ein Fest der sozialen Reziprozitäten. Daß man das Angenehme mit dem Nützlichen zu verbinden verstand, davon zeugt vor allem die Häufung der Hochzeiten in der Fastnachtsperiode. Schon 1411 hatte eine Basler Rechtsquelle diesen Usus hervorgehoben, wo „man gewohnlichen zu der heiligen Ehe griffet", und die städtischen Chronisten konnten sich kaum genug verwundern über den alljährlich vor der Fastenzeit wiederkehrenden Heiratsboom. Die eigenen Feste in die allgemeine Feierzeit hineinzuverlegen, war nicht nur praktisch, sondern auch entschieden billiger und besucherfreundlicher. Die juristischen Friedgebote faßten jedenfalls jene „ziten, so man uf kilchwichi, vasnachten, hochziten oder andern versamblungen zusamen zücht", mit einer gewissen Selbstverständlichkeit als einheitlichen Zeitraum auf.

Mit großer Selbstverständlichkeit bediente man sich bis zum Ende des 16. Jahrhunderts des ältesten und einfachsten Mittels zur Herstellung politischer Gemeinsamkeit, nämlich miteinander zu feiern, und die exklusiven Bankette der Großen setzen sich nach unten hin in Dutzenden von Festmählern der Zünfte und Gilden, aber auch der einfachen Leute fort. Je weiter unten die Festivitäten angesiedelt waren, desto stärker blieben sie zur Straße hin geöffnet. Das hatte seinen Grund nicht zuletzt in der unterschiedlichen Finanzierungspraxis der Fastnachtsgelage: Nur die exklusiven Festbankette der Stadteliten gehorchten dem aristokratischen Prinzip der Freigebigkeit bzw. des Freihaltens der Gäste, das auf die Gegeneinladung zielte. Die städtischen Mittelschichten hingegen waren, ihren Vorstellungen von einer autonomen Subsistenzwirtschaft entsprechend, auf die weitgehende Selbstfinanzierung der Festlichkeiten durch z. T. stattliche Eintrittsgelder bedacht. Die Unterschichten schließlich waren es gewöhnt, sich das Geld für ihre Feste zusammenbetteln zu müssen, und gerade diese brauchtümliche ‚Außenfinanzierung‘ verankerte ihre vergleichsweise bescheidenen Festivitäten tiefer in der städtischen Öffentlichkeit als die aufwendigen Selbstdarstellungsforen der Besitzenden. Die Handwerksgesellen etwa pflegten den Obolus für ihre Umtrünke entweder durch kleinere Schauvorführungen (Schwertertänze o. ä.) einzuspielen oder durch Heischebräuche ihren Meistern oder auch den Passanten direkt abzuknöpfen. Doch über diesen schichtenspezifischen Unterschieden sollte man den hierarchieübergreifenden Charakter der fastnächtlichen Einladungen nicht aus den Augen verlieren. Die städtischen Ratsherrn konnten es sich nicht leisten, an Fastnacht vornehm unter sich und ihresgleichen zu feiern. Die Rechnungsbücher zeigen die vielfältigen Verpflichtungen, die sie an diesem Termin nach unten hin wahrzunehmen hatten und die im Verkehrte-Welt-Ritual des ‚Rathausstürmens‘ ihre symbolische Verdichtung fanden. In Mühldorf (Inn) etwa tafelte der Rat im 16. Jahrhundert regelmäßig mit seinen Amtsschreibern im Pfarrhof, und der Amtmann, die Stadtpfeifer und der Brückenmeister bekamen am Aschermittwoch die ihnen zustehende Suppe vorgesetzt. Spielleute, arme Schulmeister und Handwerksgesellen, die im Winter ohne Einkommen waren, führten vor dem Rat oder auf dem Marktplatz ihre theatralischen Darbietungen auf und zogen mit ihnen über Land, um sich ein Zubrot zu verdienen. Je weiter wir uns in der Fastnacht nach unten bewegen, desto mehr stoßen wir auf die Ökonomie des Fests und auf den bemerkenswerten Umstand, daß ein beträchtlicher Teil seiner Sozialität von der Armut erzwungen war. Der Popularität des Vorgetragenen tat die Bedürftigkeit der Akteure keinen Abbruch – eher im Gegenteil.

Der Karneval war ein Ritual der Erneuerung und ein Fest der Jugend. Luca Landucci berichtet davon, wie sich nach dem Ende der Mönchsherrschaft Savonarolas 1499 das aufgestaute Bedürfnis der Florentiner jeunesse dorée nach extravaganten Karnevalsvergnügungen geradezu Bahn brach. Aber das gesellige Spiel mit den Verkehrte-Welt-Riten war kein Privileg der Reichen. Die Jugendlichen der unteren Schichten verstanden es durchaus, dem Fest ihren Stempel aufzudrücken und die alltäglichen Streiche und Provokationen ihrer männlichen Jugendkultur in das allgemeine Karnevalstreiben hineinzutragen. Ihre ‚Rotten‘, die auch sonst die Arbeits- und Freizeit miteinander verbrachten, bildeten den aktionistischen Kern des öffentlichen Maskentreibens, den permanenten Unruheherd, von dem die verkehrte Welt der Karnevals lebte. Sie waren die Protagonisten der ‚grobianischen‘ Kontaktriten, die man sich kaum körperlich genug vorstellen kann und die im Schmelztiegel der frühen Urbanisierung doch den allgemeineren Wunsch vieler nach sozialer Integration repräsentierten. Sie klopften an fremde Türen und Fenster, heischten im brauchtümlichen Gewand allerlei Gaben bei den Etablierten, stellten den Mädchen nach, schlugen im Fastnachtsgetümmel mit Aschensäcken oder wassergefüllten Schweinsblasen um sich, bewarfen Passanten mit Asche oder Mehl, schmierten ihnen Ruß oder Kreide ins Gesicht, warfen sie auf einem mitgeführten Tuch in die Luft oder nahmen sie gefangen und ließen sie nur gegen ein Lösegeld wieder frei, das anschließend gemeinsam verzecht wurde. Als Anwärter der Zukunft und prädestinierte Hüter der Unordnung, deren soziales Interesse in der Verflüssigung der festgefügten Verhältnisse bestand, sorgten sie mit ihren unberechenbaren Attacken dafür, daß die alltägliche Ordnung suspendiert und durch eine spannungsgeladene Atmosphäre ersetzt wurde, in der niemand sicher sein konnte, was ihm widerfahren würde, wenn er sich auf die Straße begab. Als die ‚rauhe Stimme des Gemeindegewissens' (N.Z. Davis), die sie anerkanntermaßen verkörperten, war ihr Verhältnis zur Erwachsenenwelt und zu den Häusern, in denen diese ihr Regiment führte, stets mehr oder weniger gespannt. Öffentlichkeit herzustellen, die Festungen der Häuser zur Straße hin zu öffnen, war ihnen ein zentrales Anliegen. In Basel etwa war es üblich, sich an Fastnacht nicht nur gegenseitig zu besuchen, sondern auch Speisen als Honneur von Haus zu Haus zu reichen. 1516 ereignete sich auf der Rheinbrücke ein spektakulärer Anschlag auf diese traditionelle Pflege der Beziehungen von Haus zu Haus: Einige vermummte Jugendliche lauerten den die Speisen austragenden Dienstboten auf, entrissen ihnen die Töpfe mit Maienmues, einem Brei aus Eiern und Milch, und taten sich daran nicht nur gütlich, sondern beschmierten sich damit auch ihre Gesichter. Was auf den ersten Blick befremdlich anmutet, enthüllt sich bei genauerem Hinsehen als typischer Übergriff der ledigen jungen Männer – lag es doch vor allem im Hinblick auf die Eheanbahnung in ihrem virulenten Interesse, die offiziellen Beziehungen zwischen den Häusern und Familien gleichsam aufzusprengen und – das Mus auf ihrem Gesicht – zu ihrem öffentlichen Problem zu machen. Wie es weitergeht, proklamierte ihre Protestgeste, hängt nicht nur von den überlegenen Heiratsstrategien der ‚Haushäbigen' und ihren kalten Besitzkalkülen ab, sondern auch davon, wem sie, die eigentlich Betroffenen, sich zuwenden.

Schon seit dem frühen 15. Jahrhundert lassen sich an den städtischen Verordnungen und Verboten die notorischen Spannungen zwischen dem Ratsregiment und den männlichen Jugendgruppen ablesen, die als ‚Herrscher der Straße‘ gleichsam die Speerspitze des Karnevals bildeten. Die Obrigkeiten waren eifrig bemüht, das Aktionsterrain der Jugendlichen zu beschränken, aufdringlichen Fastnachtsbesuchern die Häuser zu verbieten und den Hausfrieden auch im Karneval zu wahren. In Basel ging man seit 1418 gegen diese ‚Hausfriedensbrüche‘ vor, und in Bern dekretierte man um 1490, daß „niemand den anndernn vberlouffenn noch besuchenn sol, er warde dann in sonderheitt berufft vnnd geladenn“. Der Trend dieser Erlasse ging in den oberdeutschen Städten dahin, die Häuser vor Übergriffen besser zu schützen, indem man zwischen einem kleinen Kreis willkommener Besucher bzw. Besuchsberechtigter und der Masse der ungebetenen Gäste zu unterscheiden suchte. Wie realistisch solche Maßnahmen waren und wer sie in den Turbulenzen der tollen Tage hätte überwachen sollen, steht freilich auf einem anderen Blatt. Ihr Ziel war die Entschärfung der karnevalistischen Besuchsbräuche, bei denen vermummte Rotten von Haus zu Haus zu laufen pflegten, den Bewohnern mit lautem Getöse, Schabernack und grotesken Aufführungen aller Art aufwarteten und nach der Entrichtung eines Obolus oder einer Bewirtung weiterzogen – die historische Keimzelle der Fastnachtsumzüge, wenn man so will. In der Regel hielt man sich dabei an die Häuser der Verwandten, Freunde und Nachbarn, und die Dramaturgie des Maskenspiels folgte der identifikatorischen Logik von Verfremdung und Wiedererkennen. Wer trotz aller Verstellungskünste nach einer Weile von den Hausleuten identifiziert wurde, dem vermittelte der Ausgang dieses harmlosen Ratespiels die Gewißheit dazuzugehören, d. h. ein mit gebührender Aufmerksamkeit registriertes Mitglied seiner sozialen Gemeinschaft zu sein.

Aus diesen Spielen mit der sozialen Nähe gingen mit dem fortschreitenden Städtewachstum im Laufe des 15. Jahrhunderts auch andere, brisantere Formen der Heimsuchung hervor, bei denen man durch sein ungestümes Auftreten durchaus unfreundlich Geld und Gaben erpreßte und auch fremde Häuser nicht verschonte. Der in der alemannischen Fastnacht weitverbreitete Heischebrauch, das Fastnachtsküchlein in anderen Häusern zu holen, geriet wegen der dabei zu befürchtenden Übergriffe und Auseinandersetzungen schon bald ins Visier der Obrigkeit und wurde, weil er den sozialen Gegensatz von ,Habnitsen‘ und Besitzenden nahezu ungeschminkt zu inszenieren erlaubte, im ersten Drittel des 16. Jahrhunderts fast in allen Städten mit – freilich nicht sehr wirkungsvollen – Verboten belegt. Die Basler Rufbücher lieferten schon um 1420 erste Hinweise auf die wirtschaftlichen Spannungen, die für die Radikalisierung der fastnächtlichen Besuchsbräuche mitverantwortlich zeichneten. Das Gesinde und der weitere Kreis der dienstbaren Geister der großen Stadthäuser hatten offenkundig vermummt ihre Herren heimgesucht und ihnen Heischeforderungen unterbreitet, die eher einer Lohnaufbesserung als einer freundlichen Bewirtungsgeste gleichkamen. Den Zorn des Rats hatten sie auf sich gezogen, weil sie es im Falle der Abweisung gewagt hatten, die häuslichen Feste der besseren Gesellschaft zu stören.

Im Unterschied zu den modernen Karnevalsparaden, die sich ausschließlich an die Schaulust des Publikums richten, waren die frühneuzeitlichen Umzüge noch sehr selbstverständlich mit Häuserattacken, vornehmlich zu Heischezwecken, verbunden. Im westfälischen Münster berichteten die Chroniken des 16. Jahrhunderts bezeichnenderweise, daß dabei nur die ,guten Leute‘ ihre Masken ablegten und sich zu erkennen gaben, während die anderen unerkannt mit den Bewohnern aßen und tranken und sie zum Würfelspiel nötigten. Anonymität aber war eine neue, gesellschaftlich noch kaum zu verkraftende Erfahrung. Wenn eine unkenntlich gemachte Person noch dazu ihre eigenen sozialen Kreise überschritt, nahm sie – wohl nicht nur für die Obrigkeiten – tendenziell bedrohliche Gestalt an. Im zeitgenössischen Erzählgut war der große Unbekannte, der mit allen auf vertrautem Fuße stand und doch von niemandem identifiziert werden konnte, bekanntlich kein Geringerer als der Teufel.

Eine weitere Konfliktlinie zeichnete sich zwischen der Ordnungsphilosophie des Stadregiments und den kollektiven Feierzwängen der Jugendgruppen, insbesondere der Handwerksgesellen, ab. 1436 untersagte der Basler Rat den Gesellen, ihren Brauchzwang am Aschermittwoch, dem traditionellen Höhepunkt ihrer Fastnachtsgelage, zu rigoros zu exerzieren und „nit einander ze trengen ze zehren und in die Brunnen ze werffen". 1442 wurde man noch deutlicher: Es sei verboten, jemanden gegen seinen Willen zum Zunftgelage zu zwingen, d. h. „in sin hus (zu) stigen und die lüt uss iren hüsern mit gewalt ze nemmen und in brunnen ze tragen". Gerade die Festlichkeiten der besitzarmen Schichten bedurften des rituellen Nachdrucks, weil sie nicht aus eigener Tasche finanziert werden konnten. Niemand sollte sich ausschließen können, und wer sich der fastnächtlichen Gemeinschaftsbeschwörung dennoch zu entziehen suchte, lief das Risiko, ein eiskaltes winterliches Bad nehmen zu müssen. In der weitverbreiteten grobianischen Rügesitte des Brunnenwerfens (deren schwachen bürgerlichen Abklatsch das heutzutage in der alemannischen Fastnacht so beliebte turnbewegt-sportive Brunnenspringen darstellt) präsentierten sich die Handwerksgesellen der Stadtöffentlichkeit als autonome Gruppenkultur mit eigenen Normen und eigenständiger Sanktionsgewalt. Um diese öffentlich durchzusetzen, mußten sie freilich über die Außengrenzen ihrer Gruppenkultur hinausgreifen, und genau diese Ausweitung des groben Scherzbrauchs bekämpften die Ratsobrigkeiten seit dem Ende des 15. Jahrhunderts energisch. Erstmals 1480 in Bern und von da an häufiger ist überliefert, daß nun auch

Unbeteiligte, spendierunwillige Passanten vermutlich, aber auch junge Mädchen von den Burschen in Brunnen und Bäche geworfen wurden. Die Werbesitten waren rauh, und die Motive der jugendlichen Brunnenwerfer waren stärker durchmischt, als den um die strafrechtliche Klassifizierung und die dafür erforderliche ‚Reinheit' des Delikts bemühten Ratsgerichten lieb sein konnte. Die sozialen Entgrenzungen der Karnevalsriten ließen sich in den Schematismen der Rechtssprechung nicht einfangen, aber dafür erzählen sie umso mehr von den Verschlingungen des wirklichen Lebens.

Auch die fastnächtlichen Besuchsbräuche, in denen die gesellschaftliche Kontaktnahme ihren alljährlichen Höhepunkt fand, zeigen das Doppelgesicht des Karnevals. Einerseits artikulierte sich im gemeinschaftlichen „Schlemmen und Demmen" ein materielles Zusammengehörigkeitsgefühl, demgegenüber die geistlichen und weltlichen Mäßigungsappelle merkwürdig blaß blieben. Das Karnevalsgefühl entstammte den vollen Bäuchen, es war Bestandteil einer anderen Fest- und Körperkultur, die ihre eigenen Konjunkturen des Hungers und des Überflusses besaß. Andererseits konnte man nie sicher sein, ob man beim Festmahl unter sich bleiben würde. Der Variantenreichtum der Besuchsbräuche sorgte stets aufs neue für Überraschungen, und die ungebetenen Gäste gehörten genauso zum Karneval wie die geladenen. Auch wenn man mit ihnen nicht immer die besten Erfahrungen gemacht hatte, galten sie und ihre unvorhersehbaren Auftritte und ‚Überfälle' in der populären Kultur als Inbegriff der verrückten Tage und der rituellen Erneuerung, die vom Karneval ihren Ausgang nahm.

Ludolf Kuchenbuch

Albrecht Dürer – oder:
die mittelalterlichen Stadtbürger und ihr Schriftgut

*Am pfingstag nach Chilianj hab ich, Albrecht Dürer, vff
mein verkosten und außgeben mich mit meinem weib von
Nürnberg hinweg in das Niederland gemacht. Und do wir
desselben tags außzogen durch Erlang(en), do behauseten
wir zu nachts zu Baiersdorff und verzehren daselbst 3 pfund
minder 6 pfenning. Darnach sind wir den nechsten, am
freitag, gen Forchaim kommen, vnd gab do umb geleith
22 pfenning. Von dannen für ich gen Bamberg und
schenckte den bischoff ein gemahlt Marien bildt, unser
Frauen leben, ein Apokalysin und für ein gulden kupffer-
stück. Der lud mich zu gast, gab mir ein zoll- und drey
fürder brieff und löset mich auß der herberg, do ich bey
einen gulden verzehret hab. Item jch hab dem fuhrman
6 gulden an gold geben, der mich von Bamberg gen Franck-
furth führet.*

Dies sind die ersten Sätze von Albrecht Dürers Tagebuch,
das er während seiner Reise in die Niederlande in den Jahren 1520–21 führte. Warum er dorthin reiste? In Nürnberg,
seiner Vaterstadt, ging wieder einmal die Pest um. Aber er
floh nicht nur. Er wollte beim neugewählten Kaiser Karl V.
die Bestätigung einer von der Stadt Nürnberg an ihn aus-
zuzahlenden Jahresrente erwirken, die ihm Kaiser Maximilian für seine langjährigen Dienste gewährt hatte. Dies
gelang Dürer. Dürer wollte aber auch verkaufen. Er war ja
selbst der Verleger und Vertreiber seiner Kupferstiche und
Holzschnitte. Einen großen Vorrat an Druckgraphik hatte er mitgenommen. Und er setzte alles ab. Man hat errechnet, daß Dürer etwa 100 Gulden aus Verkäufen – neben den
vielen Geschenken, mit denen er sich einflußreiche und
hochstehende Leute gewogen machte – erlöste. Man hat
diesen Betrag errechnen können, weil Dürer alles Betreffen-

de in sein Tagebuch eingetragen hat. Dieses Tagebuch war also ein Rechnungsbuch. Es sollte seinem Verfasser am Ende seiner Reise Klarheit über das finanzielle Ergebnis geben.

Das Tagebuch war aber mehr als eine täglich geführte Liste von Soll und Haben. Nicht nur die Reisestationen und -umstände werden notiert. Dürer schildert Begegnungen mit Malern und ihren Bildern, mit Bauten und bekannten Leuten, berichtet über Empfänge ihm zu Ehren, über Aufträge, Männer und Frauen zu *konterfeyen,* über seltsame Dinge aus fernen Ländern, die er erwirbt (Büffelhörner, Papageien, Bambusrohre); ebenso über den Kauf einiger Exemplare des Dil Ulenspiegel, über Krankheit, die ihn überkommt, und er kommentiert frühreformatorische Ereignisse. Er fügt Zeichnungen über verschiedene Manteltypen mit genauen Größenangaben ein. Er zeichnet mit dem Silberstift die verschiedensten Motive in mitgeführte Skizzenbücher: Gesichter, Gebäude, Getier, Gewänder, Alltagsdinge – Tische, Truhen, Krüge, Kachelböden –, auch ein Geschütz ist dabei. Vieles ist datiert, mit Kurztiteln bzw. Erläuterungen versehen, meist in kursiver Handschrift, bisweilen auch in ,Druck'-Buchstaben – und auch das berühmte AD-Monogramm Dürers fehlt nicht.

Wir alle kennen und bewundern Dürer als Maler von 70 Gemälden, als Stecher von 100 *Kupffern,* als Schneider von 350 Holzschnitten und als ,Autor' von ca. 900 Handzeichnungen. Doch sollten wir uns auch vor Augen halten, welch vielfältiges Schriftgut Dürer hinterlassen hat: eine kurze Familienchronik, in die er Aufzeichnungen seines Vaters übernahm; ein Bruchstück eines *Gedenkbuchs,* das eine noch heute tief bewegende Schilderung des Todes seiner Mutter enthält; man erinnere sich an das Blatt, auf dem er seine Mutter zwei Monate vor ihrem Tod mit dem Kohlestift portraitierte. Sein Bericht endet mit dem Satz: ,*Und in ihrem Tod sach sie viel lieblicher, dann do sie noch das Leben hätt'.*

Weiter eine Aufzeichnung über einen bedrohlichen Traum (in Verbindung mit dem Traumbild) und eine weitmaschige Korrespondenz, die nur zu Teilen (über 50 Briefe) erhalten ist. Tagebuch hat er wahrscheinlich auch bereits während seines Venedigaufenthalts 1506/7 geführt (verlorenes *Schreibpüchle*).

Dazu kommt ein kunsttheoretisches Spätwerk großen Umfangs: Drei gedruckte Abhandlungen: eine 1525/28 erschienene *Unterweisung der Messung*, ein Lehrbuch der praktischen Geometrie (mit Exkursen zur Buchstabengestaltung); einen 1527 erschienenen, durch die Türkengefahr veranlaßten *Unterricht zu Befestigung der Stett, Schloß und Flecken,* der den ausführlich kommentierten Plan einer Idealstadt enthält; sowie die *Vier Bücher von menschlicher Proportion.* Alle Traktate wurden bald ins Lateinische, dessen Dürer kaum mächtig war, übersetzt und überall in Europa gelesen. Eine *Proportionslehre der Menschen* von 1523 blieb ungedruckt. Alle diese Schriften sind Teilresultate eines umfassenden Lehrprogramms übers *Molen*, die Malerei, und über die *Perspectiva,* die damals Zentralperspektive, darstellende Geometrie und Theorie des Schönen in einem bedeutete.

So ist es kein Wunder, daß Dürer heute nicht nur als grundlegender Theoretiker von Proportionslehre und Zentralperspektive im Anschluß an die italienische Renaissance gilt, sondern auch in jeder Sprach- und Literaturgeschichte seinen Platz hat. Dürer war, wie jüngst geschrieben wurde, „wie Leonardo eines der wenigen schöpferischen Talente der Zeit, dessen Begabung ein Bildwerk und ein Schriftwerk hervorbrachte". Seine oberdeutsche Sprache wird seit langem mit der von Luther verglichen.

Warum so viele Worte über einen Goldschmied, Graphiker, Maler und Kunsttheoretiker, der seinen Zeitgenossen und den Nachgeborenen gerade als wirklichkeitsversessener Neuerer soviel bot und bietet? Einer, der sich siebenmal portraitierte, der über sein Metier und seine Berufung schreiben konnte: *Dann wahrhafftig steckt die kunst inn der natur, wer sie herauß kan reyssenn, der hat sie.* Zentrale Motive seines bildnerischen Schaffens sind biblisch, gelten patristischen und hagiographischen Traditionen. Auch Dürers Frömmigkeit, so selbstreflexiv und kirchenkritisch sie auch erscheinen mag, wurzelt tief im Mittelalter. Worauf es mir hier aber besonders ankommt, ist Dürers Handhabung der bildnerischen und schriftlichen Techniken und Werkzeuge. Der Umgang nicht nur mit Pinsel, Stichel, Reißstift, Silberstift, Kohle- und Kreidestück auf Kupfer, Holz, Pergament und Papier, sondern ebenso die Handhabung der schriftlichen Zeichen – nicht nur der lateinischen Buchstaben für deutsche, italienische und lateinische Sprachen, sondern auch der römischen und der arabischen Zahlen (einschließlich der indischen Null) sowie Linie und Strich, Punkt und Kreis, Segment und Oktaeder – und schließlich die Verwendung all dessen in Kolumne und Tabelle, auf Blatt und Seite, Brett und Buch, Rechentuch und Druckstock – so gut wie alle diese Instrumente, Stoffe und Techniken sind Errungenschaften des Mittelalters.

Dürers Ausstattung mit diesen schriftkulturellen Techniken und seine Meisterschaft in der handhaften und denkerischen Verfügung über sie macht ihn zum exemplarischen Fall stadtbürgerlicher Schriftkultur. Sicher gründet das in einer einmaligen ‚Individuation‘ Dürers, seinem Drang zur Äußerung vor sich selbst, etwa vor dem Spiegel – zu seinem ersten Portrait von 1484 schrieb er 40 Jahre später: *Daz hab ich aus ein spigell nach mir selbs kunterfet jm 1484 jar do ich noch ein kind was. Albrecht Dürer* –, gegenüber seinen Freunden, aber auch in der damaligen Öffentlichkeit. Der Vergleich mit Mathis dem Maler alias Grünewald, von dem man nahezu nichts weiß, nur seine Bilder kennt, zeigt das schlagend.

Dürer war aber auch Kind seiner Zeit – und das heißt: Bürger seiner Stadt, Meister diverser Künste in seiner Stadt Nürnberg. Im Jahre 1512, als Dürer von Kaiser Maximilian den Auftrag zur ‚Ehrenpforte‘ erhält, als er den Plan zur selbständigen Proportionslehre faßt und an die Arbeit am ersten Meisterstich – ‚Ritter, Tod und Teufel‘ – geht, erscheint die *Brevis Germaniae Descriptio* – die kurze Beschreibung Deutschlands von Johannes Cochlaeus, einem humanistischen Theologen, seit 1510 Rektor der Lateinschule von St. Lorenz in Nürnberg. Für Cochlaeus dreht sich – man kann das sowohl geographisch wie auch raumsymbolisch verstehen – Europa und Deutschland um das Zentrum Nürnberg: *Norinberga centrum Europe simul atque Germanie!* Das Buch, eine an Tacitus' Germania orientierte historische und geokulturelle Umschau der Regionen Deutschlands nach den vier Himmelsrichtungen, ist ganz um Nürnberg, dessen ausführliche Darstellung die Mitte einnimmt, herumgebaut. Nürnberg ist das Zentrum nach Lage, Sprache und ‚Tugend‘ (*virtus*). Chochlaeus' Lob der Nürnber-ger Tugenden kann sich sehen lassen: sie sind politischer, ökonomischer, sittlicher und geistiger Art. Es lohnte sich, sie alle aufzuzählen. Durch viele Einzeltugenden schimmert Schriftkulturelles hindurch, besonders aber im Bereich der *virtus intellectualis*. Als der gebildetste Mann der Stadt wird Dürers lebenslanger Lehrer, Förderer und Freund Willibald Pirkheimer hervorgehoben: ein in den klassischen Sprachen geübter, in allen Fakultäten erfahrener Mann mit einer Riesenbibliothek. Auch Dürer selbst wird mit einer seiner Holzschnittpassionen gerühmt. Seine Themen habe Dürer, schreibt Cochlaeus, *so überaus fein und mit richtiger Perspektive dargestellt, daß die Kaufleute sogar aus ganz Europa die Exemplare für ihre Maler kaufen.* Erhard Etzlaub wird der genauen Entfernungen auf seiner deutschsprachigen Karte Deutschlands wegen gelobt, Peter Henlein für seine neuartige Taschenuhr. Auch dieses Instrument, gesetzt man stimmt mir zu, daß Zahlen Schriftzeichen sind, zeugt vom damals hohen Stand der Schriftkultur in Nürnberg: man konnte die mechanische Zeit nun am Leibe tragen und still ablesen. Auch die Nürnberger Musik wird gepriesen; doch scheint Cochlaeus nicht für wichtig gehalten zu haben, daß es damals längst liturgische Bücher mit Mensuralnotation gegeben hat. Aber nicht nur das gottesdienstliche Singen und Spielen hatte sein Schriftbild. Aus der Überlieferung des Meistersangs weiß man, daß die Nürnberger Handwerks-‚Töne‘ nicht nur mündlich tradiert, sondern auch *auff den linien* notiert, ja komponiert wurden. Nicht nur die Distanzen von Stadt zu Stadt und die privaten Stunden, sondern auch die weltlichen Töne begann man in diesen Jahrzehnten zu lesen.

Über das städtische Schriftwesen verlautet ungewöhnlich wenig. Dies aber wohl deshalb, weil der Schriftbezug vieler Vorgänge von öffentlichem Belang für Cochlaeus selbstverständlich gewesen sein dürfte. Im Abschnitt über das Rathaus sagt Cochlaeus selbstbewußt: *Wenn du aber das Rathaus besichtigst, dann könntest du glauben, daß die Nürnberger Bürger und Ratsherren sich nicht um Bauten und Waffen kümmern, so groß und so verschieden sind die administrativen Geschäfte. Sie haben also vierzehn Stuben, die sich nach der Verschiedenheit der Ämter unterscheiden, hier die Ratsherren, dort die* (für die Stadtfinanzen verantwortlichen) *Losunger, andernorts die Juristen, die* (polizeilich zuständigen) *Fünferherren, die Rugherren* – sie sprechen Rügen aus und schlichten Gewerbestreitigkeiten, *die* (rechtsprechenden) *Schöffen, Schreiber usw.* Nürnberg besaß wohl die fortschrittlichste Registratur im Deutschland dieser Zeit.

Spätestens seit 1332, dem Bau des neuen Rathauses, war neben der Stube der erwähnten Losunger ein Ort für die Registratur bestimmt: ein feuer- und diebstahlsicherer Raum voller Schränke mit verschiedenen Laden, sicher auch älteren Kisten. Neben die aus den ältesten Acht- und Satzungsbüchern hervorgegangenen verschiedenen Amtsbücher (sie enthielten Abschriften der Privilegien, Urkunden, Ratswillküren, Buß- und Wettebestimmungen, Urteile) und die Bücher über direkte Vermögenssteuern, Verbrauchssteuern,

Markt- und Zollabgaben sowie Bauausgaben war bereits im Laufe des 14. Jahrhunderts die Aktenführung getreten. Das nicht buchförmige Schriftgut bald in der Kanzlei in Schachteln besonders gekennzeichneten ‚Betreffs'. Zu diesen Schachteln legte man im 15. Jahrhundert ein fortlaufendes Repertorium an. Ähnliches geschah in der Losungerstuben mit den Rechnungen und Rechnungsbelegen. Schließlich wurden Briefaus- und -eingänge in zeitlich geordneten Briefbüchern registriert. Die städtische Verwaltung hatte protobehördlichen Betriebscharakter angenommen.

Am wichtigsten ist für Cochlaeus zweifellos Nürnberg als Handelsplatz, Vermittlungsstelle zwischen Süd und Nord. Entsprechend rühmt er die Nürnberger Kaufleute. *Wo gibt es denn einen Winkel,* so fragt er, *in den sie nicht Geld und Ware gebracht hätten?* Kein konkretes Wort fällt über das doch wohl wichtigste schrifttragende Gut im kaufmännischen Handlungszusammenhang: das Geld, sei es in geprägter Münze, gestempelten Silberbarren oder in seinen vielfältigen verbrieften Formen (Schuldschein, Wechsel u. a.). Eine Nebenbemerkung von Cochlaeus über die intellektuelle Tugend der Kaufleute Nürnbergs führt etwas weiter. Er schreibt: *Wie gewitzt (vafri) jedoch die Kaufleute daheim und draußen sind, das ist, glaube ich, allen bekannt.* Die schlichte Art, wie Dürer über Einnahmen und Ausgaben ‚Buch' führte, war die eines Handwerkers, nicht die eines Fernkaufmanns. Mehr war aber auch nicht nötig.

Ganz anders die Zwänge und Chancen bei den großen Handels- und Geldaristokraten Nürnbergs, den Stromeirs, Holzschuhers, Starcks, Kressens, Mendels, Tuchers usf. Seit der Kaufmann, vom bewaffneten merchant-adventurer zu einem seßhaften Unternehmer im Kontor geworden, die *handlunge und geschefft* auf der Basis schriftlicher Anweisungen, Vollmachten und Zahlungsversprechen steuerte, waren Sprachenkenntnis, Schreib- und Lesefähigkeit, Rechenkunst, Buchungstechnik, Warenkunde, Marktbeobachtung über brieflichen Austausch und ständiger Vergleich der Währungsrelationen unabdingbare Voraussetzungen für die Selbstbehauptung und die Chancenrealisierung. Schon 1424 erschien in Nürnberg ein anonymer Sprachenführer – alles Wissenswerte war thematisch geordnet, und zwar in Deutsch und in Italienisch! 1488 formulierte der Nürnberger Christoph Scheuerl programmatisch, wie ein Lehrling in Venedig die ‚Kaufmannschaft‘ zu lernen habe: den Morgen beim Rechenmeister verbringen, sich für den restlichen Vormittag im *Fondaco dei Tedeschi*, dem Treffpunkt der deutschen Kaufleute, aufhalten und alles Wissenswerte über Waren und Preise, über An- und Verkaufsneuigkeiten, Bank- und Zahlungdetails in seine *tabula* notieren und darauf entweder in ein Journal oder in sein Kopier- bzw. Schuldbuch übertragen. Dem Gedächtnis sei bei allem nicht zu trauen, nur der schriftliche Vermerk sei angemessen.

Welchen Umfang solch handlungskonstitutives Schreibgebaren annehmen konnte, läßt sich heute nur noch am einmaligen Überlieferungsfall des Francesco di Marco Datini (1335–1410) ermessen und studieren. Der Tuchgroßhändler in Prato mit Handelshäusern in Avignon, Florenz, Pisa,.Genua, in Spanien und auf Mallorca konnte nämlich nichts Geschriebenes vernichten oder wegwerfen. Da er sein Haus den Armen in Prato vermachte, konnte es der Zufall wollen, daß 1870 unter der Treppe seines ehemaligen Hauses gut 500 Haupt- und Geschäftsbücher, ca. 300 Gesellschaftsverträge, Versicherungspolicen, Frachtbriefe, Wechsel und Checks – und dazu 140 000 Briefe gefunden wurden. Solchem Überlieferungsglück haben die Nürnberger nicht vorgearbeitet. Dennoch ist ungewöhnlich viel überkommen. Und dies erlaubt eine recht genaue Bestimmung ihrer merkantilen Schriftpraxis. Aus den bisher erforschten Handlungsbüchern Nürnberger Patrizier von den Holzschuhern (1303–07) über das *Buch der Hantierung* des Marquard Mendel (1425–1538) bis ins beginnende 16. Jahrhundert zeichnet sich, wenn auch schemenhaft, ein Weg zu immer mehr buchhalterischer Zweckrationalität ab: Soll und Haben werden *alla Veneziana* tabellarisch angeordnet, und zwar in arabischen Zahlen: man bucht nun alle Geschäfte, auch die baren, um zu echten Bilanzen zu kommen; und gegen Ende des 15. Jahrhunderts dürften Nürnberger Firmen wie die Praun und Tucher zur vollendeten Doppik im Sinne des Luca Pacioli übergegangen sein.

Ein ungewöhnlich äußerungsbedachter und gestaltungsfähiger Kunsthandwerker wie Dürer, die ins literarisch delikate Lob gefaßte Beobachtung und Erfahrung seines Zeitgenossen Cochlaeus, dazu diverse Details aus der spätmittelalterlichen Schriftpraxis von Stadtverwaltung und Handelspatriziat in Nürnberg gaben meinem Thema Profil. Drei Instanzen sollten so in den Blick kommen: der reflexive Einzelne, die handlungsorientierte Gruppe der Kaufleute und die Stadtkommune – denn stadtbürgerliche Literalität ist nicht einfach zu behandeln. Leider fehlen hier die ergänzenden und kontrastiven Aspekte der literaten und illiteraten Mündlichkeit. Doch dieses letztere Stichwort hilft mir, wenigstens pauschal die ,großen Linien' zu ziehen, die den Erfolgsweg zur stadtbürgerlichen Schriftkultur gegen Ende des Mittelalters bereiten und flankieren.

Ich will dies mit einem Zitat aus dem 12. Jahrhundert beginnen: Die *Schiffahrt* – sie dient hier als pars pro toto für den Handel insgesamt – *umfaßt allen Verkehr mit einheimischen oder fremden Waren, beim Kaufen, Verkaufen und Tauschen. Sie ist nichts anderes als eine Abart der Rhetorik, wie für diesen Beruf die Beredsamkeit am meisten notwendig ist. Daher ist auch der Gott der Beredsamkeit, Merkurius, der Gott der Kaufleute. Die Kaufmannschaft dringt in die entlegensten Teile der Welt vor und an unbekannte Gestade, durchzieht schaurige Wüsten und verkehrt auf menschliche Weise mit barbarischen Nationen und unbekannten Sprachen. Durch ihre Bestrebungen werden die Völker verbunden, der Friede befestigt und durch den Vorteil des einzelnen der gemeinsame Nutzen gefördert.*

Die Sätze stammen aus dem vor 1125 entstandenen *Dida-scalicon* des Augustinermönchs Hugo aus der Abtei Sankt Victor bei Paris. Sie gehören zu seiner einflußreichen Lehre von den *7 artes mechanicae*, den mechanischen Wissenschaften, die – in Analogie zu den *artes liberales* gefaßt – das System der Versorgungshandlungen der Menschen bilden. Hugo spricht als ein Mönchstheologe, der Ciceros Standesethik genauso kennt wie das geschäftliche und intellektuelle Treiben im damaligen Paris.

Mit ihm geht die Epoche der monastischen Schriftkultur im früheren Mittelalter zu Ende. Kennzeichnend für diese Epoche ist es, daß die *mercatores* und *artifices*, die Kaufleute und Handwerker, oder *burgenses* bzw. *cives* – Bürger –, selbst noch kaum ins geschriebene Wort finden. Es wird, wenn überhaupt, *über* sie, über ihre fremdartigen Bräuche und Verhaltensweisen geschrieben, vor allem aber *für* sie: Kaiser, Könige, hohe Geistliche lassen Urkunden über ihnen konzedierte bzw. bestätigte Rechte ausstellen.

In die scholastische Schriftkultur, die mit dem 12. Jahrhundert aufkommt, sind Stadtbürger, ja Städte – nun meist Kommunen eigener Schriftautorität – schnell aktiv involviert. Insbesondere dem Denkstil und Studierverhalten der Juristen gewinnt das sich entfaltende stadtbürgerliche Schriftwesen Maßgebliches ab. In Oberitalien werden schon seit dem späten 12. Jahrhundert und im Zuge intensiver Verrechtlichungsprozesse in Schriftform erste Merkmale eigenständiger stadtbürgerlicher Schriftkultur sichtbar. Ab dem 13. Jahrhundert wird dann in eigener Mundart, mehrsprachig, mit variablem Format und Layout, in flüssiger Kursive und immer öfter auf Papier korrespondiert, argumentiert, registriert und gerechnet. All das aber ist zweckgerechte Adaption. Erst mit dem Druck mit beweglichen Lettern gelingt *die* spezifisch stadtbürgerliche Erfindung. Der Druckstock ist der genuin handwerkliche Beitrag zur stadtbürgerlichen Schriftkultur im Mittelalter. Neben diese instrumentale Leistung tritt die operationale: die kaufmännische Buchhaltung. Sie besticht vor allen dadurch, daß sie das Positionszahlensystem für schriftliches Rechnen in Dienst nimmt. In der behördlichen Differenzierung und ihrem dichten, in Buch-, Aktenführung und Registratur geschichteten Verschriftungsstil zum Zweck lokaler Lebensregulierung sehe ich den spezifischen Beitrag der *communitas*. Zusammengefaßt: die standardisierte Reproduktion des Schriftstücks, die Bannung des Rechenakts in den Schreibakt und die Effektivierung kommunaler Herrschaft durch Referenzschriftgut – diese drei Praktiken erscheinen mir *hic et nunc* als spezifische Errungenschaften des mittelalterlichen Stadtbürgertums – Errungenschaften, in deren Rahmen der Handwerker Dürer seine Bildwerke, Schriftstücke und Wissensgüter schuf und in deren Bahnen wir – und zwar in fast unvorstellbar größerem Ausmaß – noch heute leben.

Geoffrey R. Elton
Deutschland zu Ende des Mittelalters

Zu Beginn des 16. Jahrhunderts befand sich das Gebilde von Fürstentümern und Territorien, das man Deutschland nannte, wirtschaftlich und bevölkerungsmäßig auf einem Höhepunkt. Die Städte, der Handel und das Gewerbe hatten sich in besonderem Maße entwickelt. Der im 13. Jahrhundert beginnende Aufschwung der Landwirtschaft wurde jäh um 1350 durch die Pest und die dadurch verursachte Dezimierung der Bevölkerung unterbrochen. Lediglich die Handelsstädte konnten daraus ihren Nutzen ziehen: im Norden, wo die Hanse das baltische Gebiet und die Nordsee beherrschte, im Süden, wo die Donau- und Rheinstädte die einträglichen Handelsrouten über die Alpen nach Italien und die von Frankreich und Burgund im Westen bis hin zu den blühenden Industrien und Märkten im Osten kontrollierten. Deutschland war zu dieser Zeit das Zentrum des europäischen Wirtschaftssystems, nachdem Frankreich durch die Kriege der letzten zwei Jahrhunderte ausgeblutet war und Italien im französisch-spanischen Krieg während der vergangenen dreißig Jahre stark in Mitleidenschaft gezogen wurde. Reichtum und Bevölkerungswachstum hatten eine Zunahme des in Gilden organisierten Handwerks zur Folge; auch die ländlichen Bezirke profitierten von dem wachsenden Markt. Um 1500 besaßen die alten Kernländer im Süden und Südwesten eine wohlhabende Landwirtschaft, während östlich der Elbe die ersten Anstrengungen gemacht wurden, die weiten Ebenen für den Großanbau von Getreide auszunutzen. Die Bodenschätze wurden in bisher ungeahnter Weise ausgebeutet. Deutschland wurde das Zentrum des Bergbaus und der Mittelpunkt der Metall- und Waffenindustrie. Wirtschaft und Reichtum hatten einen florierenden Geldmarkt zur Folge. Finanzhäusern wie dem der Fugger, das sich durch die von den Habsburgern gepachteten Tiroler Bergwerke gesichert hatte, gelang es, das alte Monopol italienischer Firmen im internationalen Finanzgeschäft anzugreifen. Die Fugger wie ihre Rivalen, die Welser, beide aus Augsburg, dehnten ihren Einflußbereich von den Grenzen Ungarns bis zu den spanischen Kolonien in Amerika aus. Sie und ihresgleichen pflegten zu jeder der damaligen Regierungen Kontakte. Der Reichtum machte sich auch in der Entwicklung der städtischen Kultur bemerkbar. Man sollte nicht nur vom Zeitalter der Fugger reden, sondern zugleich von dem Lucas Cranachs d. Ä. (1472–1553) und Albrecht Dürers (1471–1528), Künstlern, die durchaus mit den großen Italienern in einem Atemzug genannt werden dürfen. Es war auch das Zeitalter des Baseler Druckers Johann Froben (ca. 1400–1527), der die Bücher des Desiderius Erasmus (1466–1536) verlegte, das Zeitalter einer rapiden Entwicklung der Laienausbildung in den Städten, der Gründung von Universitäten, des Erfolgs der in den linguistischen Disziplinen des Humanismus und in den praktischen

Künsten des römischen Rechts Ausgebildeten. Deutschland war in mancher Hinsicht der lebendigste, der blühendste Teil Europas.

Doch dieser Wohlstand und diese Dynamik konnten einige ernste Probleme und Sorgen nicht verdecken. Vor allem war Deutschland keine politische Einheit. Ohne Übertreibung könnte man es ein politisches Flickwerk nennen. Dem Namen nach war es identisch mit dem Heiligen Römischen Reich, doch fehlte jede zentrale Autorität. Die Randstaaten des Reiches (wie die Schweizer Eidgenossenschaft, der größte Teil der Niederlande, Böhmen und Mailand) hatte jede wesentliche Verbindung abgebrochen. Die Autorität des Kaisers schien selbst in Deutschland jede Bedeutung verloren zu haben. Die in der Theorie durch Wahl verliehene Krone war fast zum Erbbesitz der Habsburger geworden, die ausgedehnte Länder am Oberrhein und in den österreichischen Provinzen besaßen. Maximilian I. (1459–1519) vergrößerte die Macht der Habsburger erheblich, als er die Erbin der burgundischen Besitzungen, Maria von Burgund (1457–1482), heiratete, zu denen im 15. Jahrhundert nicht nur die Freigrafschaft Burgund um Besançon (das eigentliche Herzogtum war 1477 an Frankreich gegangen), sondern auch die großen wirtschaftlichen und gewerbetreibenden Zentren der Niederlande (Brabant, Flandern, Artois, Luxemburg usw.) gehörten. Die Habsburger vermochten jedoch nicht die Vergrößerung ihrer Macht zu einer Neuordnung Deutschlands zu nutzen. Versuche um 1500, zentrale Behörden – wie eine nationale Regierung, nationale Gerichtsbarkeit, ein nationales Steuersystem – zu schaffen, blieben in den Anfängen stecken. Maximilian, ein charmanter, leichtsinniger, verantwortungsloser, unberechenbarer und dabei doch recht beliebter Abenteurer, verfolgte so beharrlich und ausschließlich eine Politik, daß ihr Erfolg beschieden sein mußte: nämlich die der dynastischen Ausdehnung. Die Zersplitterung Deutschlands war die Folge der mangelnden kaiserlichen Autorität und bestätigte auch weiterhin ihre Schwäche. Daher fielen die Aufgaben der Regierung und die Möglichkeiten der Machtausübung den Herrschern der selbständigen Territorien zu. Besonders die Fürsten schienen die Zeichen der Zeit richtig zu verstehen. Von den höchsten – den sieben Kurfürsten, die das Gremium für die Kaiserwahl bildeten – bis zum letzten Grafen oder Herrn mit territorialen Ansprüchen waren sie im 15. und 16. Jahrhundert mit zwei Aufgaben vollauf beschäftigt: ihre eigene Macht im Innern zu festigen und sie gegen Übergriffe von außen zu schützen. Obwohl in vielen Ländern aktive Repräsentativvertretungen existierten, unterstützten diese doch meist das Bemühen des Fürsten gegen weitere Zersplitterung. Die sogenannten freien Reichsstädte, die nur die Autorität des Kaisers anerkannten, konnten allerdings wenigstens einstweilen ihre Selbständigkeit bewahren. Eifersüchtig hüteten diese etwa 85 Städte ihre Unabhängigkeit und behaupteten sich in der Verteidigung ihrer Ansprüche. Manche, wie Nürnberg, erwarben im Laufe der Zeit ziemlich ausgedehnte Ländereien. Doch die meisten dieser Städte stützten sich auf ihre Privilegien, ihren Reichtum und ihre Stadtmauern. Die Macht der Oligarchie nahm ständig zu, doch behielten die niederen Bürger und Handwerker – außer in Nürnberg, wo die Patrizier fest die Oberhand hatten – durch ihre Zünfte und also in der Stadtregierung noch eine beachtliche Macht.

Zwischen den Fürsten und Städten, und von beiden angefeindet, standen die zahlreichen Adligen, die Reichsritter – besonders im Südwesten, wo der Schwäbische Bund, ein Bündnis von Städten und Ländern, durch Waffengewalt einige Ordnung herstellte. Diese Reichsritter, die den Anspruch erhoben, die Lehnsmänner der kaiserlichen Krone zu sein, waren die bemerkenswertesten Opfer der Landwirtschaftskrise des 14. Jahrhunderts und hatten sich davon nicht wieder erholt. Im Besitz von winzigen Ländereien, die normalerweise von recht ungemütlichen Burgen aus beherrscht wurden, und belastet mit altem Stammesstolz, konnten sie sich nur dadurch halten, daß sie entweder ihre Unabhängigkeit aufgaben und in den Dienst der Fürsten traten oder aber Raubritter wurden. Da sie in Waffen geschult waren, und vielfach Banden von Berufssoldaten führten, konnten sie schwerlich ignoriert werden. Doch bildeten sie eine sterile und dahinschwindende Klasse, konnten einen gefährlichen Nihilismus vertreten und waren im allgemeinen gefürchtet. Man wird jedoch auch hier nicht verallgemeinern dürfen. Nicht alle Reichsritter waren Wegelagerer oder Raubritter. Sicherlich trifft diese Beschreibung auf Franz von Sickingen (1481–1523) zu, einen stolzen Kondottiere, militärischen Abenteurer und – Stütze des Schwäbischen Bundes, dem er sich verdungen hatte. Nicht ganz stimmte sie für Götz von Berlichingen (1480–1562), der im Bauernkrieg eine so zweifelhafte Rolle spielen sollte – angeblich zwangsverpflichteter Führer einer Bande, aus der er rasch desertierte. Doch wie soll man die vielen einstufen, die Berater an Fürstenhöfen wurden, oder die, die sich mit den Städten verbündeten; und was soll man schließlich von Ulrich von Hutten (1488–1523) halten, der den anarchistischen Instinkt eines Reichsritters mit der Ausbildung eines Humanisten, der Feder eines Poeten und den Träumen eines utopischen Reformers zu verbinden verstand.

Der andere Teil des Volkes, der Anfang des 16. Jahrhunderts den Druck zu spüren bekam, waren die Bauern. Denn sie waren in Süddeutschland – einschließlich der Schweiz und Österreich – Männer von Ansehen und im Besitz von Rechten, selten ganz unfrei, oft nur mit wenigen Zwangsabgaben belastet, im Besitz von Waffen und häufig durch das Gesetz geschützte Kleinbesitzer. Doch die politische und wirtschaftliche Situation, die sie im 15. Jahrhundert begünstigt hatte, begann sich im 16. Jahrhundert gegen sie zu wenden. Immer mehr Menschen erhoben Anspruch auf das zur Verfügung stehende Land. Steigende Preise – eine zum Großteil durch die Erträge der deutschen Silberminen und die Aktivitäten des deutschen Handels verursachte Inflation

– zwangen die Grundbesitzer, ihr Einkommen aus ihren Ländereien zu steigern. Das war nicht nur ein deutsches Problem. In ganz Westeuropa sah sich ein wohlhabender Bauernstand plötzlich unter Druck gesetzt. In Deutschland aber kamen das Fehlen jeglicher nationaler Autorität, die dem Bauern hätte Schutz gewähren können, die Unabhängigkeit größerer und kleinerer Grundbesitzer und das Gemisch der Territorien mit unterschiedlichsten Sitten und Gebräuchen darin zusammen, das Los des kleinen Mannes zu verschlimmern. Vor allem kirchliche Landbesitzer, zumal auch die Klöster, zeichneten sich durch ihr Bemühen aus, alte Lasten neu aufzubürden, Feudalrechte auszuweiten und neue Ansprüche durchzusetzen. Die Bauern reagierten wie erwartet: In den 50 Jahren vor 1520 kam es immer wieder zu Aufständen rund um den Bodensee, im Schwarzwald, in Württemberg, in der Steiermark und in Kärnten. In diesen Gebieten verlangte man nach dem „alten Recht", d. h. nach einer Rückkehr zum bisher geltenden Gewohnheitsrecht. Im Grunde protestierten die Bauern gegen erneuerungswütige Herrscher, die Grundsätze und Auslegungen des römischen Rechts bemühten, um die herkömmlichen Verhältnisse der Gemeinschaft zu verändern. Am Oberrhein und im Elsaß trat eine noch drohendere Bewegung auf, deren Symbol der bäuerliche Bundschuh war. Hier wurden Forderungen nach dem „göttlichen Recht" laut, die mit ihren wirklich radikalen und revolutionären Thesen – oft an chiliastische und anarchistische Ausbrüche des Spätmittelalters erinnernd – die Autoritäten im Namen natürlicher Gleichheit und des Triumphs der Armen in Schrecken versetzten. [...]

Tatsächlich spiegelte sich diese soziale Situation im Zustand der Kirche wider. Daß sie als korrupt galt, daß man ihr ihren Reichtum neidete und ihre geistlichen Ansprüche, die von einem so wenig geistlichen Leben begleitet wurden, haßte, dies alles war nicht ausschließlich auf Deutschland beschränkt. Offensichtlich befand sich die gesamte westliche Kirche – vom Papste abwärts – in einer Vertrauenskrise. Sie war sowohl als Mittlerin des Heils wie als weltliche Institution verdächtig geworden. Die Laien hatten seit dem 14. Jahrhundert begonnen, sich von ihr als einer Notwendigkeit zu befreien, während der Klerus und besonders die geistlichen Orden immer weiter verweltlichten und an Lebendigkeit einbüßten. Doch auch in diesem Fall verschärften sich die Probleme in Deutschland besonders, wo sich die Kirche in einem noch schlechteren Zustand befand und deshalb auf viel mehr berechtigte Abneigung als in anderen Ländern stieß. Ihre führenden Positionen waren im Besitz der Aristokratie mit den damals üblichen Mißbräuchen der Simonie und der überhandnehmenden Vetternwirtschaft. Auch französische und englische Bischöfe und Klöster besaßen reichlich Land, das die sich ausbreitende Bevölkerung begehrte, und lebten von hohen Zinsen; ihre deutschen Brüder aber waren häufig zusätzlich noch Landesfürsten und übten Macht über Tod und Leben aus. Etwa ein Fünftel ganz Deutschlands gehörte den fürstlichen Bischöfen und Erzbischöfen mit Besitzungen, die so groß wie die jedes Herzogs waren. [...]

Das eigentliche Versagen der Kirche lag allerdings weder in ihrem Reichtum noch in ihrer Verweltlichung, noch in ihrer vom Gerücht übertriebenen Unmoral oder ihrem Gehorsam gegenüber einem fernen Papst, der nichts anderes als ein kleiner italienischer Fürst war; vielmehr war es ihre völlige Unfähigkeit, einer heimgesuchten Generation Frieden und Befreiung in einer Zeit der dahinschwindenden Sicherheiten zu bringen. Pest, Krieg, wirtschaftlicher Zusammenbruch versetzten das Spätmittelalter in einen geistlichen Notstand. Gesellschaft und Kirche im Mittelalter hatten in der Katastrophe des 14. Jahrhunderts einen heftigen Schock erlitten, und das 15. Jahrhundert trug alle Zeichen der Nachwirkung. Weit entfernt davon, einem wachsenden Materialismus anheimzufallen, stellten sich vielmehr die Heilsfragen erneut in auffallender und oft bizarrer Form.

Autoren- und Quellenverzeichnis

Alle genannten Werke sind – so nicht ausdrücklich vermerkt –
im Verlag C.H. Beck erschienen.

PHILIPPE ARIÈS (1914–1984), Historiker aus dem Umkreis der
„Annales", lehrte am Institut d'Etudes Politiques und an der Ecole
des Hautes Etudes en Sciencs Sociales. Zahlreiche Publikationen
zB. Geschichte des Todes; Mitherausgeber der Geschichte des privaten Lebens.
Vom Recht auf Verstoßung zur unauflöslichen Ehe 55
Aus: Ders. und André Bejin (Hrsg.), Die Masken des Begehrens
und die Metamorphosen der Sinnlichkeit. Zur Geschichte der Sexualität im Abendland, Frankfurt 1984 (S. Fischer), S. 177–183.

HAIM HILLEL BEN-SASSON (1914–1977), war Professor für Jüdi-
sche Geschichte an der Hebräischen Universität Jerusalem.
Werke: Geschichte des jüdischen Volkes. Von den Anfängen bis
zur Gegenwart, Hrsg. von Haim Hillel Ben-Sasson, [3]1994.
Das Martyrium der rheinländischen Juden 121
Aus: Geschichte des jüdischen Volkes, S. 506–509.

KLAUS BERGDOLT, geb. 1947, ist seit 1995 Direktor des Instituts
für Geschichte und Ethik der Medizin an der Universität Köln. Er
ist Facharzt für Augenheilkunde (Dr. med.) und schloß das Studium der Kunstgeschichte, Geschichte, Byzantinistik und Religi-
onswissenschaften mit der Promotion zum Dr. phil. ab. Er habili-
tierte sich in Medizin- und Wissenschaftsgeschichte.
Werke: Der Schwarze Tod in Europa. Die Grosse Pest und das
Ende des Mittelalters, [3]1995.
Der Schwarze Tod 196
Aus: Der Schwarze Tod in Europa, S. 78–84.

KARL BERTAU, geb. 1927, ist emeritierter Professor der Deutschen
Philologie an der Universität Erlangen und ordentliches Mitglied
der Bayerischen Akademie der Wissenschaften.

Werke: Deutsche Literatur im europäischen Mittelalter. Band 1: 800–1197, 1972; Band 2: 1195–1220, 1973; Wolfram von Eschenbach. Neun Versuche über Subjektivität und Ursprünglichkeit in der Geschichte, 1983.

Aus: Deutsche Literatur. Bd. 1, S. 54–58.

PETER BLICKLE, geb. 1938, ist o. Professor für Neuere Geschichte an der Universität Bern.
Werke: Landschaften im Alten Reich, 1973. Deutsche Untertanen. Ein Widerspruch, 1981.
Aus: Deutsche Untertanen, S. 114–117.

HARTMUT BOOCKMANN, geb. 1934 in Marienburg (Westpreußen), studierte in Tübingen und Göttingen und lehrt als Ordinarius für Mittlere und Neuere Geschichte seit 1975 an der Universität Kiel, seit 1982 an der Universität Göttingen, 1992–95 an der Humboldt-Universität Berlin. 1986/87 Historisches Kolleg München.
Werke: Einführung in die Geschichte des Mittelalters, [5]1992; Der Deutsche Orden. Zwölf Kapitel aus seiner Geschichte, [4]1994; Die Stadt im späten Mittelalter, [3]1994; Das Mittelalter. Ein Lesebuch aus Texten und Zeugnissen vom 6. bis 16. Jahrhundert. Hrsg. von H. Boockmann, [2]1989; Fürsten, Bürger, Edelleute. Lebensbilder aus dem späten Mittelalter, 1994
Aus: Das Mittelalter, S. 62–64; S. 122–123; S. 81–84; S. 303–304.

ARNO BORST, geb. 1925, ist emeritierter Professor für Geschichte des Mittelalters in Konstanz. Seit 1982 Mitglied der Heidelberger Akademie der Wissenschaften. Beschäftigung mit religiösen Bewegungen (Katharer) sowie Lebensformen und Wissenenschaftsgeschichte des Mittelalters. Zahlreiche Publikationen.
Aus: Lebensformen im Mittelalter, Frankfurt a. M./Berlin 1979 (Ullstein Sachbuch), S. 323–328.

KARL BOSL (1908–1993), war emeritierter Professor für Bayerische Landesgeschichte der Universität München; seine Hauptarbeitsgebiete waren die Gesellschafts-, Verfassungs- und Kulturgeschichte Bayerns, Deutschlands und Europas in vergleichender Strukturanalyse.

Aus: Ders., Europa im Aufbruch. Herrschaft, Gesellschaft, Kultur in Europa vom 10. bis zum 14. Jahrhundert, 1980, S. 297–299.

PHILIPPE DOLLINGER, geb. 1904, ist emeritierter Professor für mittelalterliche Geschichte an der Universität Straßburg. Er gilt als einer der Begründer der modernen Sozialgeschichtsschreibung.

Aus: Der bayerische Bauernstand vom 9. bis zum 13. Jahrhundert. Hrsg. von Franz Irsigler, 1982, S. 245–249 und 252–255.

GEOFFREY R. ELTON, geb. 1921, ist Professor für Geschichte an der Universität Cambridge/England.

Aus: Ders., Europa im Zeitalter der Reformation 1517–1559, ²1982, S. 19–25.

EVAMARIA ENGEL, geb. 1934, war von 1962–1991 wissenschaftliche Mitarbeiterin an der Akademie der Wissenschaften in Ost-Berlin und war von 1992 bis 1995 am Forschungsschwerpunkt Geschichte und Kultur Ostmitteleuropas bei der Förderungsgesellschaft Wissenschaftliche Neuvorhaben tätig.
Werke: Die deutsche Stadt des Mittelalters, 1993.

Aus: Die deutsche Stadt, S. 39–46; S. 130–139.

HORST FUHRMANN, geb. 1926, Präsident der „Monumenta Germaniae Historica" i.R. und emeritierter Professor für Geschichte an der Universität Regensburg, Präsident der Bayerischen Akademie der Wissenschaften. Er hat für seine Forschungen zahlreiche in- und ausländische Ehrungen erhalten und ist Ehrendoktor der Universitäten von Tübingen, Bologna und der Columbia University.
Werke: Von Petrus zu Johannes Paul II. Das Papsttum: Gestalt und Gestalten, ²1984; Einladung ins Mittelalter, ⁴1989; Fern von

gebildeten Menschen. Eine oberschlesische Kleinstadt um 1870, 1989; Überall ist Mittelalter. Von der Gegenwart einer vergangenen Zeit, 1996. „Sind eben alles Menschen gewesen". Gelehrtenleben im 19. und 20. Jahrhundert., 1996.

HANS-WERNER GOETZ, geb. 1947, lehrt an der Universität Hamburg mittelalterliche Geschichte.
Werke: Leben im Mittelalter. Vom 7. bis zum 13. Jahrhundert, ⁵1994.

AARON J. GURJEWITSCH, geb. 1924 in Moskau, ist heute leitender wissenschaftlicher Mitarbeiter am Institut für allgemeine Geschichte der Akademie der Wissenschaften der UdSSR.
Werke: Das Weltbild des mittelalterlichen Menschen, ⁴1989; Mittelalterliche Volkskultur, ²1992; Das Individuum im europäischen Mittelalter, 1994.

ALFRED HAVERKAMP, geb. 1937, ist ordentlicher Professor für Mittelalterliche Geschichte an der Universität Trier. Hauptarbeitsgebiete: Verfassungs- und Sozialgeschichte des hohen und späten Mittelalters mit Schwerpunkten auf Deutschland und Italien, Geschichte der Juden und des Städtewesens in Europa während des Mittelalters.
Werke: Neue Deutsche Geschichte, Band 2: Aufbruch und Gestaltung. Deutschland 1056–1273, ²1993; Friedrich Prinz. Mönchtum, Kultur und Gesellschaft. Beiträge zum Mittelalter. Zum sechzigsten Geburtstag des Autors, Hrsg. von Alfred Haverkamp und Alfred Heit, 1989.

RICHARD KIECKHEFER, geb. 1946, ist Professor für Geschichte des
Christentums an der Northwestern University in Evanston (Ill.).
Er ist mit einer Reihe von Untersuchungen über die spätmittelal-
terliche Religiosität, die Geschichte des Hexenwesens und der
Magie hervorgetreten.
Werke: Magie im Mittelalter, 1992.
Aus: Magie im Mittelalter, S. 175–184.

LUDOLF KUCHENBUCH, geb. 1939, Professor für ältere Geschichte
an der Fernuniversität Hagen. Arbeitsschwerpunkte: Feudalis-
mustheorie, Bauer und Grundherrschaft sowie Arbeit und Schriftkultur im Mittelalter.
Originalbeitrag, beruhend auf einem Festvortrag zum 65. Geburtstag von Ernst Pitz in der TU Berlin im Mai 1993.

JOACHIM LEUSCHNER (1922–1978), war Professor der Geschichte
an der Technischen Universität Hannover. Zahlreiche Veröffentli-
chungen v.a. zur Rechts- und Verfassungsgeschichte des Alten
Reiches.
Aus: Ders., Deutschland im späten Mittelalter, Göttingen (Kleine
Vandenhoeck-Reihe) ²1983, S. 177–184.

MICHAEL MITTERAUER, geb. 1937, lehrt als ordentlicher Professor
für Sozialgeschichte an der Universität Wien.
Werke: Vom Patriarchat zur Partnerschaft. Zum Strukturwandel
der Familie (zusammen mit Reinhard Sieder), ⁴1991; Ahnen und
Heilige. Die Namengebung in der europäischen Geschichte, 1993.
Aus: Ahnen und Heilige, S. 330–338.

MASSIMO MONTANARI, geb. 1949, lehrt mittelalterliche Geschichte an den Universitäten von Catania und Bologna. Seine Hauptarbeitsgebiete sind Agrar- und Ernährungsgeschichte.

Werke: Der Hunger und der Überfluss. Kulturgeschichte der Ernährung in Europa, 1993.

Aus: Der Hunger und der Überfluss, S. 38–42.

PETER MORAW, geb. 1935, ist Professor für Mittelalterliche Geschichte, Deutsche Landesgeschichte und Wirtschafts- und Sozialgeschichte an der Universität Gießen mit dem Arbeitsschwerpunkt Verfassungs- und Sozialgeschichte des Spätmittelalters.
Werke: Ders./V. Press/W. Schieder (Hrsg.), Neue Deutsche Geschichte in zehn Bänden (bisher erschienen 6 Bände).
Aus: Die Hauptstädte der Deutschen. Von der Kaiserpfalz in Aachen zum Regierungssitz in Berlin, Hrsg. von Uwe Schultz, 1993, S. 22–32.

FRIEDRICH PRINZ, 1928 in Böhmen geboren, ist o. Professor für Mittelalterliche Geschichte und vergleichende Landesgeschichte an der Universität München.
Werke: Neue Deutsche Geschichte, Band 1: Grundlagen und Anfänge. Deutschland bis 1056, ²1993; Mönchtum, Kultur und Gesellschaft. Beiträge zum Mittelalter. Hrsg. von A. Haverkamp und A. Heit, 1989; Szenenwechsel. Eine Jugend in Böhmen und Bayern, 1995.
Aus: Neue Deutsche Geschichte, Bd. 1, S. 113–117; S. 317–326.

WERNER RÖSENER, geb. 1944, ist wissenschaftlicher Referent am Max-Planck-Institut für Geschichte in Göttingen. Er ist mit Arbeiten zur Sozial- und Verfassungsgeschichte des Hoch- und Spätmittelalters hervorgetreten.
Werke: Bauern im Mittelalter, ⁴1993; Die Bauern in der europäischen Geschichte, 1993.
Aus: Bauern im Mittelalter, S. 119–133.

NORBERT SCHINDLER, geb. 1950, Historiker mit den Hauptar-
beitsgebieten der Sozial- und Kulturgeschichte des Bürgertums
sowie Forschungen zur Volkskultur in der Frühen Neuzeit.
Originalbeitrag

MANFRED VASOLD, geb. 1943, hat als promovierter Sozialhistori-
ker auch viele Jahre lang Erfahrungen im öffentlichen Gesund-
heitswesen gesammelt.
Werke: Pest, Not und schwere Plagen. Seuchen und Epidemien
vom Mittelalter bis heute, 1991.
Aus: Pest, Not und schwere Plagen, S. 62–67.

HORST WENZEL, geb. 1941, ist Professor für Ältere Deutsche Literatur an der Humboldt Universität zu Berlin.
Werke: Hören und Sehen, Schrift und Bild. Kultur und Gedächtnis im Mittelalter, 1995.
Aus: Hören und Sehen, Schrift und Bild, S. 15–20.

HEIDE WUNDER, geb. 1939, ist Professorin für Sozial- und Verfas-
sungsgeschichte der Frühen Neuzeit in Kassel.
Werke: Er ist die Sonn', sie ist der Mond. Frauen in der frühen
Neuzeit, 1992.
Aus: Er ist die Sonn', sie ist der Mond, S. 59–63 und 96–98.

Abbildungsverzeichnis

S. 13: Bildnis Ludwigs des Frommen in einem Figurengedicht. Hrabanus Maurus, De laudibus sanctae crucis, Fulda 825/30. Aus: Helmut Beumann (Hg.), Kaisergestalten des Mittelaters. ²1985

S. 95: Die „Septem Liberales", Herrad von Landsberg, Hortus delciarum (12. Jh.). Aus: Gisela Brinker-Gabler (Hg.), Deutsche Literatur von Frauen, Bd. 1. 1988

S. 189: Selbstbildnis Albrecht Dürers d. Ä. 1484. Wien, Graphische Sammlung Albertina. Aus: Hartmut Boockmann, Die Stadt im späten Mittelalter. 1986

Buchanzeigen

Kulturgeschichte

Klaus Bergdolt
Der Schwarze Tod in Europa
Die Große Pest und das Ende des Mittelalters
3., durchgesehene Auflage. 1995.
267 Seiten mit 8 Abbildungen. Leinen

Edith Ennen
Frauen im Mittelalter
5., überarbeitete und erweiterte Auflage. 1994.
320 Seiten mit 24 Abbildungen und einer Karte im Text. Leinen
Beck's Historische Bibliothek

Hartmut Boockmann
Fürsten, Bürger, Edelleute
Lebensbilder aus dem späten Mittelalter
1994. 239 Seiten mit 9 Abbildungen. Leinen

Aaron J. Gurjewitsch
Mittelalterliche Volkskultur
Aus dem Russischen von Matthias Springer
2., unveränderte Auflage. 1992. 417 Seiten. Leinen
Beck'sche Sonderausgabe

Richard Kieckhefer
Magie im Mittelalter
Aus dem Englischen von Peter Knecht.
1992. 263 Seiten mit 19 Abbildungen. Leinen

Heinrich Schipperges
Die Kranken im Mittelalter
3., ergänzte Auflage. 1993. 252 Seiten mit 22 Abbildungen.
Gebunden

Verlag C. H. Beck München

Philosophie und Geschichte

Hartmut Boockmann
Einführung in die Geschichte des Mittelalters
6., durchgesehene Auflage. 1995.
164 Seiten mit 25 Abbildungen und auf 16 Tafeln. Broschiert
C. H. Beck Studium

Rudolf Simek
Erde und Kosmos im Mittelalter
Das Weltbild vor Kolumbus
1992. 219 Seiten mit 32 Abbildungen und 3 Plänen im Text. Gebunden

Hartmut Boockmann
Der Deutsche Orden
Zwölf Kapitel aus seiner Geschichte
4., durchgesehene Auflage. 1994
319 Seiten mit 41 Abbildungen und 2 Karten. Broschiert

Hans-Georg Beck
Vom Umgang mit Ketzern
Der Glaube der kleinen Leute und die Macht der Theologen
1993. 198 Seiten. Leinen

Hartmut Boockmann (Hrsg.)
Das Mittelalter
Ein Lesebuch aus Texten und Zeugnissen vom 6. bis 16. Jahrhundert
2. Auflage. 1989. 383 Seiten. Leinen

Kurt Ruh
Geschichte der abendländischen Mystik
Band I: Die Grundlegung durch die Kirchenväter und die
Mönchstheologie des 12. Jahrhunderts
1990. 414 Seiten mit 12 Abbildungen. Leinen

Band II: Frauenmystik und Franziskanische Mystik der Frühzeit
1993. 547 Seiten mit 14 Abbildungen. Leinen

Verlag C. H. Beck München